本书为教育部人文社会科学重点研究基地重大项目
"朝鲜半岛形势变化与我国的对策（2017JJDGJW005）"的阶段性成果

《韩美自由贸易协定》对韩国的经济影响

Economic Effects of KORUS FTA on ROK

金香丹 ◎ 著

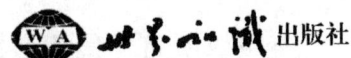

图书在版编目（CIP）数据

《韩美自由贸易协定》对韩国的经济影响 / 金香丹著. --北京：世界知识出版社，2019.7
ISBN 978-7-5012-6049-2

Ⅰ.①韩… Ⅱ.①金… Ⅲ.①国际贸易—自由贸易—贸易协定—影响—经济发展—研究—韩国 Ⅳ.①F757.128.312.6 ②F753.126.871.2 ③F131.26

中国版本图书馆 CIP 数据核字（2019）第 151787 号

责任编辑	刘豫徽
责任出版	王勇刚
责任校对	陈可望

书　　名	《韩美自由贸易协定》对韩国的经济影响 《Han Mei Ziyoumaoyi Xieding》dui Hanguo de Jingji Yingxiang
作　　者	金香丹
出版发行	世界知识出版社
地址邮编	北京市东城区干面胡同 51 号（100010）
网　　址	www.ishizhi.cn
投稿信箱	lyhbbi@163.com
电　　话	010-65265923（发行）　010-85119023（邮购）
经　　销	新华书店
印　　刷	北京虎彩文化传播有限公司
开本印张	720 毫米×1020 毫米　1/16　16¼印张
字　　数	218 千字
版次印次	2019 年 8 月第一版　2019 年 8 月第一次印刷
标准书号	ISBN 978-7-5012-6049-2
定　　价	58.00 元

版权所有　侵权必究

前　言

2008年金融危机以后，为早日提振本国经济，各国急于寻求规避贸易壁垒的途径，与主要贸易伙伴缔结自由贸易协定（Free Trade Agreement，FTA）成为各国对外贸易战略的重要内容。引人注目的是，在全球贸易格局迎来新一轮调整背景下，自由贸易协定已成为发达国家制定新时期贸易、投资规则的主要方式，涵盖的议题与规则日渐向高标准方向发展，对缔约国的经济影响较传统自由贸易协定更为广泛。各国缔结自由贸易协定的目标多种多样，但经济收益（包括传统经济收益与非传统经济收益）始终是其衡量自由贸易协定成功与否的核心标准，对相关问题的研究也长期占据了区域经济合作研究的前沿。

《韩美自由贸易协定》于2006年2月宣布启动谈判，次年6月签署协议，2012年3月正式生效，是韩美双方缔结的高标准贸易协定，两国不仅在商品贸易领域实现了99.8%的高水平开放，在投资、服务贸易、竞争政策、知识产权、争端解决机制、劳工环境标准等方面均制定了严格规则，体现了美国所倡导的新时期高标准贸易协定的特点。作为首个东北亚国家与美国缔结的自由贸易协定，《韩美自由贸易协定》对韩国的经济效应对广大域内国家具有重要示范意义。在此背景下，本书从贸易效应、产业竞争力、劳动力就业、区域经济合作等不同视角分析《韩美自由贸易协定》对韩国的影响，综合评估韩国在《韩美自由贸易协定》中的收益与成本，旨在为中国推动自贸区战略提供有益镜鉴。此外，本书深入探讨了特朗普政府修订《韩美自由贸易协定》的根本原因，及

《韩美自由贸易协定》未来的发展前景。

  本书共九章。第一章"绪论"。对本书研究意义、研究现状及进一步研究的必要性进行了概括性介绍。

  第二章"自由贸易协定相关概念及经济影响分析的理论基础",明确了自由贸易协定相关基本概念,在此基础上对自由贸易协定经济效应理论进行了系统的梳理,构建了本书研究的理论框架。

  第三章"韩与美缔结自由贸易协定的动因及谈判争议领域",分析了韩国缔结《韩美自由贸易协定》的深层动因,在此基础上对《韩美自由贸易协定》主要争议领域进行梳理,并指出了韩美在谈判过程中的利益互换。研究认为,韩国是在打开美国市场的经济需求、抢占区域经济整合主导权的战略需求、强化同盟关系的政治需求、防范《跨太平洋伙伴关系协定》兴起等因素驱使下启动与美国的谈判进程。不同于美国的是,经济收益在韩国的决策中占据重要地位。

  第四章"《韩美自由贸易协定》对韩国进出口贸易的影响",以韩国为研究主体,对《韩美自由贸易协定》的贸易效应进行了实证分析。首先,本章分析了协定生效以来双边贸易格局的变动趋势,总结了韩国在《韩美自由贸易协定》中的主要受惠领域与受损领域。其次,选取中、日两国为样本,用显示性比较优势指数测度了中美、日美在韩国进口市场中的主要竞争领域,并通过出口规模变化进一步分析了《韩美自由贸易协定》对中国与日本的贸易替代效应。研究发现,日本较中国面临更大的贸易替代风险。最后,本章运用贸易引力模型验证了《韩美自由贸易协定》的贸易效应,模型结果显示《韩美自由贸易协定》促进了双边贸易增长,但作用有限,全球贸易形势严峻,韩、美经济复苏缓慢是主要原因。

  第五章"《韩美自由贸易协定》对韩国产业竞争力的影响",从竞争实力、竞争潜力、竞争环境三个视角综合分析了《韩美自由贸易协定》对韩国不同产业国际竞争力形成的影响。竞争实力方面,论文采用贸易竞争优势指数、显示性比较优势指数测度了《韩美自由贸易协定》缔结

前言

后,韩国各部门产业竞争力的实际变化。研究显示,韩国钢铁、有机化学品、钢铁制品、塑料及制品等行业竞争力得到加强,但精密仪器及设备、肉类、药品等竞争弱势部门产业国际竞争力进一步恶化,总体表现出优势产业更强,弱势产业更弱的趋势。竞争潜力方面,本章从投资效应、竞争效应、规模经济效应等自由贸易协定动态效应入手,分析了《韩美自由贸易协定》对韩国提升产业竞争力的潜在推动力。竞争环境方面,重点探讨了《韩美自由贸易协定》生效后韩国产业发展环境、创新机制、产业政策的变化对其产业竞争力的影响。

第六章"《韩美自由贸易协定》对韩国劳动力就业的影响",从自由贸易协定与劳动力市场调整的一般关系入手,重点分析了市场开放对韩国形成的就业效应。研究表明,《韩美自由贸易协定》对韩国劳动力就业的积极影响主要体现在出口增加对经济增长的促进作用方面,负面影响主要体现在农业领域,尤其是种植业受到较大冲击。此外,本章总结了韩国在《韩美自由贸易协定》运行过程中对劳动力失业的救助模式,以期对中国提供借鉴。

第七章"《韩美自由贸易协定》对韩国区域经济合作的影响",主要探讨《韩美自由贸易协定》的宏观区域效应。研究认为《韩美自由贸易协定》谈判从根本上扭转了韩国在区域经济合作进程中的被动局面,对韩国成功与欧盟、中国等大型经济体缔结自由贸易协定发挥了积极作用。得益于《韩美自由贸易协定》的"杠杆作用",韩国在亚太区域经济合作中的地位大幅提升,在全球经贸格局重组浪潮中日渐占据主动。

第八章"《韩美自由贸易协定》的评估、前景与启示",本章整体评估、总结了《韩美自由贸易协定》经济影响,并结合特朗普执政后美国国内对《韩美自由贸易协定》的质疑,探讨了《韩美自由贸易协定》修订的原因及发展前景。最后,总结《韩美自由贸易协定》对中国的启示,并为中国推进自贸区战略提出对策建议。

第九章"结语",梳理了本书的主要结论。

目　　录

第一章　绪论 ··· 1
　第一节　研究背景与研究意义 ··· 1
　第二节　研究现状 ··· 7
　第三节　研究方法与结构 ·· 25

第二章　自由贸易协定相关概念及经济影响分析的理论基础
　　　　·· 28
　第一节　自由贸易协定相关基本概念 ······································ 29
　第二节　自由贸易协定经济影响分析的理论根源 ························· 34
　第三节　自由贸易协定经济影响理论的进一步延展 ······················ 45

第三章　韩与美缔结自由贸易协定的动因及谈判争议领域 ······ 57
　第一节　韩美缔结自由贸易协定的经济基础 ······························ 57
　第二节　韩国推动《韩美自由贸易协定》的动因 ························· 68
　第三节　《韩美自由贸易协定》的争议与妥协 ···························· 76

第四章　《韩美自由贸易协定》对韩国进出口贸易的影响 ······ 90
　第一节　《韩美自由贸易协定》对双边贸易格局的影响 ················· 90
　第二节　《韩美自由贸易协定》对韩国与第三方伙伴国贸易的影响
　　　　··· 112

第三节 基于贸易引力模型的《韩美自由贸易协定》
贸易效应实证分析 ……………………………………… 121

第五章 《韩美自由贸易协定》对韩国产业竞争力的影响 … 128
第一节 自由贸易协定对成员国产业竞争力的影响机理分析 …… 129
第二节 竞争实力视角下《韩美自由贸易协定》
生效前后韩国产业竞争力变化 ……………………………… 135
第三节 竞争潜力视角下《韩美自由贸易协定》
对韩国产业竞争力的影响 ……………………………………… 149
第四节 竞争环境视角下《韩美自由贸易协定》
对韩国产业竞争力的影响 ……………………………………… 165

第六章 《韩美自由贸易协定》对韩国劳动力就业的影响 … 174
第一节 自由贸易协定与劳动力市场调整的一般关系 …………… 174
第二节 《韩美自由贸易协定》对韩国劳动力就业的
短期影响评估 ……………………………………………… 183
第三节 韩国应对《韩美自由贸易协定》的失业救助 …………… 186

第七章 《韩美自由贸易协定》对韩国区域经济合作的影响
……………………………………………………………………… 191
第一节 《韩美自由贸易协定》签署后韩国自贸区网络的
扩充与发展 ………………………………………………… 191
第二节 《韩美自由贸易协定》对主要经济体
区域经济合作政策的外溢效应 …………………………… 197
第三节 《韩美自由贸易协定》对韩国在全球经贸格局中
地位的影响 ………………………………………………… 201

第八章　《韩美自由贸易协定》的评估、前景与启示 ……… 209
第一节　《韩美自由贸易协定》的整体评估………………… 209
第二节　《韩美自由贸易协定》的修订及发展前景………… 213
第三节　《韩美自由贸易协定》对中国的启示……………… 224

第九章　结语 ………………………………………………… 236

参考文献 ……………………………………………………… 239

第一章

绪　论

20世纪90年代以来，多边贸易谈判逐渐面临瓶颈，自由贸易协定成为各国推动贸易自由化、获取经济利益的重要政策选择，得到快速发展。随着越来越多的国家参与到自由贸易协定发展浪潮中，任何国家自外于这一趋势都可能令本国在世界经济格局中处于不利地位，如何通过缔结自由贸易协定维护本国竞争力，获取更多经济、战略收益成为世界各国的关注焦点。当前，在美、欧等发达经济体主导下，自由贸易协定的贸易自由化水平大幅提升，其涵盖议题日渐广泛和深入，对成员国的经济发展产生深远影响。《韩美自由贸易协定》作为韩国与全球最发达经济体签署的高水平自由贸易协定，对其进出口贸易、产业竞争力、劳动力就业、区域经济合作产生了一系列重要影响。

第一节　研究背景与研究意义

自由贸易协定的快速发展是当前区域经济一体化的主要特征。随着自由贸易协定数量与质量的持续提高，其对成员国的经济影响日渐广泛。《韩美自由贸易协定》作为东北亚国家与美国缔结的高标准合作框架，对域内国家把握和参与高水平一体化协定具有重要意义。

《韩美自由贸易协定》对韩国的经济影响

一、研究背景

（一）区域经济一体化浪潮中自由贸易协定的蓬勃发展

随着国际分工日益深化及跨国公司的蓬勃发展，全球各经济体间相互联系、交融更加紧密。然而，自20世纪90年代以来，多边贸易谈判屡屡受挫，多边体制下的贸易自由化进程日益艰难。在此背景下，以双边或地区性自由贸易安排为主要形式的区域经济一体化迎来新的发展浪潮，成为推动经济全球化强有力的引擎。2008年金融危机以后，各国为早日提振本国经济，扼制愈演愈烈的贸易战，急于寻求规避贸易壁垒的途径，与主要经贸伙伴缔结自由贸易协定（FTA）成为各国对外贸易战略的重要内容。根据世界贸易组织统计，截至2018年8月，已向世界贸易组织（WTO）通报且生效的区域贸易协定（Regional Trade Agreement，RTA）达到459个，其中自由贸易协定占比高达55.1%。① 更引人注目的是，在全球贸易格局的新一轮调整过程中，自由贸易协定成为发达国家制定新时期贸易、投资规则的主要渠道。当前自由贸易协定已由过去局限于商品贸易领域的"低级"协定，向高开放、高标准、广议题的"高级"协定发展，其涵盖的议题不断向投资自由化、非关税壁垒、服务贸易、知识产权、竞争政策、劳工标准、环境保护等领域延伸和拓展，对成员国的影响更为广泛、深远。

（二）自由贸易协定发展呈现跨区域的新特点

从当前区域经济一体化发展趋势来看，各国倾向于通过设定更加优

---

① WTO. Regional Trade Agreements Information System [EB/OL]. http://rtais.wto.org/UI/publicsummarytable.aspx. 在世界贸易组织文件的统计中，区域贸易协定（RTA）被定义为两个或多个伙伴之间的贸易协定，包括本文所研究的自由贸易协定（FTA）、关税同盟（CU）、经济一体化协定（EIA）、特惠贸易协定（PTA）等.

惠的贸易、投资条件，借助自由贸易协定将成员国利益紧密联系在一起。这种经济利益的融合进一步加强了成员国之间政治、安全联系，促使其成为利益共同体。从这一意义上而言，自由贸易协定已不再是单纯的经济行为，正逐渐演变为各国开展战略合作与竞争的重要手段，进而重塑世界经济与政治格局。因此，各国在谈判伙伴国的选取上越来越关注伙伴国对于本国参与国际经济合作的长远战略意义，注重伙伴国在自身贸易政策规划中所能发挥的杠杆、示范效应。因此，打破"地理毗邻"，缔结跨区域自由贸易协定渐成趋势。在此过程中，东亚地区在全球政治、经济格局中的异军突起备受发达国家关注，成为美国、欧盟等发达经济体推动跨区域自由贸易安排的主要合作对象。

（三）韩国积极塑造高水平自贸区网络

韩国经济的迅速发展建立在外向型结构基础上。通过与富有战略意义、市场规模大、资源丰富的国家缔结自由贸易协定，韩国有效维护了其在全球市场中的竞争力，夯实了中等强国地位。以《韩智自由贸易协定》为起点，韩国自由贸易协定网络不断延伸、密集化，已涵盖52个国家，伙伴国经济总量之和达到世界经济总量的73%。[①] 近年来，随着经济发展与制度体系的不断完善，韩国着力推动与美国、欧盟等发达经济体缔结自由贸易协定，打造高水平自贸区网络，旨在加速国内经济自由化改革，提升自身在全球贸易体系中的影响力与谈判交易能力，最终成为国际区域经济合作中的"轮轴国"。实际上，就东亚国家而言，由于自身产业结构尚在调整过程中，农产品等一些弱势、战略性产业仍需施加保护，各国对美、欧等发达经济体开放市场保持谨慎。正因如此，韩国大胆、冒险性开放农产品市场等本国弱势产业，与美国签署自由贸易协定尤为引人注目。韩国将《韩美自由贸易协定》视为"韩国国家生存战

---

① FTA 체결현황 [EB/OL]. FTA 강국 KOREA. http://www.FTA.go.kr/main/situation/kFTA/ov/.

略"，在应对金融危机，保障和扩大出口市场，提高区域影响力等多个方面赋予了积极意义。①《韩美自由贸易协定》不仅使韩国突破了小国在参与区域经济合作进程中的劣势，成为各国缔结贸易协定的竞争对象，同时也使其迅速融入发达国家主导的自由贸易协定网络体系当中，在全球经贸格局重塑进程中占据一席之地。

(四) 中国日渐成为全球贸易体系的重要力量

改革开放以来，中国经济持续高速增长，在全球贸易中的份额不断扩大，成为国际贸易体系的重要力量。尤其在东亚地区，中国逐渐取代美国成为区域内各经济体最大贸易伙伴，区域影响力日渐扩大。近年来，美国等发达国家借助缔结高标准贸易协定重新塑造更为符合本国利益的全球贸易规则，进而维护其竞争优势。不论是美国与韩国缔结的自由贸易协定，抑或是欧盟与韩、日缔结的自由贸易协定/经济伙伴关系协定（EPA）均在贸易自由化、市场准入等方面达到了较高水平，同时在协定中涵盖了贸易之外的诸多新议题。在中国自贸区战略加速推进的背景下，高标准贸易协定的发展成为中国自贸区战略与对外经济政策不可忽视的因素。不可否认的是，在自由贸易协定"更新换代"、不断升级的大环境中，不论是《区域全面经济伙伴关系协定》（RCEP）、《中日韩自由贸易协定》，抑或是《亚太自由贸易协定》（FTAAP）很难停留在低水平上。如何有效应对"新标准""新规则"的变化，加速扩充自由贸易协定网络，维护本国经济利益，成为中国等发展中国家面临的共性问题。

二、研究意义

在新一轮区域经济一体化中，自由贸易协定不仅是各国参与区域经

---

① 안용수. 李대통령 "한미 FTA 는 국가 생존전략" [EB/OL]. 연합뉴스，2011 年 11 月 4 日. http://m.yna.co.kr/kr/contents/?cid=AKR20111113038400001.

济合作，推动贸易、投资自由化的主要途径，也成为各国维护和强化本国经济竞争力的政策措施，在一国经济发展中日渐发挥重要作用。《韩美自由贸易协定》是美国与东北亚区域国家缔结的首个制度化贸易框架，标志着美国开启其在东北亚地区的自由贸易协定网络布局，对东北亚乃至亚太区域经济一体化进程具有重要影响，这促使我们对《韩美自由贸易协定》进行研究。

（一）理论意义

伴随着全球贸易、投资格局的新变化，自由贸易协定开始呈现出高标准、广议题的发展趋势。不同于早期以关税递减为主要目标的自由贸易协定，在各国关税水平已大幅降低的背景下，缔结自由贸易协定的目的不再局限于传统贸易收益，其他范围更为广泛的经济收益开始受到关注。与传统自由贸易协定经济效应集中在贸易创造与贸易转移效应等静态效应相比，当前自由贸易协定更加强调投资、竞争、技术溢出等动态影响，注重与伙伴国间经济、政治、安全、外交领域的紧密联系，对成员国具有更为深远的影响。《韩美自由贸易协定》作为韩国与全球最发达经济体缔结的高水平贸易框架，在议题与标准上体现了全球贸易、投资规则的新发展趋势。韩国政府更将其视为"韩国国家生存战略"[1]，旨在通过与美国市场的相互融合加速国内经济改革，促进经济发展。同时，韩国产业结构具有东亚特性，其与美国的市场开放形成的收益与损失（成本）对于研究东亚制造业国家与发达国家间市场开放具有重要意义。本书从贸易、产业竞争力、劳动力就业、区域经济合作等不同维度，深入分析《韩美自由贸易协定》对韩国经济领域的影响，旨在丰富和发展自由贸易协定理论研究。

---

[1] 李明博称韩美FTA为韩国国家生存战略［EB/OL］. 中华人民共和国商务部，2011年11月15日. http://www.mofcom.gov.cn/aarticle/i/jyjl/j/201111/20111107831779.html.

(二) 现实意义

一方面,为中国自贸区战略提供有益镜鉴。随着自由贸易协定在全球范围内的快速发展,任何国家自外于这一趋势均会令本国在世界经济格局中处于不利地位。目前,中国自贸区战略全面加速,但从已缔结的自由贸易协定来看,不论是在市场准入、规则的塑造能力,或是伙伴国的经济体量与影响力方面均较发达国家具有一定差距。[①]《韩美自由贸易协定》不仅是美国与制造业强国间的经贸合作框架,其涵盖的诸多条款代表着新时期高标准贸易协定的发展方向,研究这一协定对韩国的经济影响有助于中国对美国主导的高标准自由贸易协定的潜在冲击进行把握,有效应对"新规则""新议题"的变化趋势,在国际贸易、投资规则的重塑进程中维护本国利益。

另一方面,探讨有效应对自由贸易协定对国内产业冲击的政策路径,为中国完善自由贸易协定应对机制提供借鉴。在自由贸易协定框架下的市场开放中,竞争优劣势导致不同产业部门的收益不尽相同,具有竞争优势的部门通过自由贸易协定一系列激励机制进一步获益,但处于竞争劣势的产业部门会遭受冲击。当前逆全球化思潮的兴起很大程度上与贸易、投资自由化进程中利益分配失衡有关,如何有效控制市场开放形成的冲击,对受损产业及工人予以有效补偿,并通过适当的政策措施引导、帮助利益受损部门及工人实现转型对一国成功推动自贸区战略至关重要。目前,中国尚未形成系统、高效、合理的政策措施以应对市场开放形成的负面影响。韩国以《韩美自由贸易协定》为契机,进一步完善了其产业保障机制,对自由贸易协定的运行形成了有效保障。本书从产业救济、劳动力失业援助等方面分析韩国应对《韩美自由贸易协定》冲击的政策措施,对中国完善自由贸易协定保障体系具有借鉴意义。

---

① 王琳. 全球自贸区发展新态势下中国自贸区的推进战略 [J]. 上海对外经贸大学学报, 2015 (1): 40.

第一章 绪论

第二节 研究现状

以20世纪50年代美国经济学家雅各布·维纳（Jacob Viner）的《关税同盟问题》一书为基石，有关自由贸易协定的理论与经验研究伴随着区域经济一体化的发展不断深化，而对自由贸易协定经济影响的研究也成为区域经济一体化的重点研究议题。

一、关于自由贸易协定发展与内在机制的研究

面对自由贸易协定的快速发展，自由贸易协定与多边贸易体系的关系，自由贸易协定得以快速发展的原因，自由贸易协定中伙伴国的选取等问题受到了较多关注。

（一）自由贸易协定与多边贸易体系的关系

20世纪90年代以来，自由贸易协定形成高速发展态势，逐渐成为区域经济一体化的主要形式，为全球贸易及世界经济增长注入了强大动力。早期对自由贸易协定的研究主要集中于自由贸易协定与多边贸易体系的关系方面。

对于自由贸易协定数量在全球范围内如"脱缰的野马"一般迅速增长，部分学者乐观待之，期待其能够与多边贸易体制一同推动全球贸易、投资自由化进程，另有部分学者则不以为然，担忧自由贸易协定的发展最终会阻碍多边贸易体制下的全球贸易自由化。美国学者巴格沃蒂（Bhagwati, 1993）、帕纳格里亚（Panagarya, 1996）、克里希那（Krishna, 1998），英国学者鲍德温（Baldwin, 1995）等均对自由贸易协定与多边贸易自由化的相互关系进行了深入探讨。其中，最具代表性的为1993年巴

格沃蒂提出的"绊脚石"与"垫脚石"问题。巴格沃蒂认为国家之间在达成复杂的优惠贸易协定后，又会继续与别的国家达成双边协定，而每个优惠贸易协定又对不同的部门实行不同的贸易壁垒与原产地规则，导致各个优惠贸易协定形成错综复杂的交易网络，就如"意大利面碗"现象，交错重叠、无法理清。①

然而，鲍德温（Baldwin，1993）则认为自由贸易协定的发展实际上并未阻碍全球自由贸易，反而通过促进更多的国家加入自由贸易协定网络，推动了贸易壁垒的降低，由此得出自由贸易协定有利于全球自由贸易发展的结论。② 东北财经大学刘昌黎（2015）认为，双边或区域自由贸易协定并不是永恒的，只是步入多边贸易自由化的过渡模式，在全球经济一体化实现后，双边自由贸易协定终将被世界贸易组织下的多边贸易体制所取代。因此，不能因双边自由贸易协定存在的一些问题而否定其发展的必然性及作用。③ 也有学者以实证分析方法解释了自由贸易协定的发展，如美国学者贝格威尔和斯泰格（K. Bagwell，R. W. Staiger，1997）设立三国模型对优惠贸易协定与多边贸易体制间关系进行研究，验证了当多边合作程度低时，优惠贸易协定可以对多边系统产生最理想效果。④

直至今日，自由贸易协定的"歧视性"及"保护主义"倾向仍饱受争议，对"垫脚石"与"绊脚石"的争论分歧也并未消除，但学者们对区域主义与多边主义之间的平衡应是"前者补充，但不可替代后者"的观点上形成了普遍共识。

---

① 贾格迪什·巴格沃蒂. 今日自由贸易 [M]. 海闻, 译. 北京：中国人民大学出版社, 2004：114-115.

② Richard Baldwin. A Domino Theory of Regionalism [J]. National Bureau of Economic Research. Working Paper, 1993(4465)：18.

③ 刘昌黎. 不能轻易说自贸区"碎片化" [J]. 国际贸易, 2015（1）：63-66.

④ K. Bagwell, R. W. Staiger. Regionalism and Multilateral Tariff Cooperation [J]. Social Science Electronic Publishing. National Bureau of Economic Research. Working Paper, 1997(5921)：27.

（二）各国缔结自由贸易协定的主要动机

针对自由贸易协定的迅速扩张，推动各国签署贸易协定的动机备受关注。

鲍德温（1993）用"多米诺效应"解释了自由贸易协定的快速发展，认为利益集团的博弈往往会影响一国政府的贸易决策，而诸如《美国—墨西哥自由贸易协定》、欧共体等加强区域集团联系的特殊事件损害了非成员国出口商的利益，进而激励他们向政府提出要求，加入既有贸易协定或与相关国家缔结新的自由贸易协定，提升了该国加入更多区域贸易组织的可能。①也即某一自由贸易协定缔结后，非成员会在贸易转移压力下感受到"边缘化"的风险，这种担忧激励其成为推动自由贸易协定发展浪潮的一员。而该国在缔结自由贸易协定后又会影响其贸易伙伴国的贸易政策，导致自由贸易协定迅速扩散。复旦大学宋国友（2013）的研究进一步指出，为了避免受到贸易排挤，一国不仅会与自身贸易伙伴缔结自由贸易协定，还会推动与竞争对手的主要贸易伙伴签署自由贸易协定。因为，与竞争国的贸易伙伴缔结自由贸易协定能够缓解甚至制衡竞争国通过自由贸易协定所获得的政治、经济优势，最大限度地降低对自我的负面影响。②

另外，也有研究从国家经济规模差异视角出发，解释了大国、小国拓展自由贸易协定网络的不同动机。美国学者安德里亚曼贾拉与西夫（S. Andriamananjara, M. Schiff, 2001）集中分析了小国参与贸易协定的动机，认为小国缔结自由贸易协定不仅仅是为了获取贸易收益，更多是为了克服他们谈判弱势，提升议价能力。③ 中国社会科学院李向阳（2008）

---

① Richard E. Baldwin. A domino theory of regionalism[J]. NBER Working Paper, 1993(4465): 16.
② 宋国友. 全球自由贸易协定竞争与中国的战略选择[J]. 现代国际关系, 2013（5）: 31.
③ S. Andriamananjara, M. Schiff. Reginal Cooperation among Microstates[J]. Review of International Economics, 2001(9): 42–51.

《韩美自由贸易协定》对韩国的经济影响

的研究进一步指出，小国缔结自由贸易协定的动力主要来自于获得进入国外市场的机会（贸易创造效应），以克服其国内市场狭小的约束；扩大在国际经济事务中的讨价还价能力；获取搭便车收益；创造和分享区域内公共产品；减少区域主义发展所产生的贸易转移效应等方面。① 加拿大学者佩罗尼和威利（C. Perroni, J. Whalley, 1994）通过分析美国在20世纪90年代缔结的《北美自由贸易协定》《美加自由贸易协定》《美以自由贸易协定》《美新自由贸易协定》，发现在大国与小国的自由贸易协定中涵盖了诸多非贸易条款，包括更严厉的知识产权政策、能源定价政策等，即小国需要在经济体制与政策方面做出调整更加适应美国的规则。因此，他们认为小国与大国签署自由贸易协定实际上是利用单方支付购买了进入大国市场的"保险"。大国面向小国市场开放实际上丧失了对小国实施贸易报复的权利，小国只有向大国提供单方支付（side-payments）以弥补其损失才能使得谈判成功，如若不然，双方很难达成协议。②

但对大国而言，推动其参与区域经济一体化，缔结更多自由贸易协定的动力则主要来自于提升其国际经济规则影响力（李向阳，2003）。③ 大国在国际谈判上具有显著优势，尤其在与小国的贸易协定中，大国能够对小国的国内经济体制、法规、政策产生较大影响，并借助双边自由贸易协定或区域贸易协定将有利于本国的贸易、投资规则转化为多边贸易规则，进而提升其在国际经济体系中的规则影响力。大国把双边、区域贸易协定的规则推广至多边贸易规则的过程也被称为"有序的谈判"。④ 这在一定程度上解释了某些国家在明显无法获得贸易创造效应的情况下，依然缔结自由贸易协定的原因。

---

① 李向阳. 区域经济合作中的小国战略 [J]. 当代亚太，2008（3）：36-39.
② Carlo Perroni, John Whalley. The New Regionalism: Trade Liberalization or Insurance? [J]. National Bureau of Economic Research. Woring Paper, 1994(4626): 1-6, 41-42；李向阳. 新区域主义与大国战略 [J]. 国际经济评论，2003（4）：5.
③ 李向阳. 新区域主义与大国战略 [J]. 国际经济评论，2003（4）：5.
④ 张彬. 国际区域经济一体化比较研究 [M]. 北京：人民出版社，2010：59-60.

金英姬（2007）则从宏观视角总结了一国缔结自由贸易协定的三大动力。一是经济利益，如取消贸易壁垒，促进直接投资，激发技术外溢，促进国内经济改革等，这也是自由贸易协定最本质性的功能；二是政治及外交利益，如加强外交联系，获得安全保障；三是战略利益，即特定自由贸易协定在本国自由贸易区战略全局中的重要作用。①

（三）自由贸易协定伙伴国的选取标准

在选取自由贸易协定伙伴国方面并无统一标准，但从既有的研究文献来看自然贸易伙伴、比较优势、国家发展水平是最为普遍的选取标准。

有关贸易协定伙伴国的选择标准，最早的研究集中于区域经济一体化组织的潜在成员国在生产与消费结构上是否互补，以及是否已经是主要的贸易伙伴。基于这一认知，那些距离相近、产业结构互补的国家被称为自然贸易合作伙伴。② 自然贸易合作伙伴以运输成本为重要参考因素，认为地缘性强的国家间组成贸易集团能够带来福利增长，而不同洲际间的国家组成的贸易集团很难带来福利增长。这一标准虽为选取伙伴国提供了可参考的途径，但显然过于片面。

比较优势标准是选取贸易协定伙伴国的另一重要标准，主要考察成员之间以及成员国相对于世界其他地区（Rest of the World, ROW）的比较优势。英国学者维纳布尔斯（Venables, 2000, 2002）的研究指出，如果两个国家 A 与 B 相对于世界其他地区均处于比较劣势，并且 B 国较 A 国的劣势更显著，双方建立经济一体化组织将会导致 A 国获益，B 国受损，且 B 国与 A 国的收入差距越来越大。这是由于 A 国与 B 国建立一体化组织后，A 国相对于 B 国的比较优势会扩大产量以供应整个一体化组织，

---

① 金英姬. 中韩经贸关系：互补、竞争与合作 [J]. 韩国研究论丛，2007（4）：132.
② Summers, Lawrence H. Regionalism and World Trading System. In Policy Implications of Trade and Currency Zones[M], Kansas City. Federal Reserve Bank Press, 1991: 16. 转引自张彬. 国际区域经济一体化比较研究 [M]. 人民出版社，2010：64.

而B国制造业则在贸易转移效应下继续萎缩。① 如果继续将各国的比较优势进行排列,那么比较优势处于世界平均水平的国家将从贸易协定中获得更多的收益。这一研究不仅为一国选取理想的贸易伙伴提供了参考,而且对穷国(具有显著比较劣势)之间缔结贸易协定导致成员国之间收入差距进一步扩大提供了解释。

国家类型标准则强调发展中国家与发达国家的经济一体化相较于发展中国家间的一体化更加有利于发展中经济体获取收益。(张彬,2010)② 这主要是因为,与发达国家缔结贸易协定能够提升发展中国家的政府信誉,有助于引进更多的直接投资,也可以使其更便利地进入发达国家市场。

二、关于自由贸易协定经济影响的研究

对自由贸易协定经济影响的研究始于雅各布·维纳的关税同盟理论。1950年雅各布·维纳在其著作《关税同盟问题》中开创性地提出贸易创造效应(trade creation)与贸易转移效应(trade diversion),为后续研究不同形式贸易协定经济效应奠定了坚实基础。③ 在此基础上,英国经济学家米德(James E. Meade)、德国经济学家科登(W. M. Corden)、美国经济学家巴拉萨(B. Balassa)、克鲁格曼(Krugman)、金德尔伯格(Kindleberger)、李普西(Riechard G. Lipsey)、日本经济学家小岛清等诸多学者从不同角度修订和深化了相关理论,初步建立起围绕静态效应与动态效应的区域贸易协定经济影响分析框架。

---

① Venables. Regional Integration Agreements: Force for Convergence or Divergence? [J]. Social Science Electronic Publishing, 1999: 23. 转引自张彬. 国际区域经济一体化比较研究 [M]. 北京:人民出版社,2010:66.
② 张彬. 国际区域经济一体化比较研究 [M]. 北京:人民出版社,2010:66.
③ Viner, J. The Customs Union Issue[M]. New York: Carnegie Endowment for International Peace Press, 1950.

第一章 绪论

（一）有关自由贸易协定经济影响的理论研究

对自由贸易协定经济影响的研究主要分为静态分析与动态分析。① 早期的研究以静态分析为主，维纳的关税同盟理论是其研究基石。20世纪50年代维纳以商品、要素市场完全竞争；要素在本国内的自由流动；资源被充分利用；贸易收支平衡；运输成本为零；世界市场产品供给具有充分弹性等作为理论前提假设，分析了区域经济一体化的福利影响。② 维纳认为建立关税同盟会形成贸易创造与贸易转移两种效应，在二者共同作用下关税同盟既有可能增加成员国福利，亦有可能降低成员国福利，而净福利取决于贸易创造与贸易转移效应的相对大小。③ 以此为基础，诸多学者的后续研究对关税同盟的经济效应进行了深化与补充。

实际上，关税同盟的贸易创造效应不仅会形成生产效应，促进资源的有效利用，同时也会形成消费效应，即促进该国增加同盟内伙伴国产品的消费，以替代成本相对较高的国内产品。④ 米德（1955）、德国学者格雷尔斯（F. Gehrels, 1956）等补充了维纳仅仅从生产角度衡量贸易创造与转移效应的不足，强调了关税同盟成立后的"消费效应"。他们指出设立关税同盟后，相对价格的变化会影响产品的需求情况，进而促进关税同盟内伙伴国产品的消费。⑤ 因此，李普西（1957）在其著作《关税同

---

① 所谓静态分析主要是分析经济现象的均衡状态以及有关的经济变量达到均衡状态所需要具备的条件，此时完全忽略时间因素和具体变动的过程，是一种静止、孤立地考察经济现象的方法。动态分析则对经济变动的实际过程进行分析，其中包括分析有关变量在一定时间过程中的变动，这些经济变量在变动过程中的相互影响和制约关系，此时分析纳入了时间因素的影响，并把经济现象的变化当作一个连续的过程来看待。

② 张彬，王胜，于振. 国际经济一体化福利效应——基于发展中国家视角的比较研究 [M]. 北京：社会科学文献出版社，2009：17–18.

③ Viner, J. The Customs Union Issue[M]. New York: Carnegie Endowment for International Peace Press, 1950.

④ Dominick Salvatore. 国际经济学 [M]. 宋宝宪，译. 北京：清华大学出版社，2013：277.

⑤ J. E. Meade. The Theroy of Customs Union [M]. Amsterdam: North–Holland, 1955; F. Gehrels. Customs Union from a Single-Country Viewpoint [J]. Reviw of Economic Studies, 1956, 24: 61–64.

盟理论》中指出，如果充分考虑消费效应及商品的可替代性，贸易转移有时也可以提高社会福利。①

米德（1955）在既有研究基础上进一步分析了关税同盟实现净福利的制约因素，总结出提升成员国福利的若干标准。贸易创造效应方面：（1）各成员国在建立关税同盟之前相互设立的进口关税越高，贸易创造效应越大；（2）各成员国在建立关税同盟之前相互间产品供给弹性和需求弹性越大，即产品的替代率越高，贸易创造效应越大。贸易转移方面：（1）成员国与非成员国在建立关税同盟之前生产产品的成本差距越小，形成贸易转移的可能性越小；（2）关税同盟成员国对非成员国出口产品的需求弹性越小，形成贸易转移的可能性越小；（3）关税同盟建立之前，成员国之间贸易量越大，而与非成员国之间的贸易量越小，形成贸易转移的可能性越小。② 米德的研究较好地解释了哪些关税同盟会显著提高成员国福利，这一研究也为后续分析哪些国家更易于缔结自由贸易协定奠定了理论基础。

此外，学者们从不同的角度拓宽、丰富了分析区域贸易协定经济效应的视角与方法，指出贸易创造效应与贸易转移效应并不是决定净福利的唯一标准。美国学者约翰逊（Harry G. Johnson, 1965）指出，建立关税同盟除贸易创造与转移效应以外，还会形成贸易扩张效应、贸易条件效应、成本差异效应（cost-differential effects）等诸多影响。③ 加拿大学者旺纳科特（Wonnacott, 1996）进一步论证了一国可以通过参与自由贸易协定改善贸易条件，并从中获益。④ 美国学者阿恩特（Sven W. Arndt, 1969）、瓦内克（Jaroslav Vanek, 1965）等也对区域贸易协定的贸易条件

---

① Richard G. Lipsey. Trade Diversion and Welfare[J]. Economica, 1957, 24(93): 41.

② 张彬, 王胜, 于振. 国际经济一体化福利效应——基于发展中国家视角的比较研究 [M]. 北京: 社会科学文献出版社, 2009: 21.

③ Harry G. Johnson. An Economic Theory of Protectionism, Tariff Bargaining and the Formation of Customs Union[J]. Journal of Political Economy, 1965, 73: 256–283.

④ Ronald J. Wonnacott. Trade and Investment in a Hub and Spoke System Versus a Free Trade Area [J]. The World Economy, 1996, 119(3): 237–252.

效应进行研究。①

英国学者科瓦尔奇克（C. Kowalczyk, 1990）从行政支出成本角度分析了一国参与区域经济组织的影响，形成与维纳不同的分析方法。在他看来，关税同盟的建立会通过不同路径影响政府支出与收入。一方面，由于成员国间相互取消、降低关税，政府关税收入会减少；另一方面，贸易自由化水平的提高能够有效抑制走私等违法活动，降低监管成本和政府财政开支。当财政开支的减少超过关税收入减少时，对关税同盟内成员国而言就会形成净财政所得，这一影响也被称为"财政效应"。② 而正因这些因素的存在，在仅有贸易转移的关税同盟中，成员国也可能通过参与同盟而获利。

科瓦尔奇克（2000）还从贸易条件视角探讨了小国在自由贸易区迅速发展的情况下所能采取的最佳贸易政策问题，认为即使外部市场价格不变，小国也可以通过其一体化战略影响其贸易条件。③ 因此，他认为当一个小国处于各国纷纷加入区域经济组织的环境时，令自身也成为多个自由贸易区成员，从而使该国能够选择的最佳贸易战略。科瓦尔奇克的研究对于分析小国区域经济合作战略具有现实意义。

毋庸置疑，20世纪50年代以来，以贸易创造与贸易转移效应为两大支柱对区域贸易协定经济效应的分析有力地推动了相关领域研究的发展。然而，对区域贸易协定经济效应的静态分析忽视了区域集团建立对规模经济与竞争的影响，也未能将产品可替代性、价格需求弹性等因素考虑进去，更是忽略了区域贸易协定中日渐占据重要地位的国际投资等方面。对贸易协定的静态分析方法日渐难以充分解释现实运行中自由贸易协定

---

① Sven W. Arndt. Customs Union and the Theory of Tariffs[J]. America Economic Review, 1969(3): 108-118; Jaroslav Vanek. General equilibrium of international discrimination: the case of customs unions [M]. Boston: Harvard University Press, 1965: 243.

② C. Kowalczyk. Welfare and Customs Unions[J]. National Bureau of Economic Research Working Paper, 1990(3476): 9.

③ C. Kowalczyk. Welfare and Integration [J]. International Economic Review, 2000, 41(2): 489.

《韩美自由贸易协定》对韩国的经济影响

所形成的广泛经济效应。随着70年代以来新贸易理论的发展,对区域贸易协定的理论研究逐渐将规模经济与不完全竞争因素考虑进来,开始注重动态效应的分析。尽管动态效应的难以量化与区分为相关研究增加了难度,对区域贸易协定动态效应的研究至今也尚未形成系统、完善的理论体系,但对其重要性已形成广泛共识。

巴拉萨(1962)较早关注了区域贸易协定对成员国经济增长的影响,将其归纳为"动态效应",认为企业规模经济的形成、经济不确定性下降、资本流动便利化、竞争加强、研发效率提升等是主要根源。[1]

科登(1972)深入研究了区域自由贸易协定的规模经济效应。在其"规模经济与关税同盟理论"一文中,科登通过设定三国模型,以每个国家只有单个厂商且生产无差异产品为假设,分别研究了组建关税同盟之前只有一国生产;两国均生产;两国均不生产情况下的贸易效应,系统分析了规模经济效应与贸易抑制效应。科登指出,当关税同盟形成时,多重影响会同时产生。分别是:(1)一国商品的生产可能会被伙伴国市场代替,伙伴国生产的扩大形成规模经济效应降低该产品的平均生产成本;(2)部分生产者有可能停止生产转而选择从成本较低的伙伴国进口,对该伙伴国而言则形成贸易创造效应;(3)当关税同盟成员国的进口由域外国家转向同盟内部成员国时将形成贸易转移;(4)关税同盟内部成员国原本从外部的进口被本国生产所替代时,就会形成贸易抑制效应。[2]

金德尔伯格(1966)对区域贸易协定的投资效应进行了研究,提出"投资创造效应"与"投资转移效应",论证了区域贸易协定对吸引外国直接投资(FDI)的促进作用。[3] 美国学者克鲁格(Anne O. Krueger,

---

[1] B. Balassa. The Theory of Economic Integration[M]. London: Allen & Unwin, 1962. 转引自汪占鳌,陈小倩. 区域经济一体化经济效应研究动态 [J]. 经济纵横, 2012 (10): 111.

[2] W. M. Corden. Economies of Scale and Customs Union Theory[J]. Journal of Political Economy, 1972(80): 473.

[3] C. P. Kindleberger. European Integration and the International Cooperation[J]. The Columbia Journal of World Business, 1966(2): 65–73.

1997）在金德尔伯格的研究基础上分析了不同策略投资对成员国福利影响，指出如果外国直接投资增加是由于贸易创造效应或经济效率提升所促使，那将会改善一国福利，但如果外国直接投资是从具有较高回报率的其他目的地"转移"，那么将不利于一国福利的增加。[①] 克鲁格的研究不仅为特定自由贸易协定经济影响分析提供了更具体的标准，也为各国参与缔结自由贸易协定过程中吸引外资政策提供了方向。西班牙学者莫塔与美国学者诺曼（M. Motta, G. Norman, 1996），以及英国学者尼瑞（J. Peter Neary, 2002）对区域经济一体化进程中跨国公司的投资决策进行研究。他们认为外部贸易壁垒和市场规模是影响厂商做出出口或投资决策的主要因素，而诸如区域贸易协定等区域经济一体化由于降低了区域内成员国间贸易壁垒，将促使外部厂商扩大对区域内国家的投资，进而逃避关税或实现出口替代。[②]

外交学院樊莹教授（2005）在其《国际区域一体化的经济效应》一书中系统分析和总结了贸易协定的动态效应，将规模经济效应；竞争效应；投资创造与投资转移；技术进步与经济增长；规模报酬递增部门的协议性分工；提高水平型产业内贸易；降低信息不对称，削减市场交易成本；提高区域内国际分工水平，促进产业链调整等归结为"动态效应"。[③]

（二）有关自由贸易协定经济影响的经验性研究

对自由贸易协定的经验性研究主要是通过实证分析方法对特定自由

[①] Anne O. Krueger. Free Trade Agreement Versus Customs Union[J]. Journal of Development Economics, 1997, 54: 177.

[②] Massimo Motta, George Norman. Does Economic Integration Cause Foreign Direct Investment[J]. International Economic Review, 1996 (37): 757 – 783; J. Peter Neary. Foreign Direct Investment and the Single Market[J]. The Manchester School, 2002(70): 291-314. 转引自邱立成. 欧盟区域经济一体化的投资效应研究 [J]. 南开学报，2009（1）：2.

[③] 樊莹. 国际区域一体化的经济效应：国际经济领域的前言问题研究 [M]. 北京：中国经济出版社，2005：118.

贸易协定的经济效应进行评估，在此基础上总结、归纳对经济效应产生影响的不同因素。美国学者拜尔与贝格施特兰德（Scott L. Baier, Jeffrey H. Bergstrand, 2004）通过实证分析指出，伙伴国间（1）地理位置越相近；（2）成员国与世界其他国家距离越远；（3）经济规模越相近；（4）两个合作伙伴之间资本—劳动比率差异越大或相对于世界其他经济体的资本—劳动比率差异越小，缔结自由贸易协定往往会产生积极的经济影响，这些国家也更易于缔结协定。①

维纳布尔斯（1999）探讨了经济收益与成本在成员国之间的分配问题，指出比较优势的差异将导致发展中国家缔结的自由贸易协定会引发成员国收入差距的进一步扩大，发达国家之间缔结的自由贸易协定会进一步缩小成员国之间收入差距。同时，他建议，发展中国家应优先考虑与发达国家缔结自由贸易协定，因为直接投资、技术外溢、产业集聚将对低收入国家产生积极影响。②

在维纳布尔斯的研究基础上，东北财经大学孙玉红教授（2007）借助案例分析方法进一步解释了集聚效应与自由贸易协定利益分配问题，指出南南型自由贸易协定中产业集聚效应将进一步扩大比较优势导致的不公平收益分配，但在南北型自由贸易协定中产业集聚有助于抵消比较优势带来的分化，使得成员国各方共同获益。③

樊莹（2005）分别对欧盟、北美自贸区、东盟自贸区的静态效应与动态效应进行研究，在动态效应分析中，樊莹强调产业内贸易在区域贸易协定经济影响分析中的重要性，认为不断深化区域内产业分工，提升成员国之间产业内贸易水平是国际区域一体化的基础和动力源。④

---

① Scott L. Baier, Jeffrey H. Bergstrand. Economic Determinants of Free Trade Agreements[J]. Journal of International Economics, 2004, 64(1): 29-63.

② Anthony J. Venables. Regional Internation Agreements: A Force for Convergence or Divergence? [J]. World Bank Policy Research Working Paper, 1999(2260): 2.

③ 孙玉红. 比较南北型FTA与南南型FTA的利益分配[J]. 世界经济研究, 2007（5）: 6.

④ 樊莹. 国际区域一体化的经济效应: 国际经济领域的前言问题研究[M]. 北京: 中国经济出版社, 2005: 381-383.

第一章　绪论

此外，也有很多研究采用不同的模型对特定自由贸易协定的经济影响进行了系统分析，丰富了自由贸易协定研究的实证方法。武汉大学张彬、王胜、余振（2009）运用计量方法实证分析了东亚、拉丁美洲等发展中国家参与自由贸易协定的福利效应，在分析静态效应方面，她们将麦克利（Michaely）指数①纳入贸易引力模型，进一步完善了贸易引力模型对贸易创造与贸易转移效应的解释力。在分析动态效应方面，利用 Badinger（2005）② 度量经济一体化的新指数来分析动态福利效应的大小和传导机制。③ 南开大学邱立成、马如静、唐雪松（2009）对 1996—2006 年欧盟区域经济一体化的投资效应进行研究，指出投资效应与成员国经济的初始禀赋条件密切相关，并与成员国的经济发展水平、服务业发展水平正相关。④ 武汉大学张彬、张澍（2005）运用 Magee（2004）模型对美国在《北美自由贸易协定》中的贸易效应进行研究。⑤ 北京航空航天大学单文婷（2006），云南大学蒋冠（2015）运用贸易引力模型对《中国—东盟自由贸易协定》贸易创造与贸易转移效应进行了研究。⑥

---

① Michaely 指数的主要功能在于衡量经济变数每年变动平均程度的大小，其衡量的值代表波动的大小，亦即经济变数稳定程度.

② Harald Badinger. Growth Effect of Economic Integration: Evidence from the EU Member States[J]. Review of World Economics, 2005(141)：50-78.

③ 张彬，王胜，余振. 国际经济一体化福利效应：基于发展中国家视角的比较研究 [M]. 北京：社会科学文献出版社，2009：91.

④ 邱立成，马如静，唐雪松. 欧盟区域经济一体化的投资效应研究 [J]. 南开学报，2009（1）：8.

⑤ 张彬，张澍. 美国在 NAFTA 中的贸易创造与贸易转移：1994—2003 [J]. 世界经济，2005（8）：11；Christopher S. P. Magee. Trade Creation, Trade Diversion and Endogenous Regionalism [EB/OL]. 2004. http://fmwww.bc.edu/repec/esNASM04/up.19216.1075409911.pdf.

⑥ 单文婷，杨捷. 引力模型在中国与东盟贸易中的实证分析 [J]. 亚太经济，2006（6）；蒋冠，霍强. 中国—东盟自由贸易区贸易创造效应及贸易潜力 [J]. 当代经济管理，2015（2）：60-67.

三、关于《韩美自由贸易协定》的研究

自韩、美两国启动谈判以来,围绕《韩美自由贸易协定》的研究文献不断涌现,主要集中在缔结协议的动因,潜在经济效应,对中国的影响等方面。

(一)《韩美自由贸易协定》的缔结动因

国内学者多从区域视角审视《韩美自由贸易协定》的缘起。辽宁大学崔日明、李兵、张楠(2008)认为韩国借助《韩美自由贸易协定》在均衡地缘势力上迈出重要一步,进而向东北亚中心国家的目标迈进,而美国通过加强与韩国的制度化经济合作强化了其在东亚的影响力,对中国起到一定制衡作用,两国均从协定中获益。① 复旦大学崔荣伟教授(2010)从联盟的角度考察了《韩美自由贸易协定》,指出该协定能够缔结的深层动因在于美韩联盟转型的需要。崔荣伟认为步入 21 世纪以来,韩美单一的军事联盟由于双方在朝核问题上意见分歧逐步弱化,而经济因素又在双边关系中发挥着越来越重要的作用,有效平衡两国政治、经济因素的重要性凸显,提高了双方缔结自由贸易协定的积极性。②

分析美国动机方面,学者们普遍认为制衡中国在东亚区域影响力的快速扩散,维护自身在东亚的"存在感",是美国推动《韩美自由贸易协定》的重要动因。国际关系学院刘中伟(2013)认为美国旨在通过缔结《韩美自由贸易协定》帮助韩国早日融入东亚生产网络的价值链高端,间接强化中国对外部技术和市场的依赖。由此一来,《韩美自由贸易协定》不仅令韩国成为美国参与东亚经济合作的"跳板",更成为美国牵制中国

---

① 崔日明,李兵,张楠. 韩美自由贸易协定对东北亚区域经济合作的影响 [J]. 国际经济合作,2008(1):65.
② 崔荣伟. 联盟转型与《美韩自由贸易协定》[J]. 国际观察,2010(3):19-24.

和日本的"桥头堡"。① 日本名城大学亚洲研究所金光旭（2009）则认为从短期来看，美国旨在通过《美韩自由贸易协定》实现韩国的贸易自由化，但长期而言，美国是想通过各种外溢效应，解决东亚地区民主问题、人权问题以及少数民族等问题。②

具体分析韩国动机方面，既有文献给出不同解释。崔日明、李兵、张楠（2008）认为，国内经济发展需求、缓解韩美政治分歧、提升自身在亚洲的地位等多重目标共同促使韩国推动《韩美自由贸易协定》。③ 吉林省社会科学院张玉山（2008）则认为韩国缔结《韩美自由贸易协定》的主要动机在于摆脱对中国市场的高度依赖，通过寻找东亚之外的平衡点转变其在东亚地区"三明治"地位。④ 也有学者认为韩国先于中、日与美国缔结自由贸易协定的主要原因在于，韩国将《韩美自由贸易协定》视为提升今后谈判筹码的有效措施。⑤ 相较而言，美国学者更多地把韩国与美国缔结自由贸易协定视为其内部需求的产物。华盛顿智库彼得森国际经济研究所的杰弗里·斯科特（Jeffrey J. Schott）认为，与美国其他自由贸易协定伙伴国所不同的是，韩国推动贸易倡议的驱动力主要来自于推动国家生产力提升与促进经济增长。⑥ 在他看来，21世纪初韩国已意识到只有开放、竞争才能够实现其成为东北亚经济、金融中心的目标，同时缓解中国的快速增长所带来的压力。

概括而言，既有研究认为韩国缔结《韩美自由贸易协定》是多重因

---

① 刘中伟，沈家文. 美国亚太贸易战略新趋势：基于对《美韩自由贸易协定》的研究视角[J]. 当代亚太，2013（1）：64.
② 金光旭. 论韩美FTA的非经济因素[J]. 韩国研究论丛，2009（2）：152.
③ 崔日明，李兵，张楠. 韩美自由贸易协定对东北亚区域经济合作的影响[J]. 国际经济合作，2008（1）：65.
④ 张玉山，刘维. 韩美自由贸易协定对我国的影响及对策[J]. 经济纵横，2008（6）：88-89.
⑤ 金光旭. 论韩美FTA的非经济因素[J]. 韩国研究论丛，2009（2）：147-151.
⑥ Jeffrey J. Schott. Why the Korea-United States Free Trade Agreement Is a Big Deal[R]. Seoul: SERI, 2011: 23.

《韩美自由贸易协定》对韩国的经济影响

素所致,其中既包括强化美韩同盟关系的政治因素考量,也含有促进国内经济改革与发展的经济方面考量。就美国而言,缔结协定的动因则更多集中于提升其在东亚区域影响力等战略性因素方面。

(二)《韩美自由贸易协定》的经济效应

在韩美启动自由贸易协定谈判后,经济效应成为各方关注的重点。既有文献主要通过运用一般均衡模型(CGE)或贸易引力模型进行实证分析,对成员国经济增长、贸易流量、贸易结构的变化进行预测。具有代表性的研究出自美国贸易委员会、韩国对外经济政策研究院等研究机构。美国贸易委员会报告(2007)认为《韩美自由贸易协定》对美国贸易及劳动力就业的影响有限。关税减免与关税配额的调整将拉动美国国内生产总值提升101亿—119亿美元(约美国国内生产总值的0.1%),美国对韩出口产品有望增加97亿—109亿美元,进口将增加64亿—69亿美元。[①] 韩国对外经济政策研究院(2011)等10家机构联合研究了《韩美自由贸易协定》对韩国国内生产总值、消费者福利、对外投资、就业的潜在影响,得出结论:短期来看,关税降低对韩国国内生产总值的拉动作用仅为0.02%,但在充分考虑各种动态效应的情况下,《韩美自由贸易协定》有望拉动韩国国内生产总值增长5.66%,创造35万个就业岗位;韩国对美出口有望年均增长12.9亿美元,进口年均增长11.5亿美元;《韩美自由贸易协定》生效10年内外商对韩直接投资有望年均增长23亿—32亿美元。[②] 这些研究不仅对政府部门的决策提供了参考,也为日后评估《韩美自由贸易协定》运行绩效提供了依据。

除研究机构的宏观预测外,韩国开发研究院研究员李施旭(2007)将1993—2003年韩国5人以上15万家制造业企业作为样本,分析了进口

---

① USITC. U.S-Korea Free Trade Agreement: Potentioal Economy-Wide and Selected Sectoral Effects Investigation [R]. No. TA-2104-24, 2010: 17.

② [韩]韩国对外经济政策研究院等10家机构. 韩美FTA经济效应再探, 2011: 2-7.

关税壁垒下降对企业生产效率的影响，指出进口关税每下滑1%，企业生产效率平均提升1.5%，他进一步指出《韩美自由贸易协定》生效将促进企业生产效率提升0.9—1.4个百分点。①

总体来看，学界对《韩美自由贸易协定》经济效应持积极预期，但普遍认为短期经济效应有限，认为韩美市场融合对韩国贸易、就业、经济增长的根本性影响将在未来较长时期内缓慢显现。

（三）《韩美自由贸易协定》对中国的影响

《韩美自由贸易协定》对中国的影响受到国内学者高度关注。辽宁大学崔日明、李兵、张楠（2008）的研究指出，《韩美自由贸易协定》可能对中国产生贸易转移与投资转移，对中国的"环黄海经济圈"建设形成冲击。② 吉林大学赵放（2010）从东亚区域合作视角分析了《韩美自由贸易协定》对中国的潜在影响。他认为提升东亚区域影响力的共同目标促使韩美缔结自由贸易协定，而韩国的这一举动偏离东亚区域整合既有模式与道路，对原进程产生负面影响，以"10+1"为桥梁、"10+3"为过渡模式的东亚区域合作路径可能不再具有主导性，使得中国不得不在这一模式之外重新考虑新的合作对象。③ 该研究较好地阐释了《韩美自由贸易协定》对中国参与东亚区域经济合作的负面影响，有助于深化对《韩美自由贸易协定》地缘战略意义的了解。

重庆大学李丽、陈迅、邵兵家（2008）运用全球贸易分析（GTAP）模型对《韩美自由贸易协定》对中国的贸易效应、福利水平的变化进行了一般均衡模拟研究，认为《韩美自由贸易协定》对中国进口的影响大

---

① [韩]李施旭.市场开放对企业生产效率的影响：以进口关税壁下降为中心[R].韩国开发研究院（KDI），2007：2.
② 崔日明，李兵，张楠.韩美自由贸易协定对东北亚区域经济合作的影响[J].国际经济合作，2008（1）：65.
③ 赵放.美韩FTA的起步、拖延及影响——以东亚区域合作为视角的分析[J].东北亚论坛，2010（5）：58-64.

于出口,进口将增加 4.98 亿美元,进口价格指数下降 0.22%,中国的国内生产总值将减少 0.04%,但国民福利将增加 3.1 亿美元。① 中国农业大学杨欣,武拉平,徐锐钊(2010)通过全球贸易分析(GATP)模型,模拟了《韩美自由贸易协定》对中韩农产品出口及农业产业结构的影响,指出韩国对美国农产品的关税降低将对中国出口造成较大影响,尤其在中国较美国弱势的谷物、油籽、牛羊肉、猪禽肉、加工食品出口受影响较大,但对水产品出口的影响较为微弱。② 总体而言,从既有文献来看《韩美自由贸易协定》对中国的冲击有限,但从上述文献中我们可以大体判断农业、纺织品行业将是主要受冲击的领域。

四、进一步研究的必要性

从既有研究文献来看,对自由贸易协定理论与经验的研究已较为充分,对当前自由贸易协定发展中的各种问题提供了较好的解释。目前对《韩美自由贸易协定》的研究多集中于剖析缔结动因,预测潜在影响,分析两国政治、利益集团的博弈等方面,系统性分析该协定对韩国不同部门所形成的具体影响的研究文献非常少。《韩美自由贸易协定》作为美国重塑全球贸易规则、打造自由贸易协定新"范本"的重要举措,协议中涵盖的很多议题代表着全球贸易的发展趋势,这些条款产生的实际影响需要进一步深入研究。并且,《韩美自由贸易协定》对韩国的实际经济影响是否与预期存在差距,形成差距的主要原因为何;哪些因素易于影响自由贸易协定的经济效应;在与全球最发达国家的市场融合中,韩国如何保障自身利益的同时最大限度获取全球化的收益;特朗普政府修订

---

① 李丽,陈迅,邵兵家. 韩美自由贸易协定全面实施对中国经济的影响[J]. 山西财经大学学报,2008(8):30-37.
② 杨欣,武拉平,徐锐钊. 韩美自由贸易协定对中韩农产品贸易的潜在影响[J]. 中国农村经济,2010(7):12-18.

《韩美自由贸易协定》的原因等问题尚未形成较为全面及深入的研究成果,需要进一步去研究。

第三节 研究方法与结构

本书的研究方法与结构方式如下。

一、研究方法

（一）实证分析

实证分析法是本书重要的研究方法。在分析《韩美自由贸易协定》对韩国贸易、产业竞争力、就业的影响时,本书采用大量相关数据,借助统计、计量方法对数量关系的变化进行分析,构成了本书的基础工作。在定量分析结果基础上,本书用实证分析法加以概括,得出现实、可靠的结论,力图揭示出一些结构性的联系与内在规律。

（二）微观与宏观分析相结合

本书在考察《韩美自由贸易协定》的经济效应时,不仅从价格、贸易额等微观效应入手,还从就业、经济增长、区域经济合作等宏观方面进行了一个整体的把握与评估。

（三）比较分析

比较分析法是通过实际数与基数的对比来寻找实际数与基数之间的差异,借以了解经济活动成绩与问题的一种分析方法。本书一方面将韩国与美国、中国、欧盟、日本等主要经济体进行横向比较,另一方面又将韩国缔结《韩美自由贸易协定》与未缔结协定时期相关数据进行纵向比较，进而综合评估《韩美自由贸易协定》对韩国的实际影响。

二、文章结构

本书共九章，具体结构安排如下。

第一章"绪论"。对本书的研究意义、研究现状及进一步研究的必要性、可能的创新与不足进行概括性介绍。

第二章"自由贸易协定相关概念及经济影响分析的理论基础"，明确了自由贸易协定相关基本概念，在此基础上对已有的自由贸易协定经济效应理论进行系统梳理，构建本书研究的理论框架。

第三章"韩与美缔结自由贸易协定的动因及谈判争议领域"，重点分析韩美两国缔结自由贸易协定的深层动因，在此基础上对协定的主要争议领域进行梳理，并指出两国在谈判交易中的利益互换。

第四章"《韩美自由贸易协定》对韩国进出口贸易的影响"，以韩国为研究主体对《韩美自由贸易协定》的贸易效应进行实证分析。首先，分析协定生效以来双边贸易格局变动趋势，总结韩国主要受惠领域与受损领域。其次，选取中、日两国为样本，用显示性比较优势指数测度中美、美日在韩国进口市场中的主要竞争领域，并通过出口规模变化进一步分析《韩美自由贸易协定》对中国与日本的贸易替代效应。最后，运用贸易引力模型验证《韩美自由贸易协定》的贸易效应。

第五章"《韩美自由贸易协定》对韩国产业竞争力的影响"，从竞争实力、竞争潜力、竞争环境三个视角综合分析《韩美自由贸易协定》对韩国不同产业国际竞争力形成的影响。竞争实力方面，采用贸易竞争优势指数、显示性比较优势指数测度缔结《韩美自由贸易协定》以来韩国各部门产业竞争力的实际变化。竞争潜力方面，从投资效应、竞争效应、规模经济等自由贸易协定动态效应入手，分析《韩美自由贸易协定》对韩国提升产业竞争力的潜在推动力。竞争环境方面,重点探讨《韩美自由贸易协定》生效后韩国产业发展环境、创新机制、产业政策的变化对韩国产业竞争力的影响。

第六章"《韩美自由贸易协定》对韩国劳动力就业的影响",从自由贸易协定与劳动力市场调整的一般关系入手,从积极与负面两个角度,重点分析市场开放对韩国形成的就业效应。

第七章"《韩美自由贸易协定》对韩国区域经济合作的影响",通过分析缔结《韩美自由贸易协定》后韩国自由贸易协定网络布局的变动与发展,着重探讨《韩美自由贸易协定》对韩国参与区域经济合作的战略影响。

第八章"《韩美自由贸易协定》的评估、前景与启示",整体评估、总结韩国在《韩美自由贸易协定》中的收益与成本,并结合特朗普执政后美国国内对《韩美自由贸易协定》的质疑,探讨《韩美自由贸易协定》重新修订的原因及发展前景,对特朗普执政后《韩美自由贸易协定》修订谈判的结果进行评析。最后,总结《韩美自由贸易协定》对中国的启示,并为中国推进自贸区战略提出对策建议。

第九章"结语",梳理了本书的主要结论。

第二章

自由贸易协定相关概念及经济影响分析的理论基础

15世纪地理大发现以来，国际贸易在自由贸易与保护主义相互交替与融合中不断发展，国际贸易理论在长达5个多世纪的历史长河中始终占据世界经济的理论前沿，在不断质疑与争论中保持着经久不衰的核心地位。1776年英国经济学家亚当·斯密的《国民财富的性质和原因的研究》（《国富论》）一书问世，对占据了两个多世纪主流经济学地位的重商主义进行有力抨击，奠定了古典经济学自由贸易理论的基石。亚当·斯密的自由贸易思想为工业革命后的全球贸易缔造了新的秩序，为全球自由贸易的发展形成了强有力的理论助推。在自由贸易理论的推动下，二战后英、美、德、法等主要经济体纷纷开始减少贸易、投资阻碍，发展互惠贸易协定，推动了经济全球化与区域经济一体化发展进程。以1957年欧洲经济共同体成立为标志，全球区域经济一体化先后掀起三次发展浪潮，维纳的关税同盟理论则为区域贸易协定的发展提供了强有力的理论支撑。在关税同盟理论基础上，对于区域、双边自由贸易协定经济影响的理论研究广泛展开，形成了涵盖贸易、投资、产业、社会福利等多个方面的理论分析框架，从静态与动态不同视角对区域经济一体化经济影响予以理论解释。本章从基本概念出发，对自由贸易协定及相关概念进行明确界定，在此基础上探讨自由贸易协定经济影响的一般理论，为

第二章 自由贸易协定相关概念及经济影响分析的理论基础

本书后续章节研究奠定基础。

第一节
自由贸易协定相关基本概念

在研究过程中,概念的模糊与用法上的随意性会导致我们对研究主体认识不清,影响研究的准确性。因此,有必要对相关概念予以区分,明确各概念的含义。

一、区域经济一体化的主要形式

二战以来,全球贸易自由化主要通过两种路径不断推进。一种是在世贸组织框架内,各国以"最惠国待遇"为原则相互削减贸易壁垒,此时任意两个成员国之间达成的关税减让协议无条件扩展至其他成员国,从而促进了整个世界范围内关税的逐步降低。另一种是两个或多个国家以地域为基础,签订区域贸易协定(RTA),成员国之间相互降低贸易壁垒,但对非成员国保持较高的贸易壁垒,形成带有歧视性的贸易自由化。随着多边贸易谈判的停滞,双边或区域贸易协定逐步成为推动区域经济一体化的主要力量。

"经济一体化"概念最早由荷兰经济学家丁伯根(Jan Tinbergen)1954年在其著作《国际经济一体化》中提出,之后美国经济学家贝拉·巴拉萨(Bela Balassa)1961年在其著作《经济一体化的理论》中进一步充实。巴拉萨指出,"经济一体化既是一个过程,又是一种状态。就过程而言,它包括旨在消除各国经济单位之间差别待遇的种种举措;就状态而言,则表现为各国间各种形式差别待遇的消失"。① 对于区域经济一体化的含义学术界至今尚未达成统一,尽管定义的侧重点有所不同,但大多是指两个或两个以上国家(通常是地理上相邻的国家)通过缔结条约或协定,实施统一的政策或措施,以便在经济上实现联合而组成的区域性经济组织。② 本书对区域经济一体化的定义采用外交学院国际经济系樊莹教授的界定:"两个或两个以上的经济体为了使其利益最大化,达到最佳配置生产要素之目的,以政府的名义通过谈判协商实现成员之间互利互惠及经济整合的制度性安排。"③

  按照一体化程度的不同,区域经济一体化的主要形式包括特惠贸易协定(PTA)、自由贸易区(Free Trade Area)、关税同盟(CU)、共同市场(CM)、经济联盟(EU)和完全经济一体化(PEI),其一体化程度依次递增。特惠贸易协定是经济一体化最松散的形式,成员国之间对某些或全部商品、服务实行关税减让优惠,这种减让即可以是单边的,也可以是相互的。自由贸易区是若干贸易国之间通过签订协议,相互取消关税和非关税贸易壁垒,实现商品自由流动而形成的经济一体化组织。在自由贸易区中,每个成员国仍然保持对非成员国的贸易壁垒,成员国之间并不采取统一的区域对外贸易政策,是当前最普遍的一体化方案。关税同盟(CU)与自由贸易区类似,区别在于所有成员国对于非成员国采取一致的贸易限制措施。在共同市场(CM)中,成员国之间不仅要求商品和服务的自由流动,而且还要求生产要素跨国界流动。而当共同市场进一步加强合作,采取统一的国家、赋税和财政政策,并设立超国家机构进行统一管理时就达到了区域经济一体化的最高水平,即完全的经济一体化(PEI)。

---

① B. Balassa. The Theory of Economic Integration[M]. London: Allen & Unwin, 1962: 18.
② 唐海燕. 国际贸易学[M]. 上海:立信会计出版社, 2011:228.
③ 樊莹. 国际区域一体化的经济效应[M]. 北京:中国经济出版社, 2005:17.

第二章　自由贸易协定相关概念及经济影响分析的理论基础

二、自由贸易协定的内涵

自由贸易协定对成员国内部取消关税，但对区域外非成员国保持关税壁垒，使得其存在歧视性，一定程度上有违于世界贸易组织的"非歧视性"原则。但各国致力于贸易自由化的努力与自由贸易协定为成员国带来的贸易利益有利于自由贸易与经济发展。因此，《关税与贸易总协定》第24条将"自由贸易区"与"关税同盟"作为最惠国待遇原则的例外，指出"各缔约方认识到，通过自愿签署协定发展这些缔约国间更为紧密的一体化，以增加贸易自由是可取的。本协定的规定不得阻止在缔约方领土之间形成关税同盟或自由贸易区，或阻止建立关税同盟或自由贸易区所必需的临时协定"。[①] 但同时，第24条也强调"关税同盟或自由贸易区的建设目的应为便利组成联盟或自由贸易区的各领土之间的贸易，而非增加其他缔约方与此类领土之间的贸易壁垒"[②]，进而对滥用相关规则的进行了约束。

根据《关税与贸易总协定》（GATT）第24条规定，"自由贸易区应理解为两个或两个以上的一组关税领土中，对缔约国领土间基本所有产于此类领土产品的贸易取消关税和其他限制性贸易法规"。[③]

自由贸易协定是自由贸易区得以建立的制度基础，其本质是具有法律约束的契约，是两国或多国根据世界贸易组织的相关规则，为实现相互之间贸易自由化而进行的地区性贸易安排，旨在促进商品和服务在成员国之间的自由流动，推动经济一体化。在自由贸易协定中，成员国通

[①] The General Agreement on Tariffs and Trade (GATT 1947) [EB/OL]. WTO. https://www.wto.org/english/docs_e/legal_e/gatt47_01_e.htm.
[②] The General Agreement on Tariffs and Trade (GATT 1947) [EB/OL]. WTO. https://www.wto.org/english/docs_e/legal_e/gatt47_01_e.htm.
[③] The General Agreement on Tariffs and Trade (GATT 1947) [EB/OL]. WTO. https://www.wto.org/english/docs_e/legal_e/gatt47_01_e.htm.

过协商和谈判对相互间关税及非关税壁垒、市场准入等问题予以明确规定。由于成员国各自保留对区域外国家的贸易壁垒，自由贸易协定设定"原产地规则"对跨国界商品享受关税减免进行严格规定，进而防止产生贸易偏转。按照成员国数量的不同，自由贸易协定一般分为双边及诸边自由贸易协定，本书主要研究对象《韩美自由贸易协定》为典型的双边自由贸易协定。

三、自由贸易协定的新发展趋势

自由贸易协定的快速发展是 20 世纪 90 年代以来，新一轮区域经济一体化发展的显著特点。在多边贸易谈判进展缓慢的背景下，自由贸易协定进一步加强了全球各经济体之间的相互联系与依赖，有效推动了全球贸易自由化进程。随着自由贸易协定数量不断增加，涵盖的议题与自由化水平日渐提升，全球自由贸易协定发展呈现出一些新的特点。

首先，"轮轴—辐条"（Hub & Spoke）格局显现。随着自由贸易协定的快速发展，越来越多的国家开始构建"以己为主"的自由贸易协定网络，促进了"轮轴—辐条"格局的形成。"轮轴—辐条"理论最早由美国学者旺纳科特（Wonnacot, 1975）提出，由美国经济学家科瓦尔奇克（kowalczyk）和瑞士经济学家鲍德温（Baldwin）等学者进一步完善。"轮轴—辐条"结构是指自由贸易协定网络中的一种合作体系，主要表现为处于核心地位的轮轴国与多个辐条国均缔结自由贸易协定，但辐条国之间并未缔结自由贸易协定的情况。在这一体系中，轮轴国产品可以通过自由贸易协定进入所有辐条国市场，但辐条国产品则受制于原产地规则的限制，无法在其他辐条国中自由流动，处于相对不利的地位。欧盟、美国等经济体作为全球区域经济一体化的主导力量，始终牢牢地占据了轮轴国地位，而如墨西哥、新加坡、智利等中小经济国则通过积极推动经济一体化，逐渐打造了其在全球自由贸易体系中的"核心"地位。然

第二章　自由贸易协定相关概念及经济影响分析的理论基础

而，由于每个辐条国市场只向轮轴国开放，而轮轴国市场却对所有辐条国开放，导致辐条国之间形成市场竞争。辐条国数量的增加使每个辐条国企业对轮轴国的出口减少，当更多的国家加入时，这种竞争会更加激烈，辐条国日益处于不利地位。① 为了避免作为辐条国的不利影响，一些国家开始通过与更多的国家缔结自由贸易协定打破既有的"轮轴—辐条"模式，打造自身的"轮轴"地位，韩国即为典型的例子。21 世纪初以来，韩国已缔结 16 个自由贸易协定，并积极参与《中日韩自由贸易协定》《区域全面经济伙伴关系协定》谈判，以及与以色列、中美洲等地区的经贸合作框架，成为同时与东盟、欧盟、美国、中国等主要经济体缔结自由贸易协定的少数国家之一。

其次，跨区域自由贸易协定异军突起，自由贸易协定被赋予更多的战略意义。传统的区域经济一体化理论认为，地理位置相邻或相近的国家之间缔结自由贸易协定更易于形成贸易创造效应。然而，近年来，自由贸易协定的跨区域性日益明显，越来越多的国家开始打破地域限制，在选择伙伴国时采取舍近求远的策略，如《韩美自由贸易协定》《中国智利自由贸易协定》《韩国欧盟自由贸易协定》《日本新加坡自由贸易协定》等。分析各国缔结跨区域自由贸易协定的原因主要包括几个方面：(1) 通过跨区域自由贸易协定保障自身在其他区域的影响力，进一步完善自身自由贸易区网络布局的完整性，这更多的体现在美、欧等发达国家推动的跨区域贸易安排上。(2) 与区域外轮轴国缔结跨区域自由贸易协定，保障市场多元化，避免自身在全球贸易格局中边缘化。(3) 通过经贸合作强化与具有战略意义的国家形成利益共同体，根本上提升自身在全球政治经济格局中的地位。缔结自由贸易协定已突破经贸合作领域，成为间接影响政治、安全战略的重要手段，甚至成为优化国家间关系的

---

① 东艳. 区域经济一体化新模式——"轮轴—辐条"双边主义的理论与实证分析 [J]. 财经研究，2006：9.

秘密武器。[①]

最后，自由贸易协定涵盖议题日渐广泛和深入。自由贸易协定议题不再局限于传统的贸易领域，而是扩大到资本与劳工流动、金融服务、知识产权、政府采购、人力资源开发、科技发展、中小企业合作、文化产品、纠纷仲裁等领域，贸易自由化程度已经大大超越了世界贸易组织的管辖范围。以《韩美自由贸易协定》为例，涵盖了电子商务、商品检验检疫、知识产权、环境保护、劳工标准等传统自由贸易协定未涉及的领域，并在服务贸易领域实现了负面清单开放模式。

第二节
自由贸易协定经济影响分析的理论根源

对自由贸易协定经济影响的理论分析源于关税同盟理论。1950年，加拿大经济学家维纳（J. Viner）通过对西欧区域经济一体化实践的分析，提出贸易创造效应与贸易转移效应，对构建经济一体化组织对成员国与非成员国的影响进行研究。之后，英国经济学家彼得·罗布森（Peter Robson，1984）等学者在维纳的关税同盟理论基础上，提出并完善了自由贸易区理论，为分析自由贸易协定的经济影响奠定了理论基础。

一、关税同盟理论

关税同盟对同盟内、外国家采用不同关税，这将普遍改变成员国商品的相对价格，并对成员国贸易流向、消费与生产形成一定影响。传统

---

① 樊莹.国际区域一体化的经济效应：国际经济领域的前言问题研究 [M].国际经济出版社，2005：32.

第二章　自由贸易协定相关概念及经济影响分析的理论基础

的关税同盟理论从静态的资源配置效应出发，对一体化的效率与福利影响进行分析，贸易创造效应（Trade Creation）与贸易转移效应（Trade Diversion）构成了关税同盟静态效应的理论精髓。在关税同盟静态效应的研究中，我们假设商品和要素市场完全竞争，要素只在各国国内自由流动，忽略运输成本，并认为关税是贸易管制的唯一形式。

（一）贸易创造效应

贸易创造效应是指关税同盟成员国之间取消关税后，关税同盟中某一成员国的部分国内产品生产被来自同盟中另一国家的较低生产成本的进口产品替代。① 贸易创造效应通过同盟内部资源优化利用，促进比较优势基础之上的国家间专业化分工与产品的专业化生产，形成对成员国的积极影响。贸易创造效应可从生产与消费两个角度审视。前者指本国减少或取消与国外产品同类的国内产品生产，国内所需产品转而从同盟内伙伴国进口，这对于本国国内生产是一种成本的减少，产生生产效应。后者是指从成员国进口的低生产成本产品替代了本国原有的高生产成本产品，本国市场同类产品价格降低，消费者支出减少，从而增加了消费者剩余，产生消费效应。② 这两种效应的总和构成关税同盟的贸易创造效应。

图 2.1 表示出了关税同盟的贸易创造效应。假设有三个国家 A、B、C 国都生产 X 产品，A、B 为关税同盟国，但生产成本具有差异，A 国 X 产品的自由贸易价格为 1 美元，C 国（同盟外部国家）X 产品自由贸易价格为 1.5 美元。B 国为小国，不能影响 X 产品的世界价格，市场是完全竞争的，图中 D_x 和 S_x 分别表示 B 国 X 产品的需求曲线与供给曲线，P_x 表示 X 产品的价格。如果 B 国首先对所有进口 X 产品施加一个非歧视性的 100% 从价关税，此时 B 国从 A 国进口 X 产品价格为 2 美元，从 C

---

① 萨尔瓦多. 国际经济学（第八版）[M]. 北京：清华大学出版社，2004：274.
② 陈岩. 国际一体化经济学 [M]. 北京：商务印书馆，2001：6.

国进口价格为 3 美元，因此 B 国必然选择从 A 国进口。在 $P_x = 2$ 的价格下，B 国对 X 产品的总需求量为 Q_3，其中本国生产 Q_2 单位，剩余 $Q_3 - Q_2$ 单位从 A 国进口，同时获得税收收入 $1 * (Q_3 - Q_2)$（相当于四边形 FGEC 的面积）。

当 B 国与 A 国建立关税同盟时，B 国从 A 国进口 X 产品价格降至 1 美元，C 国 X 产品价格依旧为 1.5 美元，B 国仍然从 A 国进口 X 产品。此时，B 国对 X 产品的需求量为 Q_4，其中国内生产 Q_1 单位，剩余 $Q_4 - Q_1$ 部分从 A 国进口，但此时 B 国失去关税收入。受到价格下降影响，B 国消费者从关税同盟建立中获得的福利（消费者剩余①）可用四边形 IGBJ 表示（消费者剩余在几何图形中以价格曲线之上，需求曲线之下的面积衡量）。但从 B 国整体来看，只有阴影部分才能代表净盈利。因为，四边形 IFAJ 代表关税同盟建立后 B 国生产者剩余②（生产者剩余在集合图形中以价格曲线之下，供给曲线之上的面积衡量）的损失，四边形 FGEC 代表税收损失，三角形 AFC 和三角形 GBE 才是 B 国静态的净福利所得。其中，三角形 AFC 代表了从贸易创造中获利的生产组成部分，来自于将 $Q_2 - Q_1$ 的产量从生产效率较低的 B 国（成本为 AVUF）转变为从生产效率较高的 A 国进口所形成的生产效应。三角形 GEB 的面积是从贸易创造中获利的消费组成部分，来自于 B 国增加 $Q_4 - Q_3$ 的消费所形成的消费效应。③

---

① 消费者剩余是指消费者消费一定数量的某种商品愿意支付的最高价格与这些商品的实际市场价格之间的差额.

② 生产者剩余是指由于生产要素和产品的最低供给价格与当前市场价格之间存在差异而给生产者带来的额外收益，也即生产要素所有者、产品提供者在市场交易中实际获得的收益与其愿意接受的最小收益之间的差额.

③ 萨尔瓦多. 国际经济学（第八版）[M]. 北京：清华大学出版社，2004：275.

第二章　自由贸易协定相关概念及经济影响分析的理论基础

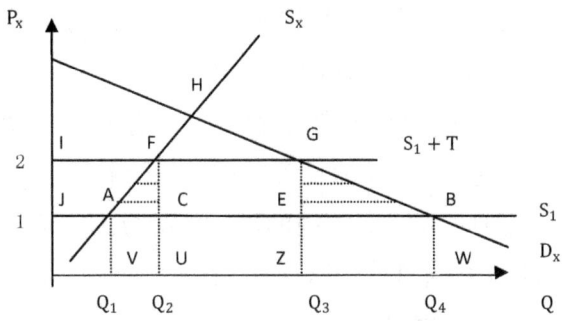

图 2.1　关税同盟的贸易创造效应

资料来源：萨尔瓦多．国际经济学（第八版）［M］．北京：清华大学出版社，2004：275.

（二）贸易转移效应

贸易转移效应是指关税同盟的建立使得同盟内一国原本从同盟外部低成本的产品进口，转变为对同盟成员国高成本相同产品的进口，所带来的福利损失。这种转变也包括两方面内容：从生产的角度来看，消费产品从同盟外部低成本转变为成员国高成本，增加了成本；从消费的角度看，从低成本的产品消费转变为对高成本的产品消费，使得消费者剩余减少，二者总和构成总的贸易转移效应。

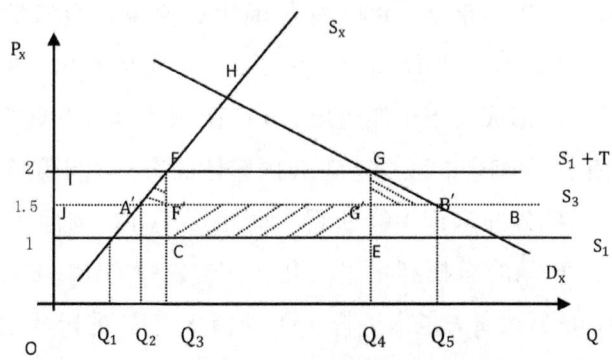

图 2.2　关税同盟的贸易转移效应

资料来源：萨尔瓦多．国际经济学（第八版）［M］．北京：清华大学出版社，2004：275.

37

图 2.2 表示出了关税同盟贸易转移效应下的福利水平变化。图中 D_x 和 S_x 表示 B 国 X 产品的需求与供给曲线，P_x 表示 X 产品价格。S_1 和 S_3 分别代表 A 国和 C 国在自由贸易条件下的完全供给弹性曲线。S_1+T 是在 100% 的非歧视性关税下，涵盖关税后 A 国的供给曲线。当 B 国对 X 产品施加 100% 从价关税时，B 国从 A 国的进口价格为 2 美元，从 C 国的进口价格为 3 美元，此时 B 国显然会从 A 国进口 X 产品。在 $P_x=2$ 美元价格下，B 国对 X 产品的需求量为 Q_4，其中国内生产 Q_3，从 A 国进口 Q_4-Q_3，获得税收收入 $1*(Q_4-Q_3)$。

当 B 国与 C 国建立关税同盟时，B 国取消对 C 国的进口关税，而保留对 A 国的关税壁垒。此时，B 国从 A 国进口 X 产品的价格为 2 美元，而从同盟内部 C 国进口 X 产品的价格为 1.5 美元，B 国必然会选择从 C 国进口，因为，在 A 国对外设置歧视性关税情况下，从同盟内部进口比同盟外部进口更具有价格优势。在 $P_x=1.5$ 的价格水平上，B 国对 X 产品的需求量为 Q_5，其中 Q_2 部分由本国生产，并从 C 国进口 Q_5-Q_2，B 国税收收入为 0。在关税同盟作用下，B 国的 X 产品进口已经从效率高的 A 国转向相对低效率的 C 国，形成贸易转移。但可以发现，形成关税同盟后 B 国的进口由 Q_3Q_4 增加至 Q_2Q_5，即贸易转移关税同盟也产生了某种程度的贸易创造，提高了福利水平。B 国与 C 国建立关税同盟后的净福利可从图 2.2 的阴影部分表示。具体而言，从图 2.2 中可以看出，B 国与 C 国成立关税同盟后 B 国形成相当于四边形 IJB′G 面积的消费者剩余，其中四边形 JA′FI 表示生产者剩余的减少。对 B 国整体而言，由于剩余由生产者转移到消费者，该部分并未产生净所得，而矩形 FGEC 的面积是 B 国的关税损失。因此，B 国的净福利水平变化为 FA′F′+GG′B′−F′CEG′。其中，四边形 F′CEG′ 的福利损失是由于将 Q_3Q_4 规模 X 产品进口从较低成本的 A 国转移到了较高成本的 C 国造成的。三角形 FA′F′、GG′B′ 面积的福利所得是来自于贸易创造。

在维纳看来，关税同盟的建立既可能提升同盟福利，也可能恶化同

第二章 自由贸易协定相关概念及经济影响分析的理论基础

盟国福利状况，主要取决于贸易创造效应与贸易转移效应的相对大小。对于决定某一关税同盟的贸易创造大于贸易转移的因素，许多研究对此做过一些概括，但是详尽的分析显示，大多数因素主要取决于不同案例的特殊背景，可供总结的一般性意见并不多，将前人研究中可借鉴的一般性表述总结如下。

（1）关税同盟的经济区域越大，成员国数量越多，相对于贸易转移而言，则贸易创造的规模也越大。（2）相对的效应与建立同盟前和同盟后平均关税水平的相对高低有关。若建立同盟后的平均关税水平降低，同盟更可能趋向贸易创造；若建立同盟后平均关税水平提高，则更可能出现贸易转移。（3）成员国经济越是竞争型的，同盟就越可能是贸易创造。（4）就各成员国都有的某一产业而论，在关税同盟不同地区，受保护的同类企业的单位生产成本差异越大，则贸易创造效应越可能占上风，因为前者决定成员国间自由贸易产生的资源配置收益的大小。[①]

二、自由贸易区理论

自由贸易区是比关税同盟更为普遍的一体化形式，自由贸易区理论是在关税同盟理论基础上，结合自身特点发展形成。英国经济学家彼得·罗布森（Peter Robson，1984）指出自由贸易区有别于关税同盟的主要特点如下：（1）成员国保留各自对区域外国家产品的关税；（2）采用原产地规则防止关税差异而可能形成的贸易偏转，使自由贸易的优惠仅限于在区内或主要在区内生产的产品。

所谓贸易偏转（Trade Deflection）是利用自贸区成员国之间的关税差异，从区外关税最低的国家进口商品后，在自由贸易区内向其他成员国销售的现象。举例而言，假设存在 H 国与 P 国均生产产品 X，H 国 X 产

[①] 彼得·罗布森. 国际一体化经济学［M］. 戴炳然，译. 上海：上海译文出版社，2001：26.

品关税高于 P 国，且 H 国对 X 产品的需求弹性非常高（价格的小幅变动引发需求量大幅增加），当 H 国与 P 国成立自由贸易区时，降低关税使得 H 国 X 产品需求迅速增加，导致区域内 X 产品供不应求。此时，P 国就有可能从区外低关税水平国家进口产品 X，并向 H 国出口。由此导致原本需要面临高额关税进入 H 国的区外国家产品，通过 P 国的转手以低关税进入 H 国。这一现象即为贸易偏转。为了防止这一现象的发生，自由贸易区会设定严格的原产地规则。

在自由贸易区效率与福利影响分析上，自由贸易区与关税同盟类似，同样存在贸易创造和贸易转移效应，但这两种不同形式的一体化在实际运作中也存在重要差异。彼得·罗布森认为，仅从静态效应分析来看，关税同盟是相较于自由贸易区的"次优"方案，这种区别主要在于自由贸易区存在的间接贸易偏转。① 仍以上述 H 国与 P 国为例，建立自由贸易区后，H 国 X 产品需求增加，P 国将向 H 国提供该产品，而对由此引起的国内市场短缺则从世界其余地区的进口来弥补，这种现象即为间接贸易偏转，而这一现象难以用自由贸易区原产地规则加以消除。图 2.3 比较了自由贸易区与关税同盟的静态福利效应。

（1）自由贸易区

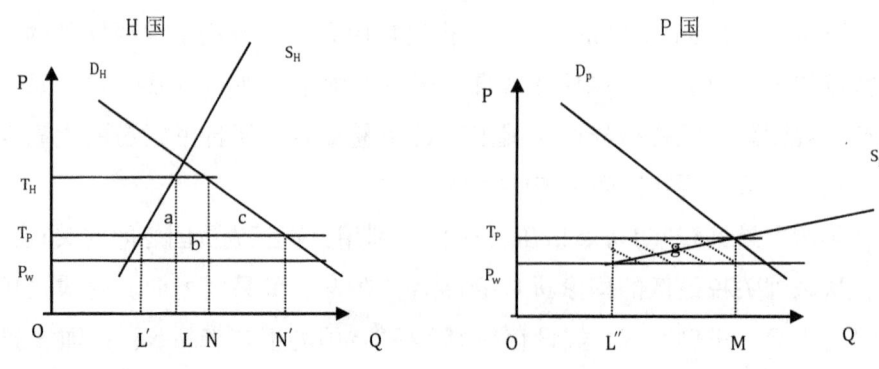

---

① 彼得·罗布森. 国际一体化经济学［M］. 戴炳然，译. 上海：上海译文出版社，2001：32.

(2) 关税同盟

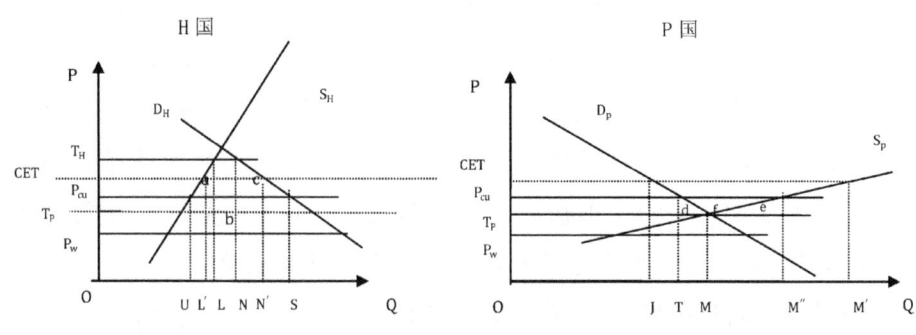

图2.3 自由贸易区（1）与关税同盟（2）的比较

资料来源：彼得·罗布森. 国际一体化经济学［M］. 戴炳然, 译. 上海：上海译文出版社, 2001：32.

如图 2.3 所示，D_H、S_H、D_P、S_P 分别为 H 国与 P 国对 X 产品的需求、供给曲线，P_w 表示世界市场的供给价格。假定 H 国与 P 国具有相似的需求曲线，但 H 国是相对无效率的生产者，P 国相对而言更具竞争性，供给曲线更富有弹性。在一体化之前，P 国关税 $T_P P_w$，低于 H 国关税 $T_H P_w$，P 国在 T_P 的价格下生产并消费数量为 OM 的 X 产品，H 国在 T_H 价格下对 X 产品的生产量为 OL，需求量为 ON，产量不足部分 LN 以价格 P_w 从外部世界市场进口。

当 H 国与 P 国建立自由贸易区后，参考图 2.3（1），两国相互消除关税，但对区外国家维持各自既有关税水平。此时，对于 H 国而言，自由贸易区内价格降至 T_P，对 X 产品的需求量增加至 ON'，生产量为 OL'，缺口 L'N' 从 P 国进口。按照关税同盟贸易创造效应与贸易转移效应的分析方法（详见本节图 2.2），a 表示的三角形面积为贸易创造的生产效应，c 表示的三角形面积为贸易创造的消费效应，b 表示的矩形面积为贸易转移效应，总体贸易创造效应大于贸易转移效应。对于 P 国而言，T_P 价格下 X 产品的生产量与消费量不变，但其中 L'N'（假设等于 L"M）数量的产品将出口至自由贸易区内的 H 国，剩余 OL" 供本国国内市场消费，且 P

国出口至 H 国的 L″M 数量 X 产品需求则以价格 P_w 从世界市场进口（即间接贸易偏转）来满足。此时，P 国的产量与消费并未变化，但由于从世界市场进口 L″M 数量产品，其政府的关税收入会增加，增加量为关税（$T_P P_W$）乘以进口数量 L″M，等同于阴影表示的长方形面积 g，表明 P 国国民收入的增加。对于世界其他区域而言，总体出口显然比缔结自由贸易区时更大（L″M>LN），即在 H 国与 P 国建立自由贸易区之前世界其他区域向 H 国出口 LN，而自由贸易区建立后世界其他区域向 P 国出口 L″M。自由贸易区福利分析显示，不仅 H 国与 P 国会从一体化中受益，世界其他区域的福利也会有所改善。

当 H 国与 P 国建立关税同盟时，参考图 2.3（2），两国相互取消关税，但对区域外国家采取相同关税壁垒 $CETP_W$，在价格 CET 下，H 国需求为 ON′，供给为 OL′，P 国需求为 OJ，供给为 OM′，关税同盟内部供给大于需求，因此，共同外部关税将仅仅形成价格上限，同盟内部均衡价格将是供求相等时（TM″ = US）的 P_{cu}。在 P_{cu} 的价格水平上，就 H 国而言，由于 P_{cu} 高于 T_P，关税同盟对 H 国的贸易创造效应较自由贸易区时缩小（关税同盟中 H 国的生产效应 a 与消费效应 c 均较组建自由贸易区时缩小），但贸易转移效应（b）有所增加。对于 P 国而言，相较于建立关税同盟之前 T_P 价格水平下生产与消费 OM 数量 X 产品实现均衡，组建关税同盟后价格上升至 P_{cu}，此时 P 国对 X 产品的供给与需求量分别为 OM″ 与 OT，在满足国内需求量后剩余产量 TM″ 向 H 国出口。由于建立关税同盟后 P 国以更高的价格向 H 国出口，使得 P 国福利增加 d+e+f（关税同盟建立后的价格差乘以出口额等同于 d+e+f 表示的矩形面积），但就净福利变化来看，一方面由于建立关税同盟后 X 产品价格由 T_P 增加至 P_{cu}，P 国消费者剩余减少，消费者福利降低三角形面积 d；另一方面，由于关税同盟建立后 P 国对 X 产品的产量（供给量）由 OM 增加至 OM″，增加的产量 MM″ 是 P 国从低成本的区域外国家进口转而由相对高成本的本国生产所导致的福利损失，福利损失为三角形面积 e，这主要是由于关税同盟对区外国家设定相同的关税，P国无法以P_w价格从外部世界市场进口导致。因此，建立关税同盟对P的净福利为到三角形面积f。就世界其他区域福利情况看，由于关税同盟设置一致性对外关税，P国不会从区域外国家进口，而会选择本国生产，世界其他区福利情况并未得到改善。因此，从静态效应分析可以得出结论，关税同盟相对于自由贸易区而言是"次优"选择。

三、对关税同盟理论的批评与拓展

随着20世纪70年代不完全竞争和收益递增概念广泛纳入到国际贸易研究当中，对关税同盟理论的研究开始关注不完全竞争、规模经济等因素，学者们不仅指出传统理论的不足，还从不同视角对该理论进行修正与拓展。

首先，对关税同盟最强有力的"批评"来自于其对"动态效应"的忽视。不论是关税同盟理论还是自贸区理论的研究均以完全竞争市场为前提，探讨资源配置变化所带来的收益与损失，并未将日益增加的竞争与市场的扩大所形成的广泛影响涵盖在分析范围之内。维纳的关税同盟理论不仅忽略了规模经济，关于产品同质性的假设更是排除了产品差异化对一体化收益的影响。在不完全竞争的现实市场当中，产品的差异化将会促进产业内贸易，而这是当今全球贸易的重要形式。新西兰经济学家梅斯（David G. Mayes）认为关税同盟的动态效应与静态效应一样重要，长远来看甚至比静态效应更加重要。[1]

其次，贸易创造与贸易转移效应难以概括关税同盟对一国贸易形成的所有影响。除了贸易创造与贸易转移效应以外，关税同盟对成员国的贸易影响还包括贸易抑制效应、贸易条件效应等。贸易抑制效应是指关

---

[1] David G. Mayes. The Effect of Economic Integration on Trade[J]. Journal of Common Marker Studies, 1978(17): 1-25.

税同盟成立以后，同盟内部对域外国家的关税壁垒导致原来从域外进口的廉价商品被域内生产所替代，而同盟内生产成本高于同盟外部的生产成本造成福利损失。① 贸易条件效应是指区域集团建立后，区域内部与区域外部国家间关税壁垒差异形成贸易转移，使得区域内国家从区域外国家的进口有所下降，拉低外部市场上该商品的供应价格，最终改善同盟内国家同区域外国家的贸易条件，一定程度上补偿从相对高成本伙伴国进口的损失。② 但贸易条件效应并不适用于所用国家，由于小国进口量的减少无法影响国际上该商品的价格，小国并不存在贸易条件效应。

澳大利亚经济学家科登通过三国模型，假设每个国家只有单个厂商且生产无差异产品，分别研究了组建关税同盟之前只有一国生产、两国均生产、两国均不生产的情况下的贸易效应，系统性分析了规模经济效应。科登指出关税同盟设立后生产进一步集中，专业化生产导致同盟内的平均生产成本降低，形成两种影响。一是一国国内的高成本生产由成员国的低价出口取代形成"传统"的贸易创造效应，二是生产规模的扩大降低了生产成本，但这不同于贸易创造效应，因为这与廉价要素流动无关，而是既有要素供给成本下降的结果，消费者并没有收益（因为销售价格并未变化），但生产者获得收益。③ 科登将后者称为"成本降低效应"。

最后，关税同盟理论注重总量分析而忽视个量分析。关税同盟理论忽略了市场结构、企业行为及制度因素在区域经济一体化中的作用，因此对区域集团经济效应的分析并不全面。④

---

① Corden W. M. Economics of Seal and Customs Union Theory[J]. Journal of Political Economy, 1972(80): 465-475.

② Mundell R. Tariff Preferences and the Terms of Trade. Manchester School of Economic and Social Studies, 1964(32): 1-13.

③ W. M. Corden. Economies of Scale and Customs Union Theory[J]. Journal of Political Economy, 1972(80): 467-469.

④ Peter Robson. The Economics of International Integration[M]. 4th Edition. Routledge, 1998: 270. 转引自樊莹. 国际区域一体化的经济效应：国际经济领域的前言问题研究[M]. 北京：中国经济出版社，2005：77.

第二章　自由贸易协定相关概念及经济影响分析的理论基础

为克服关税同盟理论的"缺陷",非完全竞争和收益递增理论被运用到区域经济一体化经济效应的分析中,美国经济学家巴拉萨(B. Balassa)、克鲁格曼(P. R. Krugman),英国经济学家西托夫斯基(T. Scitovsky),日本经济学家小岛清(Kiyoshi Kojima),科登(W. M. Corden)等学者分别从竞争效应、规模经济效应、投资效应、技术创新等方面拓展了区域集团的建立对成员国的福利影响。

第三节
自由贸易协定经济影响理论的进一步延展

20世纪80年代中期后,区域一体化的发展开始注重深层次的经济合作,自由贸易协定成为各国加强经贸合作,促进经济发展的有效政策措施。各国参与缔结贸易协定的目的也从追求贸易收益扩展到追求规模经济、对外投资与经济增长等更为深远的经济利益。而新贸易理论及新增长理论的发展也对深入挖掘自由贸易协定经济影响奠定了理论基础,规模经济效应、直接投资效应、增长效应、收入分配效应及产业集聚效应等成为分析自由贸易协定经济影响的重要内容。

一、自由贸易协定的分配效应

区域经济一体化的分配效应包括完全竞争条件下的不变收益与不完全竞争市场条件下的规模经济效应,维纳的研究主要对前者进行解释。对区域经济一体化规模经济效应的研究主要涵盖在英国经济学家西托夫斯基(T. Scitovsky)的大市场理论与小岛清的协议性国际分工理论当中。作为区域经济一体化的主要形式,这些研究同样适用于分析自由贸易协定的分配效应。

(一)大市场理论

大市场理论从竞争与规模经济视角分析了区域经济一体化的经济效应,属于动态效应分析范畴。西托夫斯基和法国经济学家德纽(J. F. Deniau)是"大市场理论"的代表人物,其核心思想包括两个方面。

其一,区域集团的建立通过降低关税、非关税壁垒,将原本各成员国被保护主义分割的"狭小"且"缺乏适度弹性"的小市场连接起来,形成统一的大市场。在大市场中,企业通过调整生产要素组合,促进资源的重新分配,获取规模经济利益,主要表现为成本下降效应。

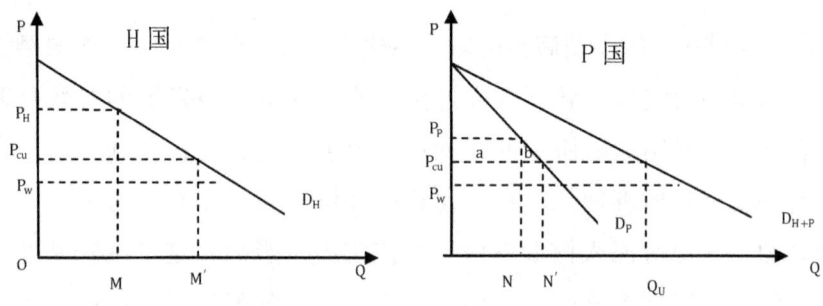

图 2.4 关税同盟的规模经济效应

资料来源:彼得·罗布森. 国际一体化经济学 [M]. 戴炳然等,译. 上海: 上海译文出版社,2001: 41.

图 2.4 为关税同盟的规模经济效应,H 国与 P 国组成关税同盟,D_H、D_P 为两国需求曲线,D_{H+P} 为两国加总的需求,P 国较之 H 国在生产上具有更高的效率。两国国内产品价格分别为 P_H、P_P,P_H 大于 P_P,P_W 表示世界市场中的价格。在两国成立关税同盟后对外实行统一关税,由于 P 国价格低于 H 国,P 国生产的产品供给本国需求外还会出口到 H 国,P 国生产者生产规模扩大,平均成本下降,产品价格由 P_P 降至 P_{cu},P_{cu} 成为同盟内部价格。随着价格的降低,H 国将增加消费 MM′,并且 H 国生产者

将从P国进口代替本国生产（OM）。而对P国而言，P国生产者以更低的成本生产产品，带来生产效应a，并且产品价格下降会扩大消费NN′，带来消费效应b，a、b部分即为"成本下降效应"。

其二，在扩大的市场范围中，企业间竞争更加激烈，将促进技术的创新与利用。西托夫斯基认为大市场通过要素的自由化流动加剧市场竞争，迫使企业家克服保守态度，改变过去小规模生产而转向大规模生产，降低生产成本与销售价格，扩大消费，进而推动市场进一步扩大，使得生产进入良性循环。德纽认为，大市场的建立通过激化企业间竞争，会促进设备、技术的充分利用与分工的专业化，加上区域内关税递减对商品价格下降的积极作用，使得厂商生产成本和销售价格下降，促进消费。而消费的增加又将推动投资的扩大，投资增加又反过来促进工资的增加与购买力的提升，经济发展便进入了良性的循环之中，有利于经济扩张。

尽管该理论以共同市场为分析对象，但其研究结论也同样适用于双边或区域自由贸易协定。缔结自由贸易协定通过推动商品、投资、人员的流动，将成员国之间的市场融合起来，形成"大市场"，对成员国企业实现规模经济提供便利，当然也加剧了企业间的竞争，促进"优胜劣汰"，加速产品升级。

（二）协议性国际分工理论

日本学者小岛清从水平贸易及规模经济的角度提出了协议性国际分工理论，他认为，在消除了比较优势差距的极端状态下，还存在为了互相获得规模经济的分工，而这种分工很难由价格机制自动实现，需要通过贸易当事国通过某种协议实现。[①] 如拉美共同市场的统一产业政策，由国家间计划决定的分工是协议性国际分工的典型案例。在小岛清看来，仅仅基于比较优势的分工，不可能完全获得规模经济的好处，因此，应

---

① 小岛清. 对外贸易论 [M]. 周宝康，译. 天津：南开大学出版社，1987：220.

通过经济一体化的制度把协议性分工组织化,使贸易因竞争导致的不稳定性尽可能保持稳定。

但是,通过协议性国际分工使各方获取规模经济效应也需要满足几点限制条件。第一,具有相似的要素禀赋,工业化水平和经济发展阶段相近,能够生产作为协议性分工对象的产品。因为,如果不同国家之间要素禀赋与经济发展水平差距较大时,比较优势将发挥主导作用,就失去了协议性国际分工的必要。第二,作为协议分工对象的产品应是能够获得规模经济的产品,一般为重工业、化学工业等产品。第三,每个国家获得专业化生产的产业和让于合作伙伴的产业之间成本和利益相似或差距较小。

二、自由贸易协定的要素积累效应

自由贸易协定对关税的调整会改变成员国与外部国家的资本要素价格,而要素价格的改变将对资本流向产生影响,进而实现更高收益率。当投资、实物资本、人力资本、知识资本的回报率增加时,自由贸易协定会促进成员国要素积累。如果要素积累对经济的影响是暂时的,就表现为投资的变化,即投资效应;如果要素积累对经济的影响是长期的,则表现为增长效应。[①]

(一) 投资效应

对区域集团投资效应的研究可以追溯到20世纪60年代,欧共体形成以后美国对西欧的直接投资显著增长,引发了学者们对这一现象的高度关注。有的学者认为,这一现象是由企业规避"歧视性"贸易壁垒使然,但有些学者则认为,是跨国公司对欧洲区域经济一体化经济效应抱有积

---

① 张彬. 国际区域经济一体化 [M]. 北京:人民出版社,2010:44.

第二章 自由贸易协定相关概念及经济影响分析的理论基础

极预期所致，最终学者们达成共识，认为是后者导致这一现象的形成。金德尔伯格（1966）最早提出"投资创造"与"投资转移"概念，解释了区域贸易协定与国际直接投资之间的联系。投资创造主要是由贸易转移引起，非成员国为应对区域集团对自身的贸易壁垒而增加对区域内国家的直接投资即为投资创造。同时，区域内贸易自由化使得需求增加，为厂商带来新的市场机遇，一体化内外的跨国公司互相竞争以追求规模经济效应，也会扩大直接投资。一般而言，投资创造表现为跨国公司的防御性进口替代投资、进攻性进口替代投资、理性投资等战略性投资，有助于提升东道国生产、服务能力，亦有助于其贸易发展。① 投资转移主要由贸易创造引起，贸易创造源自于规模经济与专业化分工，需要厂商进行生产重组，进而引起区域内厂商直接投资布局调整与资源重新分配，这有利于强化区域内专业化分工，提升生产效率，也有利于区域内产业间、产业内贸易的发展。投资创造与投资转移效应还可以具体细分为区内对区内的投资创造；区外对区内的投资创造；区内对区内的投资转移；区外对区内的投资转移。

1. 区内对区内的投资创造

缔结自由贸易协定后成员国之间相互开放市场，资本、劳动力、专业技术人员在成员国之间自由流动，阻碍成员间投资的管制措施大幅减少，使得区内企业进入对方市场更加便利，出于抢占市场或获取技术等目的成员国之间投资增加，产生投资创造。

---

① 防御性进口替代投资主要是区外企业应对自由贸易协定的贸易转移效应对其构成的威胁，以投资替代贸易，保障其市场份额的战略举动。而进攻性进口替代投资是区外企业对某自由贸易协定经济效应抱有较高预期，在利润最大化目标下进行的进攻性进口替代投资或出口导向投资。理性投资是自由贸易协定提高区域内企业对跨国公司吸引力使然，资源使用效率提高、生产成本降低等均会吸引跨国公司对自由贸易协定成员国进行理性投资。

2. 区外对区内的投资创造

缔结自由贸易协定后，成员间相互降低或取消关税，导致区外跨国公司在区内成员国跨国公司的竞争中处于劣势。在贸易壁垒作用下，区外跨国公司丧失产品竞争优势会促使其在自由贸易协定成员国（区内）建立企业，以投资替代出口，以保持其在自贸区原有的市场份额。此外，成员国之间市场开放将扩大区域市场的地理空间与容量，从而给区内的生产企业带来规模经济效应，进而获得更高利润，区外跨国公司受大市场的吸引也会加速在区内建立生产基地，进一步扩大自身市场份额。无论是出于防御性还是进攻性动机，区外跨国公司的战略动机都将导致区外对区内的资本流动。

3. 区内对区内的投资转移

成员国缔结自由贸易协定以后，区域内企业追逐规模经济与专业化分工利益，促使其在更大市场范围内重新调整生产经营布局，提升其在国际市场中的竞争优势，导致区内对区内的投资转移。

4. 区外对区内的投资转移

当自由贸易区的投资增加是以跨国公司对区外国家投资规模的降低为代价时，就会导致区外对区内的投资转移。

（二）增长效应

随着20世纪80年代经济增长理论的发展，对区域经济一体化的经济增长效应的研究不断深化，进一步将其区分为长期效应（permanent growth effects）与短期效应（temporary growth effects）。长期效应是指区域经济一体化使各国经济增长路径斜率变得更加陡峭，从而加速经济增长；短期效应则是指区域经济一体化只能使经济增长路径平行上移，在短期

第二章　自由贸易协定相关概念及经济影响分析的理论基础

内会加速经济增长，但长期内经济增长率并不会发生变化。① 在此分析框架下，鲍德温（1993）将同质国家区域经济一体化的经济增长效应分为静态效应与动态效应。在完全经济竞争条件下，静态效应来源于资源优化配置，而在不完全竞争条件下，静态效应来自于规模收益的提高。动态效应主要是指经济一体化组织通过影响要素积累，促进经济增长。因此，一体化组织若要影响经济增长必须影响实物资本、人力资本、知识资本的收益与成本。在异质国家、地区间经济一体化中，西班牙学者路易斯与中国学者谢丹阳（Luis A. Rivera-Batiz, Xie, 1993）建立了两国模型分析了人力资本禀赋不同的两国缔结贸易协定的情况，认为经济一体化能重新配置两国的人力资源，进而提高成员国经济增长。② 总体而言，理论研究在一体化组织影响成员国经济增长方面基本形成共识，其促进经济增长的主要渠道即为贸易、技术外溢、制度安排等改变成员国要素相对价格，令资源流向研发部门和人力资源部门，进而促进创新与人力资本积累。

三、自由贸易协定的区位效应

自由贸易协定的区位效应主要是指协定缔结协定后对不同经济的产业布局、厂商位置的确定、劳动力流动等方面的影响，其中产业集聚是最为显著的表现。产业集聚源自于产业的向心力与离心力的相互作用。按照克鲁格曼的研究，向心力包括本地市场效应与价格效应。本地市场效应又称为后向联系，指生产分布变化引起区域相对市场规模的同向变化，而区域市场规模变化又引起生产活动的进一步集中。价格效应也称

---

① 张彬. 国际区域经济一体化比较研究 [M]. 北京：人民出版社，2010：47.

② Luis A. Rivera-Batiz, Danyang Xie. Integration among Unequals[J], Regional Science and Urban Economics, 1993(23)：337-354. 转引自张彬. 国际区域经济一体化比较研究 [M]. 北京：人民出版社，2010：47-49.

前向联系,是指生产活动向某区域的集中会导致该地区相对价格指数下降,进而提高地区吸引力。离心力主要来自于市场竞争,指由于集聚导致的企业增加会加剧竞争,从而限制企业的获利能力。① 总体而言,区域经济一体化有利于厂商利用产业间的关联关系形成产业集聚。

随着地区间一体化进一步提高,地区的产业集聚状况会发生显著变化,在产业集聚到一定程度的情况下,会产生非贸易品价格居高不下,环境污染等拥挤成本,也即产业离心力加强。当离心力超过向心力时,部分技术含量低、劳动密集型产业将从原制造业中心向边缘地区转移,原制造业中心面临衰弱或转变为技术密集型产业中心。具体而言,当一体化水平从低水平向中级水平推进时,制造业具有优势的成员国将吸收另一国的生产要素使制造业优势逐渐扩大,导致一方逐渐成为制造业的中心,而另一方制造业逐渐萎缩与边缘化。当两国一体化水平从中级水平向高级水平推进时,原制造业中心受产业集聚离心力作用,出现产业向外围的转移,与原制造业中心进行产业分工协作。此时,原产业中心的产业集中率、区域专业化水平均有所下降。

四、产业内贸易理论对自由贸易协定经济效应的研究

产业内贸易理论的发展始于20世纪60年代,1960年,意大利经济学家沃顿(P. J. Verdoom)在对比荷卢经济联盟的研究中发现,联盟内部各国专业化生产的产品大多属于同种贸易分类,而非基于比较优势的不同贸易分类产品,产业内贸易首次被经验性的提及。② 1966年,巴拉萨将这种不同国家在同一个产业部门内部进行贸易的现象称为"产业内贸

---

① 张彬. 国际区域经济一体化比较研究 [M]. 北京:人民出版社,2010:54.
② 唐海燕. 国际贸易学 [M]. 上海:立信会计出版社,2001:117.

易"。① 20 世纪 70 年代以后，随着新贸易理论的发展，产业内贸易研究逐渐从经验性研究向理论性研究扩展，在此过程中加拿大经济学家格鲁贝尔和澳大利亚经济学家劳埃德（H. G. Grubel and P. J. Lloyd, 1975）、美国经济学家斯蒂格利茨（J. E. Stiglitz, 1977）、兰卡斯特（K. Lancaster）、克鲁格曼（P. Krugman, 1979），印度经济学家迪克西特（A. Dixlt, 1977），瑞典经济学家林德（S. B. Linder）等做出了巨大贡献。

（一）产业内贸易理论的主要观点

传统的国际贸易理论建立在李嘉图的技术差异和赫克歇尔—俄林要素禀赋差异为核心的比较优势理论基础之上，将完全竞争市场、规模报酬不变、需求偏好相同、产品同质性作为理论假设，认为一国出口具有比较优势的产品，进口具有比较劣势的产品。按照上述理论，国际贸易应集中在要素禀赋存在差异的发达国家与发展中国家之间，并且由于不同厂商生产的产品对消费者而言没有区别，一个国家在相同产业内应仅出口商品，或仅进口商品。然而，20 世纪 60 年代以来，发达国家间在相似产品上的贸易趋势日渐明显，很多国家同时出口和进口极为相似的商品，传统国际贸易理论显然难以对解释这种"产业内贸易现象"。

产业内贸易的出现反映出传统国际贸易理论前提假设与现实市场之间存在的巨大差距，一些特征不得不纳入到新国际贸易理论建构当中。第一，消费者对相似产品不同品种需求的偏好；第二，生产规模报酬递增对市场能够提供的产品多样性的限制；第三，不完全竞争的市场结构与规模报酬递增的现象一致。② 80 年代以克鲁格曼、迪克西特和斯蒂格利茨为代表的经济学家对新贸易理论的贡献为解释产业贸易奠定了基础。

---

① B. Balassa. Tariff Reductions and Trade in Manufactures Among the Industrial Countries[J]. The American Economic Review, 1966(56): 466-473.

② 查尔斯·范·马芮威耶克. 中级国际贸易学：国际贸易与世界经济 [M]. 夏俊，等译. 上海：上海财经大学出版社，2006：206.

产业内贸易理论以市场不完全竞争、产品异质性、规模报酬递增作为理论模型假设,从规模经济、产品差异性、国际投资方面考察贸易的形成机制,使得贸易理论更加契合实际。

第一,从供给角度看,只要厂商存在内部规模经济,形成国际贸易的动因不再仅仅是技术和要素禀赋差异,规模经济和不完全竞争市场下的企业垄断竞争行为是产业内贸易形成的重要动力。在具有规模经济的前提下,生产规模的扩大能够降低生产成本,这意味着厂商为了获得规模经济更愿意生产特定品种产品,而这种生产行为与消费者需求多样化形成冲突。在这种情况下,国际贸易既能够令生产企业通过专业化大规模生产获得规模经济效益,同时能够令消费者通过购买进口商品满足差异化的消费需求。

第二,从需求角度看,每个国家都会存在代表性需求,这一需求由平均收入水平或多数人的收入水平所决定,生产者只有专门生产具有代表性需求的产品才能达到规模经济,也即一国的规模经济易于在其具有代表性需求的产品上形成。因此,一国会集中生产具有本国代表性需求的产品,同时出口该产品,并从与本国收入水平相似的其他国家进口相似产品,以满足本国其他收入水平消费者的不同需求。此时,两个国家的消费者需求偏好越相似,一国的产品也就越容易打入另一个国家的市场,需求偏好的相似导致产业内贸易的发生。

第三,产业内贸易理论认为,规模经济的存在使得两国相对产品价格差异并不仅仅取决于要素价格。在其他条件相同时,两国生产规模的不同导致生产成本不同,厂商生产规模越大成本越低。因此,相对要素价格差异(由要素禀赋决定)与生产规模差异(规模经济)共同影响国家间相对产品价格。这就表明即使两国间没有要素禀赋的差异,由于规模经济的不同也可以发生专业化分工与贸易。

尽管产业内贸易已经成为当代国际贸易的重要表现形式,但产业内贸易理论仍具较大争议。美国学者菲格(J. M. Finger, 1975)就认为产业

第二章 自由贸易协定相关概念及经济影响分析的理论基础

内贸易只是一种统计现象,是由贸易商品分类不当导致的。但克鲁格曼(1979)等多数经济学者认为,尽管商品分类不同会影响产业内贸易程度,但不能否定产业内贸易的存在。产业内贸易理论表明,产业内贸易有利于扩大专业化生产规模,降低生产成本,促进产业结构升级,同时通过扩大产品多样性,提升消费者福利水平。

(二)产业内贸易理论的新发展:对自由贸易协定效应研究的启示

随着全球化的演进,区域经济集团的建立极大地促进了国际贸易的发展,尤其大幅推动了产业内贸易的不断深化。产业内贸易发展对劳动力市场调整成本的影响成为产业内贸易研究的新领域。1966年,巴拉萨首次对贸易引致的调整成本问题进行研究,提出了"平滑调整假说"(Smooth Adjustment Hypothesis, SAH),认为在贸易自由化下,进口与出口的变动迫使某一部门厂商的进入与退出,从而导致要素在某一部门的进入与退出,而当要素市场在需求与供给条件变化后未能及时出清时,就会形成调整成本。[①] 按照瑞士学者布鲁哈特(Brülhart, 2002)的研究,贸易引致的调整成本来自于两个方面:一是劳动力在搜寻工作、重新安置、进行培训等方面花费的成本;二是劳动力的暂时性失业。[②]

随着区域经济一体化的发展,一些研究开始注意到区域经济一体化与产业内贸易水平之间存在的某种正相关关系。如西安交通大学翟银燕、李国强(1999)从产业内贸易的调整成本角度解释了发达国家之间区域一体化比发展中国家间区域一体化成功的原因,主要由于发达国家之间贸易以产业内贸易为主,生产要素及结构调整成本较低,引发的社会、政治问题相对少一些。英国学者海恩斯(Haynes, 2002)分析了劳动力在

---

① B. Balassa. Tariff reductions and trade in manufactures among industrial countries[J]. American Economic Review, 1966, 56 (3): 466-473.

② Marius Brülhart. Marginal Intra-industry Trade: Towards a Measure of Non-Disruptive Trade Expansion[M]. P. J. Lloyd, Hyun-Hoon Lee. Frontiers of Research in Intra-industry Trade[M]. London: Palgrave Macmillan, 2002: 109-130.

《韩美自由贸易协定》对韩国的经济影响

产业间和产业内移动所形成的成本差异,得出产业内调整较之产业间调整对劳动力工资造成的负面影响更小的结论,也即产业内的调整更加节约成本。① 从上述研究中可知,产业内贸易的发展与一国贸易自由化时的经济调整成本存在联系,主要是由产业内贸易引致的调整成本较低导致。② 按照克鲁格曼的研究,规模经济的存在使得要素禀赋相似的国家之间进行产业内贸易,而由于两国的生产要素投入相似,产业内贸易并没有像传统贸易增长那样有较大的收入分配效应,相对产业间贸易而言,产业内贸易由于产业内各个企业的要素密集度相似,企业间的资源再分配相对比较容易,所带来的调整成本相对较低。③

由此可判断,调整成本是一国与伙伴国进行自由贸易协定谈判时所考虑的关键因素之一,两国缔结自由贸易协定后产业内贸易若有所增加,将有助于降低贸易对成员国的调整成本。同时,出于长远发展战略或政治经济学的考虑,一国有必要对贸易调整成本较大的行业采取适度保护或社会保障措施。④

---

① M. Haynes. Estimating the Wage Costs of Inter- and Intra-sectoral Adjustment[J]. Weltwirtschaftliches Archiv, 2002(138):229-253.

② 刘钧霆. 产业内贸易研究的新发展:文献综述[J]. 经济研究导刊, 2008 (3):156.

③ P. R. Krugman. Intraindustry Specialization and the Gains from Trade[J]. Journal of Political Economy, 1981(89):959-973. 转引自樊莹. 国际区域一体化的经济效应:国际经济领域前言问题研究[M].北京:中国经济出版社, 2005;100-101.

④ 佟家栋,刘钧霆. 中国与日韩制造业贸易调整成本的经验研究——基于编辑产业内贸易分析[J].南开经济研究, 2006 (3):4.

第三章

韩与美缔结自由贸易协定的动因及谈判争议领域

区域经济合作中,小国由于市场规模的局限性,往往对外部市场形成较高依赖。因此,获得以市场准入机会为代表的经济利益通常是促使其与大国缔结自由贸易协定的主要动力。① 21世纪之初,韩国在自身自由贸易协定网络尚未建构、国内利益集团反对强烈的背景下着力推动与美国的自由贸易协定谈判,其主要动力即来自于优先抢占美国市场,促进产业相互融合与竞争,提升国内生产效率,促进本国经济增长。② 当然,作为首个与美国缔结自由贸易协定的东北亚国家,韩国在强化同盟体系、巩固自身贸易强国地位、抢占东亚区域经济一体化进程中的主动地位等方面也对《韩美自由贸易协定》赋予了一定战略意义。

第一节
韩美缔结自由贸易协定的经济基础

韩美经济联系始于1945年。冷战时期,美国将韩国视为资本主义对

---

① 李向阳. 新区域主义与大国战略 [J]. 国际经济评论, 2003 (4): 5.
② [韩] 金秉俊. 缔结自由贸易协定: 促进韩国发展的选择 [R]. 总统咨询政策企划委员会, 2008: 36-58.

抗共产主义的桥头堡,对韩国提供持续的经济援助,不仅包括经济建设所需物资,还向其提供了大量技术援助,为韩国经济起飞注入了持续的外部动力。① 受此影响,韩国对美国市场形成较高依赖,1952年至1981年,美国年平均吸收韩国出口总额的35.7%,韩国国民生产总值近10%源自于对美国的出口。② 80年代以后,随着韩国产业结构调整与产业竞争力的提升,韩美贸易结构得到大幅改善,两国商贸、投资、人文交流日益密切,双方市场相互依赖持续加深,为两国缔结自由贸易协定奠定了基础。

一、韩美经贸关系发展概况

美国作为韩国最重要的海外市场,在1971年至2003年,曾长期占据韩国最大贸易伙伴国地位。随着中韩建交,中国加入世贸组织,中韩贸易快速发展,美国在韩国贸易伙伴中的地位下降至第三位,但作为全球最发达、最庞大的消费市场,韩国历届政府均将加强与美国的经贸联系作为施政共识。

(一)货物贸易

表3.1列出了20世纪80年代至2011年《韩美自由贸易协定》生效前,双边进出口贸易情况。可以看出,美国是韩国重要的进出口市场,尤其在20世纪80、90年代韩国对美国市场具有极高依赖。步入21世纪后,随着韩国对外部市场的开拓及中韩经贸关系的发展,美国在韩国对外出口、进口市场中的份额有一定程度下滑,但总体规模依然保持稳定

---

① 1945年至1971年,美国对韩国的经济援助达到44.1亿美元,为韩国提供了经济发展所需的物资、技术、市场。详见董向荣. 韩国起飞的外部动力:美国对韩国发展的影响[M]. 北京:社会科学文献出版社,2005:104.

② R. R. Krishnan. South Korean Export Oriented Regime: Context and Characteristics[J]. Social Scientist, 1985, 13(7/8):101-102.

第三章 韩与美缔结自由贸易协定的动因及谈判争议领域

增长。如表 3.1 所示，2001 年至 2011 年，韩美双边货物贸易额年均增长 4.9%，2011 年进出口总额突破千亿大关，达到 1007.8 亿美元。同年，韩国对美出口与进口占其对外总出口、总进口的比重达到 10.1%、8.4%，美国是其第二大出口市场与第三大进口市场，而韩国是美国第七大出口国与第六大进口国，韩国占美国出口、进口市场份额分别为 2.9%、2.6%。① 在双边贸易中，韩国处于顺差地位，2011 年韩国对美贸易顺差规模约 116.4 亿美元，占美国逆差总额的 1.6%。

表 3.1　1980—2011 年韩国对美进出口贸易概况　　单位：亿美元、%

年份	出口（占比%）	进口（占比%）	对美进出口总额	贸易收支
1980	46.1（26.3）	48.9（21.9）	95	-2.8
1985	107.5（35.5）	64.9（20.8）	172.4	-42.6
1990	193.6（29.8）	169.4（24.3）	363	-48.3
1995	241.3（19.3）	304.3（22.5）	545.6	-62.7
2000	376.1（21.8）	292.4（18.2）	668.5	83.7
2001	312.1（20.7）	223.8（15.9）	535.9	88.3
2002	327.8（20.2）	230.1（15.1）	557.9	97.7
2003	342.1（17.7）	248.1（13.9）	590.2	94
2004	428.4（16.9）	287.8（12.8）	716.2	140.6
2005	413.4（14.5）	305.9（11.7）	719.3	107.5
2006	431.8（13.3）	336.5（10.9）	768.3	95.3
2007	457.6（12.3）	372.2（10.4）	829.8	85.4
2008	463.7（11.0）	383.7（8.8）	847.4	80.1
2009	376.5（10.4）	290.4（8.9）	666.9	86.1
2010	498.2（10.7）	404.0（9.5）	902.2	94.2
2011	562.1（10.1）	445.7（8.4）	1007.8	116.4

资料来源：韩国关税厅进出口贸易统计．https：//unipass.customs.go.kr：38030/ets/．
注：占比表示韩国对美出口、进口占韩国对外总出口、进口的比例．

---

① 资料来源：韩国关税厅进出口贸易统计，由作者计算．

《韩美自由贸易协定》对韩国的经济影响

表 3.2　2011 年韩国对美主要进出口商品构成　　单位：亿美元

主要出口商品			主要进口商品		
HS 编码按两位数①（章）	商品类别	金额（占比%②）	HS 编码（章）	商品类别	金额（占比%）
85	电机、电气、音像设备及零部件	141.3（25.1）	84	核反应堆、锅炉、机械器具及其零件	71.0（15.9）
87	车辆及其零部件，铁道车辆除外	136.6（24.3）	85	电机、电气、音像设备及零部件	65.1（14.6）
84	核反应堆、锅炉、机械器具及其零件	99.1（17.6）	90	光学、照相、医疗等设备及零部件	35.1（7.9）
27	矿物燃料矿物油及其产品；沥青等	26.5（4.7）	27	矿物燃料矿物油及其产品；沥青等	26.4（5.9）
73	钢铁制品	22.8（4.1）	10	谷物	25.7（5.7）
40	橡胶及其制品	19.1（3.4）	88	航空器、航天器及其零件	21.8（4.9）
72	钢铁	15.7（2.8）	29	有机化学品	16.7（3.7）
29	有机化学品	14.7（2.6）	72	钢铁	16.3（3.6）
39	塑料及其制品	13.4（2.3）	39	塑料及其制品	13.5（3.0）

---

① 海关编码即 HS 编码，为编码协调制度的简称。其全称为《商品名称及编码协调制度的国际公约》(International Convention for Harmonized Commodity Description and Coding System) 简称协调制度（Harmonized System，缩写为 HS）。https://baike.baidu.com/item/HS%E7%BC%96%E7%A0%81/1532725?fr=Aladdin。

② 此处"占比"表示韩国对美出口、进口额占其对外总出口额与进口额的百分比。

第三章　韩与美缔结自由贸易协定的动因及谈判争议领域

续表

主要出口商品			主要进口商品		
HS编码按两位数①（章）	商品类别	金额（占比%）	HS编码（章）	商品类别	金额（占比%）
90	光学、照相、医疗等设备及零部件	11（1.9）	02	肉及食物杂碎	12.9（2.9）

资料来源：韩国关税厅进出口贸易统计．https://unipass.customs.go.kr:38030/ets/．

如表3.2所示，在商品结构上，韩美贸易集中在电子、机械、化工等技术密集型产品领域。韩国对美出口产品主要包括机电产品②、运输设备、化工产品等，其中机电产品及运输设备出口占韩国对美出口的50%以上。进口方面，机电产品，光学、钟表、医疗设备，矿产品，农产品等是主导部门，其中机电产品占总进口额的30%。

（二）服务贸易

如表3.3所示，2000年以来韩美双边服务贸易发展迅速，进出口总额年均增速约7.1%，2011年贸易额达到263.99亿美元，其中韩国对美出口97.35亿美元，进口166.64亿美元。在双边服务贸易中，韩国处于逆差地位，2011年韩国对美服务贸易逆差规模达到69.29亿美元，并呈现持续增长趋势，专业与技术服务、旅游服务是逆差的主要来源。从统

---

① 海关编码即HS编码，为编码协调制度的简称。其全称为《商品名称及编码协调制度的国际公约》（International Convention for Harmonized Commodity Description and Coding System）简称协调制度（Harmonized System，缩写为HS）。https://baike.baidu.com/item/HS%E7%BC%96%E7%A0%81/1532725?fr=Aladdin．

② 机电产品一般是指使用机械、电器、电子设备所生产的各类农具机械、电器、电子性能的生产设备和生活用机具。一般包括机械设备、电气设备、交通运输工具、电子产品、电器产品、仪器仪表、金属制品等及其零部件、元器件。鉴于国际贸易中核反应堆、锅炉、机械器具及其零件（HS84），电机、电气、音像设备及零部件（HS85）涵盖了主要的机电产品，本文将上述两大类产品统称为机电产品．

《韩美自由贸易协定》对韩国的经济影响

计数据来看,美国在韩国服务贸易发展中占据重要地位,2006年至2011年韩国对美服务贸易出口额占韩国总出口额的10%左右,而进口总额则平均达到韩国服务贸易总进口额的17.8%。①

表3.3 2000—2011年韩国对美服务贸易进出口规模   单位:亿美元

年份	韩国对美出口 (占出口总额比重)	韩国自美进口 (占进口总额比重)	双边服务贸易总额 (增长率)	贸易收支
2000	56.99(18.1%)	66.61(21.1%)	123.60(17.3%)	-9.62
2001	52.54(17.4%)	63.17(20.9%)	115.71(-6.4%)	-10.63
2002	55.47(18.2%)	68.83(22.5%)	124.30(7.4%)	-13.36
2003	60.84(17.4%)	71.83(20.5%)	132.67(6.7%)	-10.99
2004	66.24(14.9%)	81.82(18.4%)	148.06(11.6%)	-15.58
2005	69.11(13.9%)	93.61(18.8%)	162.72(9.9%)	-24.50
2006	82.57(14.5%)	110.76(19.5%)	193.33(18.8%)	-28.19
2007	89.20(12.2%)	124.85(17.1%)	214.05(10.7%)	-35.65
2008	80.79(8.9%)	136.63(15.1%)	217.42(15.7%)	-55.84
2009	78.57(10.7%)	132.32(18.0%)	210.89(-3.0%)	-53.75
2010	93.34(10.8%)	154.51(17.9%)	247.85(17.5%)	-61.17
2011	97.35(10.4%)	166.64(17.8%)	263.99(6.5%)	-69.29

资料来源:美国商务部经济分析局(BEA).UN Comtrade Database.

(三)直接投资

在20世纪60—80年代,韩美之间投资结构以韩国单方面吸收美国投资为主,这一时期美、日、德等发达国家先后掀起两次国际产业转移浪潮,先是将纺织等劳动密集型产业转移至"外围"国家,到70年代后期又将高能耗的钢铁等重化工业,以及汽车、家电等部分资本密集型产业

---

① 据韩国统计厅统计,2006年至2011年韩国服务贸易进口总额分别为572亿、716亿、913亿、727亿、832亿、909亿美元.

第三章 韩与美缔结自由贸易协定的动因及谈判争议领域

转移至新兴工业化国家。在此过程中,韩国作为美国同盟体系中的一员,吸收了大量来自美国的直接投资,融入美国跨国企业的全球生产布局当中。到80年代后期,随着韩国产业竞争力提升与跨国公司的发展,对外投资进入快速发展阶段。1995年,韩国对外投资总额突破100亿美元,美国成为韩国资本主要投资的对象,改变了以往美国对韩单向投资局面。①

表 3.4 2000—2011 年韩美双边直接投资概况(申报金额) 单位:亿美元

年份	韩国对美直接投资	韩国对外直接投资总额	韩国对美投资占韩国对外直接投资(FDI)总额的比重(%)	美国对韩直接投资	韩国吸引直接投资总额	美国对韩投资占韩国引进外资(IFDI)总额的比重(%)
2000	13.2	59.8	22.1	3.6	152.5	2.4
2001	18.4	63.0	29.2	38.9	112.9	34.4
2002	14.2	62.1	22.9	45.0	91.0	49.5
2003	7.3	54.4	13.4	12.4	64.7	19.2
2004	14.6	80.6	18.1	47.2	127.9	36.9
2005	14.1	91.7	15.4	26.9	115.7	23.2
2006	21.7	185.3	11.7	17.1	112.5	15.2
2007	43.5	276.4	15.7	23.3	105.2	22.1
2008	57.6	327.9	17.6	4.5	117.1	3.8
2009	39.8	304.2	13.0	14.9	114.8	13.0
2010	50.7	325.3	15.6	19.7	130.7	15.1
2011	166.1	444.9	37.3	23.7	136.7	17.3

资料来源:韩国产业通商资源部、韩国进出口银行,由作者整理.

---

① 金明华,金花善,刘英波. 韩国对外投资的特点、动因及发展趋势 [J].黑龙江财专学报,1997(1):36.

如表 3.4 所示，2000 年以来除少数年份外，如 2003 年受非典型肺炎（SARS）影响，2009 年受金融危机影响，韩国对美直接投资总体保持稳定增长。《韩美自由贸易协定》缔结的 2007 年，韩国对美直接投资规模约 43.5 亿美元，占其对外投资总额的 15.7%，美国是其第三大投资对象国，仅次于中国、欧盟。韩国对美国的直接投资主要集中在批发零售、金融保险、能源等产业部门。而在《韩美自由贸易协定》生效前的 2011 年，韩国对美直接投资规模首次突破 100 亿美元，在其对外投资总额中的比重扩大至 37.3%。

与此同时，美国也是韩国引进外资的主要来源，2007—2011 年美国对韩直接投资规模年均约 17.2 亿美元，平均占韩国引进外资总额的约 14%，投资领域主要集中在化工、电子、机械等制造业部门。

二、韩美贸易结构互补性

自由贸易协定的经济收益与成员国之间贸易互补性存在紧密联系，地理位置相近、贸易互补性强的伙伴国之间缔结自由贸易协定往往会形成更大的贸易创造，互利性亦更强。

本节采用贸易互补性指数（Trade Complementarity Index，TCI）衡量韩美贸易的互补关系。该指数的主要思想为，当一国主要出口产品与伙伴国主要进口产品类别吻合时，两国贸易互补程度高，反之则互补性低。贸易互补性指数计算公式如（1）、（2）、（3），其中，RCA 代表比较优势指数（Index of Revealed Comparative Advantage，RCA），RCA_{xik} 表示 i 国 k 产品出口的比较优势，RCA_{mjk} 表示 j 国在 k 产品进口方面比较优势。X_{ik}、M_{jk} 为 i 国与 j 国在产品 k 领域的出口额与进口额，X_{it}、M_{jt} 为 i 国与 j 国的出口总额与进口总额，X_{wk}、M_{wk} 为 k 产品领域世界的出口额与进口额，X_{wt}、M_{wt} 为世界出口总额与进口总额。一般而言，贸易互补性指数大于 1 时，伙伴国间贸易互补性较高，两国贸易关系密切。

第三章　韩与美缔结自由贸易协定的动因及谈判争议领域

$$TCI_{ijk} = RCA_{xik} \times RCA_{mjk} \qquad (1)$$

$$RCA_{mjk} = \frac{\dfrac{M_{jk}}{M_{wk}}}{\dfrac{M_{jt}}{M_{wt}}} \qquad (2)$$

$$RCA_{xik} = \frac{\dfrac{X_{ik}}{X_{wk}}}{\dfrac{X_{it}}{X_{wt}}} \qquad (3)$$

采用国际贸易标准分类（SITC）的一位数编码[①]，对2007年、2009年、2011年韩美贸易互补性指数进行测度，数据源于联合国商品贸易数据库，得到结果如表3.5。

从测算结果来看，韩美贸易互补性指数大于1或近似于1，表明两国贸易存在较强的互补性。尤其在未列名化学品及有关产品（SITC5）、主要按原料分类的制成品（SITC6）、机械及运输设备（SITC7）等制造业方面存在较强的互补性。这也表明，韩美之间贸易存在其必然性，双方在要素禀赋及出口能力上各自具有不同的优势，这种不同的比较优势形成双方产业分工格局，韩国对美国出口附加值相对较低的劳动、技术密集型产品，进口高附加值资本、技术密集型产品。互补的贸易结构为两国通过市场开放进一步促进贸易发展、强化专业化分工奠定了基础。

[①] SITC0为食品及主要供食用的活动物，SITC1为饮料及烟类，SITC2为燃料以外的非食用粗材料，SITC3为矿物燃料、润滑油及相关原料，SITC4为动植及植物油，油脂及蜡，SITC5为未列明的化学品及有关产品，SITC6为主要按原料分类的制成品，SITC7为机械及运输设备，SITC8为杂项制品，SITC9未分类的其他商品。其中SITC0、SITC1、SITC2、SITC3、SITC4类为初级产品，具有资源密集型特点，SITC5、SITC6、SITC7、SITC8类为工业制成品，SITC6、SITC8类制成品为劳动密集型产品，SITC5、SITC7类制成品为资本与技术密集型产品。

《韩美自由贸易协定》对韩国的经济影响

表3.5 2007—2011年韩美贸易互补性指数

国际贸易标准分类	SITC0	SITC1	SITC2	SITC3	SITC4	SITC5	SITC6	SITC7	SITC8	SITC9	总体
国际贸易标准分类对应商品	食品及主要供实用的活动物	饮料及烟类	为燃料以外的非食用的粗材料	矿物燃料、润滑油及有关原料	动植物油脂及油脂	未列名化学品及有关产品	主要按原料分类的制成品	机械及运输设备	杂项制品	没有分类的其他商品	—
2007	0.225	0.204	0.865	0.488	0.055	1.210	1.120	1.447	0.588	0.052	1.011
2009	0.210	0.222	0.893	0.466	0.042	1.075	1.272	1.509	0.615	0.163	0.999
2011	0.223	0.261	1.008	0.520	0.049	1.264	1.246	1.489	0.568	0.132	1.005

资料来源：作者根据 UN Comtrade Database 数据测算.

三、韩国对《韩美自由贸易协定》经济效应的期望

2011年，韩国对外经济政策研究院联合韩国开发研究院、产业研究院、劳动研究院、农村经济研究院、海洋水产开发院、信息通讯政策研究院、韩国文化观光研究院、保健产业振兴院、金融研究院10家研究机构对《韩美自由贸易协定》经济效应进行预测分析，得出研究报告《〈韩美自由贸易协定〉经济效应再探（한미 FTA 경제적 효과 재분석）》（以下简称"报告"）。① 报告显示，《韩美自由贸易协定》对韩国宏观经济、贸易、产业发展具有积极促进作用。本节主要梳理该研究报告对《韩美自由贸易协定》经济效应的预期值，以便与《韩

---

① [韩]韩国企划财政，等.《韩美自由贸易协定》经济效应再探 [EB/OL]. 2011年8月5日. http://www.moef.go.kr/nw/nes/detailNesDtaView.do?menuNo=4010100&searchNttId1=OLD_4010212&searchBbsId1=MOSFBBS_000000000028. 韩国基于全球贸易分析模型（GTAP）数据库7.1，运用可计算一般均衡模对经济效应进行预测.

第三章 韩与美缔结自由贸易协定的动因及谈判争议领域

美自由贸易协定》实际效应相比较,客观评价其运行效果。

如表3.6所示。在宏观经济层面,报告预测,《韩美自由贸易协定》对国内生产总值国内生产总值的拉动作用在0.02%—5.66%。从短期来看,关税减免效应及资源配置效率的提高有望拉动国民生产总值提高0.02个百分点,预计创造4000个就业岗位。其中,制造业与服务业分别创造2300、2700个新岗位,而农林渔业受到进口冲击,面临700个就业岗位流失。同时,进口商品价格下降将每年提高消费者福利约6964亿韩元(约6.28亿美元,2011年平均汇率1美元=1108.29韩元)。① 长期而言,由于厂商资本积累与生产效率提升,《韩美自由贸易协定》有望拉动韩国实际国内生产总值增长5.66%,创造4万—35万个就业岗位,其中80%以上新岗位将出现在服务业领域。②

表3.6 《韩美自由贸易协定》对韩国各产业劳动力就业的影响

单位:千人

产业	短期 (关税递减效应+ 资源配置效率)	中长期 (资本积累)	中长期 (资本积累+ 生产效率提高)
农林渔业	-0.7	-2.0	0.5
制造业	2.3	14.8	81.6
服务业	2.7	27.8	269.2
加总	4.3	40.6	351.3

资料来源:韩国企划财政部. http://www.mosf.go.kr/com/synap/synapView.do?atchFileId=ATCH_OLD_00004010212&fileSn=424479.

---

① [韩]韩国企划财政部.《韩美自由贸易协定》经济效应再探 [EB/OL], 2011年8月5日. http://www.moef.go.kr/nw/nes/detailNesDtaView.do?menuNo=4010100&searchNttId1=OLD_4010212&searchBbsId1=MOSFBBS_000000000028.

② [韩]韩国企划财政部.《韩美自由贸易协定》经济效应再探 [EB/OL], 2011年8月5日. http://www.moef.go.kr/nw/nes/detailNesDtaView.do?menuNo=4010100&searchNttId1=OLD_4010212&searchBbsId1=MOSFBBS_000000000028.

贸易方面，报告预测关税递减将使韩国对美出口年均增长 12.9 亿美元，进口年均增长 11.5 亿美元。具体而言，汽车、机电、纤维、生活用品、机械、化学、钢铁、其他制造业对美出口有望年均增长 7.2 亿、1.6 亿、1.05 亿、1323.6 万、5772.5 万、4579.6 万、696.9 万、1.7 亿美元，自美进口分别年均增长 0.97 亿、1.45 亿、2373.8 万、2746.4 万、8852.8 万、1.34 亿、235.3 万、1.9 亿美元。此外，报告预测，《韩美自由贸易协定》生效 10 年以后（协定于 2012 年生效），企业生产规模的扩大将促使韩国对外出口年均增长 31.67 亿美元，进口增长 1.38 亿美元。

相比制造业领域实现收益，韩国农业将面临较大冲击。随着农产品关税逐渐降低或取消，韩国从美国进口农产品预计年均增长 4.2 亿美元，美国在韩国农产品市场中的份额有望提升至 50.7%。受此影响，韩国农业生产总值在《韩美自由贸易协定》生效后的 5 年、10 年、15 年三个时间段将分别下降 6785 亿韩元、9912 亿韩元、12354 亿韩元，减产将主要体现在豆类、水果、牛肉、猪肉等产品。

总体而言，韩国对《韩美自由贸易协定》经济效应的预期较为乐观，除出口方面的潜在收益以外，韩国也对《韩美自由贸易协定》对投资环境改善、促进服务业发展及产业竞争力的改善作用抱以期望。同时，韩国也充分认识到市场开放对其农业等弱势产业的潜在冲击，但总体认为利大于弊，期待着该协议为韩国经济增长注入新动力。

第二节
韩国推动《韩美自由贸易协定》的动因

20 世纪 90 年代，在美欧推动下，区域主义迅速形成发展态势，世界各国或加入既有区域贸易合作框架，或加速缔结新的自由贸易协定，着力为本国企业营造更加开放、便利的贸易、投资环境。这一时期，韩国

第三章 韩与美缔结自由贸易协定的动因及谈判争议领域

将多边体制下的贸易、投资便利化作为参与全球贸易的优先事务,对双边或区域性自由贸易协定并未予以过多重视。① 启动《韩美自由贸易协定》谈判标志着韩国对区域经济一体化的态度由保守、追随转向积极、主动,在全球自由贸易协定格局中边缘化的处境得到显著改善,甚至在东亚区域贸易、投资自由化框架形成过程中的话语权亦大幅提升。《韩美自由贸易协定》于 2006 年 2 月启动谈判,次年 6 月签署协议,最终于 2012 年 3 月正式生效。《韩美自由贸易协定》自提出以来,就引起韩国企业、工人、群众的普遍担忧甚至反对,韩国政府坚定促进协议成功缔结,与其国内经济发展与对外政治、经济政策紧密相关。

一、打开美国市场的经济需求

1997 年亚洲金融危机的蔓延对韩国经济造成重创,20 世纪 70—80 年代以来韩国经济年均 9.6% 的高速增长告一段落,经济增速下滑至 90 年代末(1995—1999 年)平均 5.8% 水平。② 同期,中国经济快速发展,日渐成为全球贸易大国。在中日双重夹击下,韩国经济能否重现高速增长令韩国政府、国民深感担忧。当时,时任韩国通商交涉部长的韩德洙认为,"韩国若要与经济飞速增长的邻国——中国相竞争,并实现成为东北亚经济、金融中心的目标,韩国的工业、农业需要来自外国供应商及投资者的激烈竞争"。③ 在这一思想推动下,韩国政府开始积极探讨借助自由贸易协定开拓海外市场,维护本国产品竞争力,对于缔结双边或区域贸易协定的态度有所转变。加上,1994 年北美自贸区成立,贸易转移的潜在风险也令韩国感受到来自竞争国家的极大威胁,与美国缔结自由贸

---

① 一直到 2003 年缔结《韩—智利自由贸易协定》之前,韩国曾是世界贸易组织成员中除蒙古国以外唯一没有参与任何自由贸易协定谈判的国家.

② 资料来源:The World Bank. GDP Growth.

③ Jeffrey J. Schott. Why the Korea-United States Free Trade Agreement Is a Big Deal[R]. Seoul: SERI, 2011: 23.

《韩美自由贸易协定》对韩国的经济影响

易协定的紧迫性日渐凸显。与此同时，20世纪90年代末，美国国际贸易委员会在亚太地区选取新加坡、韩国、中国台湾地区为潜在的自由贸易协定谈判对象，为卢武铉（任期2003—2008年）政府推动《韩美自由贸易协定》提供了契机，最终令韩美两国在2006年2月启动谈判。之后在李明博政府执政时期，全球性金融危机爆发对世界经济与全球贸易带来巨大冲击，在保障出口、促进就业的宏观政策目标下，推动《韩美自由贸易协定》早日生效的必要性凸显。如李明博总统所说，《韩美自由贸易协定》是韩国国家生存战略之一，在经济不景气的情况下，《韩美自由贸易协定》有助于拓展韩国经济领土，扩大出口，吸引更多外国投资，改善就业，克服危机。[①] 因此，借助《韩美自由贸易协定》实现韩国经济再次腾飞的利益驱动是韩国政府在民众强烈反对之下依然坚持推动该协议的根本原因。

首先，抢占美国市场先机，扩大出口份额。美国在2003年之前一直是韩国最大贸易伙伴，之后虽被中国取代但始终占据主要出口市场地位，尤其在高附加值产品方面的重要性无可替代。在韩美开始推动自由贸易协定的2005年，美国进口市场规模高达1.7万亿美元，占全球出口总额约16%，如此庞大的市场对韩国而言可谓是必争之地。[②] 实际上，步入21世纪以来，韩国在美国的市场份额不断下滑，从20世纪80年代的4%降至21世纪初约2%。同期，中美贸易自90年代开始强势增长，2003年贸易额突破1000亿美元，2005年中国成为美国第二大进口市场，市场份额达到23.8%，与韩国企业间竞争态势愈演愈烈。[③] 韩国抢先于中、日等竞争国与美国实现关税递减，有助于提升韩国企业在美国市场中的竞争力，优先抢占市场。

[①] 李明博称韩美FTA为韩国国家生存战略［EB/OL］. 中华人民共和国商务部，2011年11月15日. http://www.mofcom.gov.cn/aarticle/i/jyjl/j/201111/20111107831779.html.

[②] 资料来源：联合国商品贸易数据库.

[③] 资料来源：美国商务部经济分析局，中国统计局，韩国关税厅.

第三章　韩与美缔结自由贸易协定的动因及谈判争议领域

其次，提升产业竞争力，提振经济发展动力。卢武铉政府推动《韩美自由贸易协定》的初衷在于加速国内市场改革。① 实际上韩国深知《韩美自由贸易协定》对自身农业等敏感产业的冲击，但韩国更了解持续依赖中低端产品出口难以保持其贸易强国地位，只有技术更新、产品创新、服务业的高速发展才能持续提升产业竞争力，维持韩国经济的稳定增长。2006年，韩国通商交涉部长金铉宗指出："《韩美自由贸易协定》将促进韩国对接国际标准，是韩国提升产业、制度现代化水平的有利契机……同时，国家信用提升还将为韩国带来外溢效益。"② 还曾有学者认为，《韩美自由贸易协定》将扩大全球各国对韩投资，加强这些国家与韩国的经济联系，这有助于促使这些国家为了保护本国企业利益而去维护朝鲜半岛政局稳定。③ 因此，韩国政府之所以做出《韩美自由贸易协定》"利大于弊"的判断是出于对完善经济制度、改进生产效率、吸收技术外溢等诸多动态效应的期待，旨在通过韩美市场的相互融合，形成更加开放、有序、公平的国内市场，为医疗、金融、娱乐等服务业发展注入动力。

最后，缓解韩美贸易摩擦，构建制度化合作框架。随着韩国崛起为新兴工业化国家，韩美经济的互补性持续减弱，竞争性愈加突出，在钢铁、半导体、汽车、电信、农产品等领域引发贸易摩擦不断，美国甚至对韩国汽车启动301条款。④ 这意味着美国将根据超级301条款，对韩国实行贸易制裁。美韩贸易摩擦呈激烈之势。80年代后期至2003年，美国对韩国发起的反倾销、反补贴案例共23件，占美国"双反"案件总数的

---

① ［韩］金秉俊. 缔结自由贸易协定：促进韩国发展的选择［R］. 总统咨询政策企划委员会，2008：36－41.

② 거부할 수 없는 FTA 프리미엄. 한겨레21，2006年7月26日. http://legacy.www.hani.co.kr/section-021078000/2006/07/021078000200607260620012.html.

③ ［韩］王允钟，郑仁教. 对韩美自由贸易协定经济合理性的研究［R］. 对外经济政策研究院，1998：49.

④ 1997年10月初，韩美在华盛顿举行的汽车贸易谈判宣告破裂，美国当天宣布将韩国列入美国贸易法超级301条款的优先协商国。详见한국차 세계진출 견제 카드. 동아일보，1997年10月2日. http://news.donga.com/3/all/19971002/7288446/1.

《韩美自由贸易协定》对韩国的经济影响

6.7%，高于韩国在美国的进口市场份额 3.1%（2002 年）。① 在美国对韩启动"双反"措施案件中，涉及钢铁产业案件达到 18 件，占相关领域美国"双反"案例总数的 9.3%，而韩国在美国钢铁进口市场份额仅为 5.3%。② 因此，通过制度化设计，保障两国经济合作平稳过渡，防止贸易纠纷冲击两国政治、军事同盟关系，成为韩国精英阶层谋划与美国缔结自由贸易协定的重要动机。

二、抢占区域经济整合主导权的战略需求

纵观韩国历届政府的对外政策，东北亚地区一直是韩国政治、经济核心利益所在。卢武铉政府"和平繁荣政策"旨在将韩国打造为东北亚的经济中心。为此，卢武铉政府在 2003 年制定"韩国自由贸易协定战略"，将日本、新加坡等东亚国家作为优先谈判对象，将美国、欧盟等发达经济体视为中长期谈判对象，开启了"以己为中心"的自由贸易协定网络布局。③ 但随着韩日自由贸易协定谈判无果而终，韩国自由贸易协定战略对改变韩国在区域经济一体化的"边缘"局面并未产生实质性效果。在这一情况下，2005 年，卢武铉政府调整自由贸易协定战略，在韩日自由贸易协定、韩新自由贸易协定均未缔结的情况下，优先推动《韩美自由贸易协定》，其主要动力即来自于《韩美自由贸易协定》的"杠杆效应"。因为韩国一旦成为首个与美国缔结自由贸易协定的东亚经济强国，其在全球自由贸易网络中的地位将得到大幅改善，在东亚区域内贸易、投资规则制定上的发言权将随之提升，也将有助于提高日后与中、日等国的谈判筹码。

---

① USITC. AD CVD Investigations.
② Inbom Choi, Jeffrey J. Schott, Korea-US Free Trade Revisited [R]. Institute for International Economics, 2004: 181.
③ 대외경제장관회의 개최. 기획재정부, 2003 年 8 月 20 日. http://www.mosf.go.kr/com/synap/synapView.do?atchFileId=ATCH_OLD_00000046314&fileSn=340594.

第三章　韩与美缔结自由贸易协定的动因及谈判争议领域

实际上，2004年韩日自由贸易协定谈判破裂后，韩国在东亚区域自由贸易协定发展浪潮中日渐面临被边缘化风险。加上中国在劳动密集型产品领域加速赶超韩国，日本在资本、技术密集型产品上的优势仍存，韩国在东亚区域经济整合中的作用与重要性有所萎缩。在意识到既有政策难以实现其"引领东亚区域一体化"政治目标的现实后，韩国将《韩美自由贸易协定》作为实现其成为东北亚商贸枢纽目标的有利契机，积极推动协定缔结。① 在卢武铉政府执政后期，韩国的自贸区战略就已改变金大中政府时期的保守与追随政策，开始寻求与大国的合作，旨在通过与大国缔结跨区域贸易协定，提升自身在国际经济体系中的影响力，而《韩美自由贸易协定》即成为韩国将自贸区战略由以东亚为主转变为区内、区外"多头并进"的重要动力。如表3.7所示。

表3.7　韩国自由贸易协定政策方向的变化

政权	主要政策导向	对自由贸易协定的态度	自由贸易协定目标对象
金融危机前 （1997/1998）	多边主义	忽视	亚太经合组织
金大中政府 （1998—2002）	尝试缔结自由贸易协定	追随	智利、日本
卢武铉政府第一阶段 （2003—2004）	东亚和平与繁荣	以东亚国家、小国作为合作伙伴	日本、新加坡、东盟、欧洲自由贸易协会
卢武铉政府第二阶段 （2005—2008）	跨区域双边自由贸易协定	引领型的跨区域自由贸易协定，寻求与大国的合作	加拿大、墨西哥、美国、欧盟、南方共同市场、中国

资料来源：转引自文燉，姚帅. 韩国FTA政策与东亚区域主义的未来 [J]. 当代韩国，2010（4）：40.

此外，韩国认为以东亚为核心的自由贸易战略对于促进其经济增长

---

① [韩] 金秉俊. 缔结自由贸易协定：促进韩国发展的选择 [R]. 总统咨询政策企划委员会，2008：36.

《韩美自由贸易协定》对韩国的经济影响

存在一定局限性。一方面,韩国认为东亚地区以制造业为核心的中间产品贸易难以与当时韩国以汽车、半导体、船舶、石油制品等重化工产品及最终产品为主的出口贸易结构形成有效联动。并且,东亚服务业普遍滞后,缔结自由贸易协定对于韩国内需市场狭小及投资不足等问题的改善成效有限。① 因此,韩国大胆调整自贸区战略,将《韩美自由贸易协定》作为优先选择,旨在通过相关协定促进经济发展,提升自身在东亚区域的弱势地位。

三、强化同盟关系的政治驱动

早在 1948 年韩国建国之初,金九、李承晚为代表的韩国精英就将美国作为构建韩国国家政治体制的模板,"亲近美国"成为韩国上下一致接受的外交选择。1953 年 10 月,《韩美共同防御条约》缔结,美国正式承担起对大韩民国行政管辖下国土保护义务,韩国则主动选择将平时、战时的指挥权移交至以美国主导的"联合国军"之手,两国军事合作关系获得制度化保障。韩国政治力量主要人物超越保守、进步政治分野,将维持与美国的同盟关系升华为本国外交"共识"。实际上,与美国签署自由贸易协定的设想萌发于卢武铉执政时期,完成缔结已是李明博当政之时,民主党、新国家党虽不时围绕相关贸易条款展开攻防,却几乎未从根本上质疑与美国达成更紧密合作的贸易安排,韩国政治精英"亲美"倾向无疑为推动《韩美自由贸易协定》奠定了政治基础。

进入 21 世纪以来,朝核危机螺旋升级,韩国安全环境日趋复杂,对韩美同盟的需求日渐提升。然而,以 2002 年驻韩美军装甲车轧死两名韩国中学生为导火索,韩国民众长期积累的"反美情绪"被释放出来,加

---

① [韩] 江斑笛. 东亚中心自由贸易协定的局限性与韩国通商政策的转变:以卢武铉政府为中心 [J]. 社会科学研究, 2012 (3): 131.

上卢武铉与小布什政府在对朝政策上的明显分歧①,韩美同盟关系陷入了50年以来的最低谷。② 推动《韩美自由贸易协定》成为两国缓解矛盾、深化同盟体系的有利契机。在朝鲜核开发持续推进的背景下,通过经济利益的紧密联系,推动韩美在政治、军事领域的合作,保障国家安全的利益驱动也在一定程度上促进了韩国推进《韩美自由贸易协定》的积极性。正如李明博曾说,"在巩固韩美两国关系方面,《韩美自由贸易协定》的效果可能强于韩美军事同盟"。③

此外,作为美国东北亚二元同盟体系的次要组成部分,超越日本与美国建立更为紧密的合作关系,亦在韩国推动与美国自由贸易协定的政治考量中占据一定位置。与此同时,21世纪东北亚周边大国对外活动更趋活跃,中国的崛起、俄罗斯复兴、日本"国家正常化",预示着韩国可能重新回到大国林立的夹缝之中的尴尬地位。对于韩国而言,美国在东北亚的政治、军事、经济存在为其"摆脱牢笼"提供了渠道,"留住美国"对韩国在大国之间周旋的总体外交布局具有相当吸引力。

四、应对《跨太平洋伙伴关系协定》兴起的防范举措

奥巴马时期,《跨太平洋伙伴关系协定》(Trans-Pacific Partnership Agreement, TPP)异军突起,成为推动《韩美自由贸易协定》生效的重要因素。2009年11月,奥巴马总统宣布美国参加《跨太平洋伙伴关系协定》谈判,并积极邀请日本、澳大利亚等国参与,使该协定由新西兰、新加坡、智利和文莱四个中小国家间经济合作协定迅速成为涵盖世界经济总量40%以上的跨区域制度化合作框架。2010年11月,美国再次宣布

---

① 卢武铉政府执政后提出"和平繁荣政策"旨在促进朝鲜半岛和平、谋求南北双方共同繁荣,构建和平统一的朝鲜半岛。而小布什政府对朝政策极为强硬,将朝鲜纳入"邪恶轴心"国家.

② 王生. 韩国舒美亲中现象剖析[J]. 东北亚论坛, 2006 (2): 87.

③ 韩联社. 李明博: 韩美自由贸易协定有望近期里获美国国会批准[EB/OL], 2011年9月23日. http://chinese.yonhapnews.co.kr/allheadlines/2011/09/23/0200000000ACK20110923001900881.HTML.

将用一年的时间完成协议纲要。对韩国而言，美国区域贸易谈判议程重心的调整意味着韩国无法通过消极拖延应付美方追加谈判的压力，必须赶在《跨太平洋伙伴关系协定》谈判启动前完成协议的生效。

而对于奥巴马政府而言，《韩美自由贸易协定》的签署意味着韩国在很大程度上已经接受了美国塑造的制度化贸易合作标准，融入《跨太平洋伙伴关系协定》难度不大。韩国作为具有一定影响力的亚洲新兴国家，其参与相关进程不仅可以使《韩美自由贸易协定》与《跨太平洋伙伴关系协定》对接，更可以通过挤压效应促使日本等其他经济体向美国方向靠拢。因此，美国除敦促韩国尽早谈判妥协之外对其参与《跨太平洋伙伴关系协定》总体保持开放态度，也为韩美迅速完成协议生效进程创造了条件。

总体而言，《韩美自由贸易协定》是双方谋求自身利益最大化的产物，双方缔结协定的动机既有相似之处，也存在差异。从本节论述中可知，韩国推动《韩美自由贸易协定》的动因呈现出较为明显的"小国"特点，目标更多集中在经济收益方面，以及扩大自身在东亚区域经济一体化进程中谈判地位的战略层面。而对美国而言（至少对奥巴马政府而言），《韩美自由贸易协定》被赋予更多的战略意义，包括扩大"美国议题"的全球影响力，制衡韩国过度向中国"倾斜"，巩固两国同盟体系，主导亚太事务等。在《韩美自由贸易协定》缔结过程中，美国自始至终主导着该协定的推进进程，中国影响力的持续扩大、朝核危机的愈演愈烈、美国在东亚区域影响力式微等多重因素促使美国选取韩国作为自由贸易协定谈判对象。

第三节
《韩美自由贸易协定》的争议与妥协

大国与小国的自由贸易协定中，大国凭借市场规模优势往往会迫使

第三章 韩与美缔结自由贸易协定的动因及谈判争议领域

小国做出更多让步。在《韩美自由贸易协定》谈判中,韩国在经济规模、谈判交易能力方面处于劣势,美国不仅对韩国大米、牛肉、汽车市场开放持续施加压力,在环境保护、劳工标准、竞争政策、争端解决机制等"非传统议题"上亦提出了更高要求。《韩美自由贸易协定》早在2007年6月就已缔结协议,但以汽车为代表的敏感产业始终难以得到两国国内利益集团的支持而被长期"搁置"。奥巴马政府竞选时期就批评《韩美自由贸易协定》是"具有缺陷的协定",称汽车领域条款对韩国更加有利,不重新谈判就不会协助该协议得到国会批准。① 自《韩美自由贸易协定》启动谈判至协议最终生效,美国自始至终占据着谈判主导权,韩国屡次对美方追加谈判的要求进行妥协。

一、《韩美自由贸易协定》谈判的争议领域

从《韩美自由贸易协定》谈判历程来看,两国对外开放水平、产业竞争力的差距决定了各方谈判侧重点不同。韩国国内市场狭小且整体产业竞争力处于弱势,谈判重点在于扩大汽车等出口优势产业市场份额,竭力避免以农业为首的战略性弱势产业受到冲击。而美国经济体量显著大于韩国,降低关税壁垒所能创造的贸易额有限,因此在自由贸易协定谈判中更加注重消除非关税壁垒、提高市场透明度等,旨在令对方市场环境更加符合美国企业利益。在先后共八轮的谈判中,韩美围绕农产品、汽车领域开放及投资争端解决机制等问题进行激烈攻防,在2007年缔结协议后又启动追加谈判,进一步协商分歧、调整协定。这一协定自启动谈判直至最终生效耗时6年,成为韩国已缔结的自由贸易协定中耗时最长的协定。

---

① 김병수. 오바마 "한미 FTA, 아주 결함있는 협정"…사실상 재협상 요구 [EB/OL]. 한겨레, 2008年5月24日. http://c.hani.co.kr/index.php?mid=hantoma&document_srl=1525793.

《韩美自由贸易协定》对韩国的经济影响

（一）农产品：大米、牛肉

针对农产品市场开放的争论贯穿着《韩美自由贸易协定》谈判的始终。美国要求韩国开放包括大米在内的所有农产品市场，但韩国则将保护大米市场视为启动《韩美自由贸易协定》谈判的前提，并着力延迟其他农产品市场开放，双方分歧显著。在农业竞争力上，美国是农业大国，每年对韩农产品出口约 30 亿美元（2006 年为 27.8 亿美元，占对韩出口总额的 8.3%），韩国是其主要出口市场之一。而韩国农业资源匮乏、农业劳动生产率低下，产业竞争力显著落后于制造业，国内农产品价格普遍高出国际平均水平 2—3 倍。与日本相似，韩国一直以来采取对进口产品设置高额关税的方式保护国内市场，对于农产品市场开放一向谨慎，甚至可以说农业开放问题是韩国参与全球贸易自由化进程的主要"绊脚石"。① 如表 3.8 所示，2005 年韩国农产品进口最高达到 887%，平均关税高达 59.3%，显著高于美国平均 5.2% 的水平，大幅取消进口关税对韩国而言将是灾难性的巨大冲击。

表 3.8　2005、2011 年主要国家、地区农产品关税水平　　单位：%

国家和地区	2005 年		2011 年	
	平均关税	最高关税	平均关税	最高关税
韩国	59.3	887	56.1	887
美国	5.2	350	4.9	350
中国	15.8	65	15.7	65
日本	28.4	958	22.8	859
欧盟	15.4	264	13.8	226

资料来源：WTO. World Tariff Profiles 2006. World Tariff Profiles 2012.

---

① 李明权. 日本 FTA 进程落后于韩国的原因分析——基于农业保护的政治经济学视角 [J]. 日本学刊, 2015（4）：117.

第三章 韩与美缔结自由贸易协定的动因及谈判争议领域

在诸多农产品中，大米位列敏感产业之首。正如美国贸易代表卡兰·巴提亚（Karan Bhatia）所述，"韩国在保护大米市场上的坚定态度导致最终我们面临的问题是，接受一个非常好但并非完美的自由贸易协定，还是因执意开放大米市场而丢失整个协定"。[①] 韩国在大米市场上最终未予让步，而美国的妥协实际上令其在其他农产品开放问题上占据了更多优势，最终实现除大米市场以外几乎所有农产品市场的开放。

除大米以外，牛肉市场开放问题也成为双方交涉重点。2003年美国发生疯牛病以后，韩国停止进口美国牛肉及牛肉制品（仅限于年龄30个月以下的无骨牛肉进口），美国多次要求韩方重新进口未果，遂将牛肉市场开放问题作为《韩美自由贸易协定》谈判要价中的重要组成部分，持续向韩方施压。在李明博总统看来，在牛肉市场上的让步有利于推动《韩美自由贸易协定》早日生效，令韩国在出口方面获得更多实利，因此在其访美前夕就进口美国牛肉达成协议，并承诺在未来15年内逐步取消40%的进口关税。而新政府这一举措引发韩国国内"牛肉风波"，民众烛光示威反对缔结《韩美自由贸易协定》，反美情绪空前高涨，加剧了韩国推动《韩美自由贸易协定》的难度。

（二）汽车

汽车是《韩美自由贸易协定》谈判中分歧最为集中的领域，也是导致协议迟迟未能生效的症结所在。汽车产业是韩国对美贸易中具有显著出口优势的领域，美韩启动谈判的2006年，韩国对美出口汽车约75万辆，而美国对韩出口仅6500辆，导致美国对韩形成大规模贸易逆差。[②] 因此，在2007年签署的《韩美自由贸易协定》文本中，美国立即取消汽

[①] William H. Cooper, Mark E. Manyin. The Proposed South Korea-US Free Trade Agreement[R]. Congressional Research Service, 2007: 2.

[②] William H. Cooper, Mark E. Manyin. The Proposed South Korea-US Free Trade Agreement[R]. Congressional Research Service, 2007: 15.

《韩美自由贸易协定》对韩国的经济影响

车及零部件关税的市场开放举措,在国内不仅受到相关利益集团及企业的抨击,也受到工人的坚决反对,最终导致这一协定未能在小布什政府时期正式生效。奥巴马执政后明确反对《美韩自由贸易协定》,认为其存在严重缺陷,要求韩国就汽车产业等美国所关注的领域进行重新谈判。[①] 为保障《韩美自由贸易协定》能够顺利生效,韩国最终同意奥巴马政府追加谈判的要求。在新的协定文本中,美国不仅加强了对汽车产业的保护,大幅降低开放水平,还进一步消除了限制其出口的隐性"障碍"。

第一,延迟汽车关税减让时间表。乘用车方面,修订后的《韩美自由贸易协定》规定,美国延迟4年(到2016年)取消2.5%的进口关税,韩方则在协定生效同时将关税降至4%,在维持4年后与美方一同取消关税。而在2007年内的协议中,双方均承诺立即取消进口关税。轻型卡车关税递减方面,美方要求保留25%的进口关税至2018年,之后等量取消关税,最终于2026年实现0关税。而在2007年协议中美国曾承诺在10年内等量取消关税,于2021年实现0关税。新协定中韩国继续维持原协议规定的减让时间表,在协议生效的同时立即取消10%的进口关税。

第二,进一步消除非关税壁垒。一方面,美国要求韩国对美国汽车放宽汽车燃油效率及温室气体排放标准。美国出口汽车由于其车型偏大,相对于韩国国内普遍使用的汽车存在排气量大、燃油效率低等问题。在韩国持续提高汽车环境标准(汽车燃油效率17公里/升,约每加仑40英里;温室气体排放标准140克/公里)的情况下,美国汽车对韩出口面临标准差异所导致的"壁垒"(美国汽车燃油效率为每加仑36英里)。因此,在新协定中,美国要求韩方对美国汽车放宽环境标准(在不超过韩国标准上浮19%的范围内),进而降低美国汽车出口的隐性壁垒。另一方面,美国要求韩国扩大符合美国安全标准的汽车进口配额,由2007年规定的每个制造商出口6500辆增加至25000辆,即配额范围内符合美国安

[①] FTA Faces Growing Opposition in Korea, US[EB/OL]. The Korea Times, 2008. http://www.koreatimes.co.kr/www/news/nation/2016/02/116_24722.html.

全标准的汽车无须满足韩国的安全标准。韩国考虑到美国对韩出口汽车数量有限,进而妥协。

第三,设定汽车特殊保障措施。在新协议中,美国提出在汽车争端解决方面增加汽车特殊保障措施,当出现"关税下调导致的进口剧增",或争端解决小组发现某一方违反了《韩美自由贸易协定》规定,或采取的特定措施严重影响销售、流通时,将进口关税恢复至协议生效前水平,这一条款也称为"快速反向条款"(snap back clause),以应对双方进口突增。该措施在协议生效后10年保持效力,一旦启动最长维持4年。从双方贸易结构来看,该条款更有利于美国,可以使其在进口剧增时采取临时性保障措施来应对。[1]

第四,要求韩国调整汽车关税制度。美方要求韩国将既有对大型进口车辆以排气量为基准的累进税转变为以价格为准或以燃油效率为基准的单一税,这无疑有利于提高排气量普遍较大的美国汽车出口。韩国虽担忧税制变化导致地方政府税收下滑[2],但出于重新调整税制降低国内消费者税收负担的考虑,最终同意妥协,承诺未来3年内将5档汽车消费税简化为3档。[3] 同时,韩国还承诺保证汽车法规制定程序的透明性,避免新贸易壁垒的形成。

(三)投资者—国家争端解决

投资者—国家争端解决(Investor-State Dispute Settlement, ISD)条款

---

[1] 韩国汽车制造商在美国市场的销售份额中,源于生产基地在美国的组装产品已经占据大多数份额。

[2] 2004年韩国政府在汽车领域税收达到24万韩元,占政府税收总额的15.7%。

[3] 2011年韩国汽车消费税以排气量基准分5档征收,排气量小于0.8升乘用车免征消费税,大于0.8升且小于1.0升的汽车税率为出厂价的10%,大于1.0升小于1.5升的乘用车税率为出厂价的5%,排气量在1.5—2.0升的税率为15%,大于2.0升的关税为20%。韩美FTA中承诺在未来3年内将5档简化为3档,分别为1.0升以下、1.0—2.0升、2.0升以上,1.0升以下乘用车免消费税,排气量在1.0—2.0升区间乘用车,税率为出厂价格的5%,排气量大于2.0升的乘用车税率为出厂价的10%。

《韩美自由贸易协定》对韩国的经济影响

一度被韩国国内称为"毒素条款",造成《韩美自由贸易协定》获得国会批准的最大障碍。投资者—国家争端解决条款是指当投资者认为东道国的公共政策或法律损害了投资资本或企业利益时,利益受损方可向投资争端仲裁庭提请仲裁,一旦胜诉,可从东道国政府获取赔偿的争端解决机制。《韩美自由贸易协定》规定,"批准自由贸易协定意味着缔约国同意将投资争端提交仲裁庭",因此,只要投资者提出仲裁请求,东道国就有义务接受仲裁庭的管辖。一旦不履行仲裁结果,就会引发对方国家的关税报复,因此具有一定强制性。

在国际投资保护协定及双边投资协议中,投资者—国家争端解决条款作为处理投资者与东道国投资纠纷的有效机制受到广泛应用,但在自由贸易协定中尚未普及。涵盖投资者—国家争端解决条款的自由贸易协定中,具有代表性的为《北美自由贸易协定》,而正因该条款下加拿大政府在与美国企业的仲裁案中赔偿巨额资金,开始引发各国尤其是发展中国家对投资者—国家争端解决条款的质疑。投资者—国家争端解决条款也因对东道国公共管理权力的潜在约束及对东道国主权的侵蚀风险而饱受争议。这是因为,提起仲裁的外国投资者可能会质疑东道国常见的政府管理措施,如保护公共健康的措施、保护环境的措施、保护金融安全的措施,进出口管理措施,等等。①

实际上,在 2007 年缔结《韩美自由贸易协定》时,投资者—国家争端解决条款并未引起韩国民众的普遍"反感",卢武铉政府通过在投资者—国家争端解决条款上的妥协,换取了美国在汽车产业上的大幅开放。②而随着《韩美自由贸易协定》进入追加谈判,投资者—国家争端解决条款引起当时在野党(卢武铉政府时期执政党)的强烈反对。以民主统合党、统合进步党等在野党为首的反对派强调投资者—国家争端解决

---

① 陈安、蔡从燕主编. 国际投资法的新发展 [M]. 上海:复旦大学出版社,2007:345.
② 詹德斌. 韩国国内有关韩美自由贸易协定 ISD 条款的争论及启示 [J]. 国际商务研究,2012(3):63.

第三章 韩与美缔结自由贸易协定的动因及谈判争议领域

条款将限制韩国法律法规与公共政策的执行,对韩国行政管理权及司法权构成严重挑战。[①] 同时,他们也批评李明博政府既丢失了卢武铉政府用投资者—国家争端解决条款换取的美国在汽车领域的让步,又未能将投资者—国家争端解决条款排除在协定当中。然而,以执政党为首(新世界党)的支持者则强调完善投资环境是韩国推动《韩美自由贸易协定》的初衷,认为投资者—国家争端解决条款是必要的,并且强调在韩国对美投资增长迅猛的情况下,投资者—国家争端解决条款有利于保障韩国企业利益。

投资者—国家争端解决条款对韩国并不陌生,早在1976年韩国签订的第一份投资保护协定《韩英投资保护协定》中就包含了投资者—国家争端解决条款,韩国签署的85个投资保护协定中有81个包含这一内容。投资者—国家争端解决条款之所以在《韩美自由贸易协定》中引起巨大争议,主要有两方面原因。一是对象为美国。在全球范围内,美国企业对通过仲裁维护自身利益方面最为"擅长",且在法律制度的完备性上,韩国较美国相差甚远,难免存在忧虑。二是"间接征收[②]"与投资者—国家争端解决条款的结合对韩国的法律制度形成挑战。相较于直接征收,间接征收范围广泛,难以具体规定。尽管《韩美自由贸易协定》投资章节以附件形式进一步明确了"间接征收"的范围,将"一缔约方实施的旨在保护公共利益的非歧视性监管行为,如公共卫生、安全、环境、房地产价格稳定"排除在间接征收的范围,但其概念界定的模糊性令韩国极为担忧。

[①] 詹德斌.韩国国内在加入TPP问题上的争论及选择[J].当代亚太,2014(6):63.

[②] 征收分为直接征收和间接征收,直接征收是指东道国政府公开地、一次性地对外资实行征用;间接征收是指东道国政府干预该国投资者形式财产权、迫使其放弃投资行为的措施。间接征收的界定是发达国家与发展中国家的主要分歧所在,发达国家倾向于扩大"间接征收"的范围,发展中国家则倾向于缩小"间接征收"的范围。

（四）制药领域药品专利链接制度

《韩美自由贸易协定》第 18 章对双方知识产权保护做出严格规定，其中"药品专利链接"条款强化了对医药品研发专利的保护力度，其对韩国仿制药生产、销售与医药品价格的潜在冲击引发韩国国内仿制药厂商及民众的强烈反对。所谓"药品专利链接制度"是指仿制药申请、审批、上市过程与创新药品专利期满相链接，药品管理当局与专利商标管理当局职能相链接。即当仿制药厂商提出注册申请时，管理当局有义务通知具有相似功能的药品专利持有方来验证，一旦专利所有者提出侵权诉讼时，即停止仿制药许可程序，主要目的在于减少仿制药注册申请过程中可能的专利侵权，加强对知识产权的保护。在《韩美自由贸易协定》之前，仿制药注册审批过程中，当局并没有义务通知专利持有者，若发生诉讼以双方自行解决为主，诉讼过程中仿制药申请审批进程并不间断。而随着专利保护的加强，一旦面临诉讼，仿制药企业投产、上市进程将被延缓，进而影响产业盈利空间。同时令韩国政府担忧的是，加强专利保护可能导致药品价格攀升，加重医疗保险负担，将对韩国医疗保障体系造成冲击。

二、《韩美自由贸易协定》的最终妥协

《韩美自由贸易协定》早在 2007 年 4 月由美国小布什政府与韩国卢武铉政府签署，但因美国新政府对谈判结果的不满，协定一直被搁置到 2012 年 3 月才得以生效。在这一期间，美韩反复协商、追加谈判，对协定进行了重新修订。《韩美自由贸易协定》谈判自始至终由美方主导，协定的开放程度与议题的广泛度均达到了最高水平。《韩美自由贸易协定》

第三章　韩与美缔结自由贸易协定的动因及谈判争议领域

商品自由化水平高达 99.8%,其中立即取消关税的品目达到 87%。① 双方不仅以负面清单模式开放投资与服务贸易市场,更是在知识产权、投资争端、劳工环境标准等议题上制定了详细标准。在自由贸易协定谈判中,一国所具备的贸易优势、产业竞争力、国际影响力往往决定各方能够讨价还价的"底气",作为弱势一方,韩国在部分领域做出了与美方不对等的妥协,满足了美方的利益诉求,但最终成功打开了美国市场,为优先抢占市场先机,在与日本、中国的竞争中占据优势地位创造了机遇,也大幅提升了其在东亚区域的经济影响力。

在农产品方面,韩国成功将大米排除在谈判范围之外,但开放了其他几乎所有的农产品市场。在《韩美自由贸易协定》生效的同时,韩国对占进口额约 55.3% 的农产品立即取消关税,美方则对进口额约 82% 的农产品立即取消关税。② 为降低农产品市场开放的负面影响,韩国在谈判中争取了一系列保障措施,如采取季节性关税、一定时期维持保障税率、制定进口配额等,以缓解美国产品进口所带来的直接冲击。③ 在制造业方面,双方相互全面开放。韩国具有竞争优势的行业主要集中在制造业领域,对开放市场报以积极态度,谈判收益较大。在协议生效的五年内,双方超过 96% 的工业制成品实现零关税,这里包括了汽车、机电、化工等韩国具有竞争优势的产品,进一步强化了韩国产品的出口竞争力。在纺织品领域,韩国做出让步,同意采取纺品纱线原产地规则(Yarn Forward Rule of Origin)④,即按照纺品纱线原产地为准判定是否能够享受

---

① 金度勋,高俊成. 韩美、韩欧盟自由贸易协定生效与制造业的应对 [R]. 首尔:韩国产业研究院,2010:32.

② 金秀妍,崔正雅,江俊京,等. 从美国视角看《韩美自由贸易协定》运行绩效 [R]. 首尔:大韩贸易振兴公社(KOTRA),2017:2.

③ 在多个农产品上制定了保障税率与触发水平,规定了进口配额,包括牛肉、猪肉、人参、辣椒、大蒜、洋葱头、胡椒、豆类、甘薯、苹果、绿茶、生姜麦芽与大麦、玉米、荞麦、谷物、马铃薯、淀粉、花生、糖等,一旦超过配额则最高保障税率达到 783%。对于苹果、辣椒、大蒜、洋葱头、人参等商品的保障措施在取消关税后的最长三年内维持保障税率.

④ 要求使用美国或韩国的纱或布料制成才能享受关税优惠待遇,其中成衣内里同样规定必须为美国或韩国产制。即纺织品必须是在韩国或美国境内制造.

《韩美自由贸易协定》对韩国的经济影响

自由贸易协定关税减免，这对原纱多以进口为主的韩国而言较为不利。但韩国通过承诺加强与美国在防止区外国家"迂回"出口方面进行合作，并满足美国设置特殊保障措施的诉求①，将男士衬衫、女士外套等韩国主要出口产品排除在纺品纱线原产地规则之外，大幅降低了原产地规则对出口的负面影响。

在服务业与直接投资方面，韩国持积极开放立场，但致力于控制开放水平与开放进程。韩国服务业发展落后于制造业，卢武铉政府与李明博政府均希望《韩美自由贸易协定》能够通过市场开放促进市场竞争，进而成为激活韩国服务业市场发展的外部动力。《韩美自由贸易协定》中服务贸易与投资领域采用了负面清单模式，韩国进一步开放了金融服务，会计、法律、建筑等专业服务，通信、广播与试听服务，商务服务等领域。同时，双方在技术人员资格认证上加强合作，承诺组建专业服务人员相互认证小组，在建筑设计、兽医、工程师资格认证方面相互认可。但在知识产权保护与投资争端解决机制上，韩国做出让步，全面接受美国的标准与规则。

《韩美自由贸易协定》自 2006 年启动谈判以来，国际形势变化、金融危机的爆发、美国贸易政策走向、两国国会换届与政府交替等因素对协定产生了重要影响，加剧了两国谈判的不确定性，但从结果来看基本实现了各方的利益诉求。对于美国而言，《韩美自由贸易协定》令其打开韩国农产品、制药与医疗设备、服务业等具有优势的市场，为高附加值产品出口，吸引韩国投资创造了便利环境。更为重要的是，美国借助《韩美自由贸易协定》使韩国成为"美国议题"的支持者，并令韩国国内经济制度与法律法规与美国相对接，提高了对韩国市场的影响力。而对韩国而言，《韩美自由贸易协定》打开了美国巨大的消费市场，为产品、服务出口营造了更为有利的环境，也为其加深与美国的国际分工，

---

① 《韩美自由贸易协定》规定对于因关税递减而受到巨大冲击的纺织品设立特殊保障机制，允许两年内维持进口关税.

提升产品、服务在全球价值链中的地位,促进产业升级带来了巨大动力。并且,借助《韩美自由贸易协定》谈判,韩国加速与发达经济体间的市场开放,为其融入发达国家主导的区域贸易协定奠定了基础。

三、以《韩美自由贸易协定》为例体现的美国"规则"

随着新兴经济体的群体性崛起,美国的相对实力和对全球贸易体系的控制力逐渐衰减。为持续维持其全球利益,美国通过缔结双边、区域自由贸易协定,以自身市场准入为交换条件,迫使伙伴国接受有利于维护美国国际竞争力的贸易规则,进而增强美国贸易议题在全球贸易谈判中的支持率。[①]《韩美自由贸易协定》在贸易自由化及非传统贸易议题方面实现了《北美自由贸易协定》基础上的进一步升级,提出一些新贸易议题,揭示了美国应对全球贸易规则重构的"新风向"。

第一,服务贸易已成为美国缔结自由贸易协定的重要组成部分。随着制造业领域自由化水平日益提高,关税壁垒降低能够为美国创造的经济收益越来越有限,尤其在与中小国家以及发展中国家的自由贸易协定中,美国极为注重服务贸易领域开放,并致力于将本国规范输出到伙伴国当中,进而影响伙伴国经济政策与社会公共政策。如美国在《韩美自由贸易协定》中要求韩国在知识产权保护方面对接美国标准,并影响韩国医药品专利制度体系等,这些措施通过加速韩国相关制度、法规的调整,从制度层面维护了美国企业的技术垄断地位。

第二,环境与劳工标准、竞争中立等成为"公平贸易"的新表现形式。美国自里根政府时期就推行自由、公平的贸易原则,强调"平等开放与对等竞争"。在美国看来,发展中国家广泛存在的非贸易壁垒,以及倾销、出口补贴等不公平的竞争手段是导致美国形成巨大贸易逆差的主

---

① 沈铭辉.亚太自贸区:贸易新议题的新探索[J].国际经济合作,2017(7):12.

要原因。因此，缔结自由贸易协定成为消除伙伴国上述"不正当、不公平贸易政策"，推行"公平贸易"的重要渠道。《韩美自由贸易协定》中，美国将其国内劳工、环境标准纳入到条款中，并设立"竞争中立"条款，加强韩国对国有企业治理的约束。美国通过自由贸易协定将一些指引性条款转化为强制性标准，究其本质而言是以"公平"为由实现对本国企业的保护，美国所缔结的自由贸易协定越来越多强调纳入这些条款，发展中国家不得不予以重视。

第三，自由贸易协定已成为美国输出国内投资、知识产权标准的主要渠道。美国在对外投资上的重大利益促使其在投资争端问题上推行投资者—国家争端解决机制，加强对本国对外投资企业的保护。与世界贸易组织框架中"国家间争端解决方式"不同，投资者—国家间争端解决机制赋予外资企业在因东道国违反自由贸易协定投资规则而导致利益受损时提出仲裁的权利，也即跨国企业可以直接起诉东道国。这一条款因涉及各国法律主权而备受争议，但显然已经成为美式自由贸易协定特有条款。在知识产权保护方面，美国要求伙伴国采用美国标准，延长保护期限，以强化其技术垄断地位，扩大知识产权收益。究其本质而言，不论是投资者—国家争端解决机制，抑或是知识产权保护，美国均是利用谈判优势，促进伙伴国加速调整国内法律与相关行政规章，令伙伴国市场更加符合美国企业利益，进而增强全球贸易谈判中美国议题的支持率。

四、小结

《韩美自由贸易协定》作为韩国与大型发达经济体推动的首个自由贸易协定，标志着韩国自贸区战略由被动、保守转向主动、激进。[①] 而对美国而言，《韩美自由贸易协定》是其缔结《北美自由贸易协定》以来

---

① 《韩美自由贸易协定》签订协议早于《韩欧自由贸易协定》，而生效却晚于后者，因此从缔结协议时间为基准，《韩美自由贸易协定》是首个与发达经济体缔结的协议.

第三章　韩与美缔结自由贸易协定的动因及谈判争议领域

"最具有商业意义"的自由贸易协定，潜在的经济、政治利益促使该协议在波折中最终得以生效。① 尽管双方缔结自由贸易协定的初衷源自于潜在的经济收益，但通过分析可知双方的深层次动机存在差异。如果说美国推动《韩美自由贸易协定》主要考虑到其亚太战略布局，韩国作为小国则是回归到自由贸易协定的原始意义上，更加注重获取经济收益，旨在将以制造业为主的开放格局扩展至服务、投资、金融等经济发展的方方面面，通过竞争与国际标准的对接实现全盘经济制度的升级，强化经济增长动力，进而占据东亚区域经济合作主导权。

在《韩美自由贸易协定》当中，韩国作为谈判弱势一方，在美国施压下开放了农产品等敏感产业，并在投资争端解决、知识产权保护、劳工环境标准等非贸易议题方面引入美国的标准。而作为"回报"，韩国成功消除了本国商品、服务对美出口面临的贸易、非贸易壁垒，也为加强韩美产业资本流动，促进产业合作创造了空间。在《韩美自由贸易协定》谈判中，韩国表现出通过与美国的市场融合加速本国经济发展的坚定决心，但在获取市场开放形成的经济利益的同时，也为其弱势产业发展带来风险。

---

① Daniel R. Pearson, Shara L. Aranoff. The Year in Trade 2006 [R]. USITC Publication, 2007 (3972): 114.

第四章

《韩美自由贸易协定》对韩国进出口贸易的影响

自由贸易协定的生效以成员国之间关税减让为前提,关税壁垒的逐步消除通过贸易创造与贸易转移效应对成员国之间贸易数量、贸易流向、贸易结构等多方面形成影响。一般而言,由于各方只有经过严格的事前评估与预测,初步判断自由贸易协定有利于本国贸易发展与经济增长情况下才会推进其生效,因此自由贸易协定对成员国贸易发展的影响往往是积极的。但是,缔结自由贸易协定并不必然成为成员国贸易发展的先决条件。在现实运行过程中,自由贸易协定对成员国形成的影响具有较大不确定性,世界经济发展的宏观环境、全球贸易形势的变化、区域内贸易自由化水平等均可能对其形成干扰。并且,由于各国在缔结自由贸易协定之前对外贸易壁垒不同,进出口贸易结构与产品竞争力亦存在差异,自由贸易协定生效后对不同成员国的影响也不尽相同。

第一节 《韩美自由贸易协定》对双边贸易格局的影响

自由贸易协定贸易影响研究中,最常用且最基本的分析方法是考察

第四章 《韩美自由贸易协定》对韩国进出口贸易的影响

区域内贸易规模变化。本节通过比较分析《韩美自由贸易协定》生效前后两国货物与服务贸易数量变动、商品结构变化、贸易份额变化等，对《韩美自由贸易协定》对韩国的贸易影响进行初步研判。

一、贸易规模变化

《韩美自由贸易协定》自 2012 年 3 月生效以来，对双方提升贸易自由化水平发挥了重要作用。截至 2017 年，在列入《韩美自由贸易协定》的清单商品中，超过 95% 的商品[①]已实现零关税出口，为两国扩大、稳定双边贸易创造了客观环境。在关税递减的激励作用下，韩国对美贸易出现一些积极的变化。

一方面，《韩美自由贸易协定》生效以来，韩国对美贸易发展较其他主要贸易伙伴更为稳定。2012—2016 年，韩美贸易额平均达到 1089.1 亿美元，较 2007—2011 年平均水平（850.8 亿美元）增长 238.3 亿美元，增幅近 28%。[②] 从图 4.1 可知，《韩美自由贸易协定》运行以来，双边贸易保持相对稳定增长，尤其在协定生效初期 2012 年至 2014 年，两国贸易呈现较强的增长态势。2015 年与 2016 年贸易额虽出现下滑，但降幅低于同期韩国对外贸易总体下滑水平。从统计结果来看，2012 年以来韩美贸易联系得到加强，美国在韩国对外贸易格局中的重要性有所提升，韩国对美贸易占韩国对外贸易总额的比重由 2011 年 9.3%，持续上升至 2016 年的 12.2%，美国进一步稳定了韩国第三大贸易伙伴国地位。[③]

---

① 多数农产品关税将在《韩美自由贸易区协定》生效后的第 10 年完全取消，少数农产品将在最长 20 年内取消，少数车辆及木制品相关产品关税也将在 10 年内全部取消．

② 资料来源：基于图 4.1. 作者计算．

③ 资料来源：基于韩国关税厅进出口贸易统计数据. 作者计算．

《韩美自由贸易协定》对韩国的经济影响

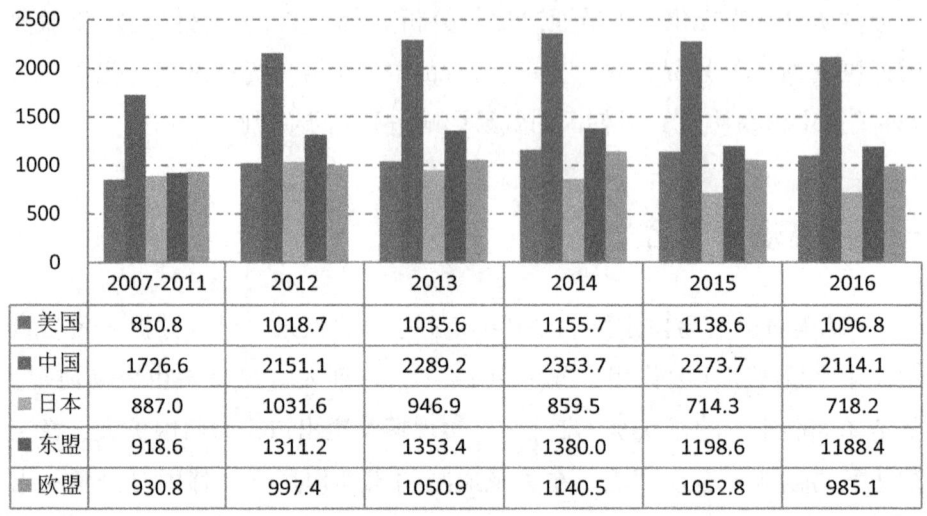

图 4.1 2007—2016 年韩国对主要贸易伙伴的贸易总额

注：图中 2007—2011 表示 2007 年至 2011 年的平均值.

资料来源：韩国关税厅进出口贸易统计.

从贸易增长率来看（如图 4.2 所示），《韩美自由贸易协定》生效后，双边贸易增长动力高于韩国其他主要贸易伙伴，贸易增长率曲线较其他国家更为平稳，平均增长率维持在 1.8% 水平。同期，韩国与主要经济体的双边贸易呈现较大波动，尤其在 2015—2016 年，受到世界经济低增长、贸易增长动力不振等冲击，韩国对外贸易总体下滑 12.3%、6.4%，对中国、欧盟贸易额亦分别下降 3.4%（2015）、7%（2016）；7.7%（2015）、6.4%（2016）。在此种大环境中，韩国对美贸易降幅却控制在 1.5%（2015）、3.7% 水平（2016），由此可见《韩美自由贸易协定》在危机时期为双边贸易发挥了稳定器作用。①

---

① 资料来源：韩国关税厅. http://www.customs.go.kr/kcshome/main/index.do

第四章 《韩美自由贸易协定》对韩国进出口贸易的影响

	2007—2011	2012	2013	2014	2015	2016
世界	12.7	-1.1	0.7	2.1	-12.3	-6.4
美国	7.2	1.1	1.7	11.6	-1.5	-3.7
中国	14.7	-2.5	6.4	2.8	-3.4	-7.0
日本	8.0	-4.5	-8.2	-9.2	-16.9	0.5
欧盟	6.6	-3.3	5.4	8.5	-7.7	-6.4
东盟	16.6	5.0	3.2	2.0	-13.1	-0.8

图 4.2　2007—2016 年韩国对外贸易增长率变动趋势

注：图中 2007—2011 表示 2007 年至 2011 年的平均增长率.

资料来源：韩国关税厅进出口贸易统计.

另一方面，《韩美自由贸易协定》生效以来韩国对美出口显著增长，进口大体保持既有规模。2012 年至 2016 年，韩国对外出口总额与进口总额年均各降低 2.3%、5%，而韩国对美出口则实现了年平均增长 3.4%，进口降幅控制在 0.6% 水平，整体好于韩国对外进出口情况。将韩国对美出口情况与对主要贸易伙伴进行横向比较发现（表 4.1），2012—2016 年，韩国除对东盟出口保持年均 0.7% 增长以外，对中国、日本、欧盟等主要经济体出口年均下滑各为 1.5%、9.3%、3.5%。由此可知，关税递减与贸易环境的改善为韩国对美出口形成了积极影响。

相较于韩国对美出口的显著增长，韩国自美国的进口基本维持了 2011 年的水平，自由贸易协定对进口的拉动作用未能弥补韩国国内经济不景气而导致的进口需求下降。2012 年以来，韩国自美国的进口多数年份呈现小幅负增长，2016 年韩国自美国进口约 432.2 亿美元，较协定生效前（2011 年）缩减 13.5 亿美元。尽管如此，我们并不认为《韩美自由贸易协定》无益于美国对韩出口。因为，2012 年至 2016 年，韩国受到全球贸易增幅放缓、国内政局动荡等影响，进口需求大幅下滑。2016 年

《韩美自由贸易协定》对韩国的经济影响

韩国货物贸易进口总额较 2011 年减少 1182.2 亿美元,自东盟、日本的进口分别减少 88 亿、208.5 亿美元。① 相较而言,美国对韩出口降幅有限。这表明自由贸易协定关税递减效应对美国的出口产生了一定程度的积极影响,只不过这一时期韩国国内需求不振限制了《韩美自由贸易协定》对韩国进口的激励作用。

表 4.1 韩国对主要贸易伙伴进出口情况　　　　单位:亿美元、%

		2011 年	2012 年	2013 年	2014 年	2015 年	2016 年	年均[1]
美国	出口	562.1 (12.8)	585.2 (4.1)	620.5 (6.0)	702.8 (13.3)	698.3 (-0.6)	664.7 (-4.8)	3.4
	进口	445.7 (10.3)	433.4 (-2.8)	415.1 (-4.2)	452.8 (9.1)	440.2 (-2.8)	432.2 (-1.8)	-0.6
中国	出口	1341.9 (14.8)	1343.2 (0.1)	1458.7 (8.6)	1452.9 (-0.4)	1371.2 (-5.6)	1244.3 (-9.3)	-1.5
	进口	864.3 (20.8)	807.8 (-6.5)	830.5 (2.8)	900.8 (8.5)	902.5 (0.2)	869.8 (-3.6)	0.1
东盟	出口	718.0 (35.0)	791.5 (10.2)	820.0 (3.6)	845.8 (3.1)	748.2 (-11.5)	745.3 (-0.4)	0.7
	进口	531.2 (20.5)	519.8 (-2.2)	533.4 (2.6)	534.2 (0.1)	450.3 (-15.7)	443.2 (-1.6)	-3.6
欧盟	出口	557.3 (4.1)	493.7 (-11.4)	488.6 (-1.0)	516.6 (5.7)	480.8 (-6.9)	466.1 (-3.0)	-3.5
	进口	474.2 (22.5)	503.7 (6.2)	562.3 (11.6)	623.9 (11.0)	572.0 (-8.3)	519.0 (-9.3)	1.8

---

① 同期韩国自沙特阿拉伯、澳大利亚、印度尼西亚、伊朗、新加坡、泰国、菲律宾等地区进口均有不同程度的下滑.

第四章 《韩美自由贸易协定》对韩国进出口贸易的影响

续表

		2011年	2012年	2013年	2014年	2015年	2016年	年均[1]
日本	出口	396.8 (40.8)	388 (-2.2)	345.6 (-10.7)	321.8 (-7.2)	255.8 (-20.5)	243.6 (-4.8)	-9.3
	进口	683.2 (6.3)	643.6 (-5.8)	600.3 (-6.7)	537.7 (-10.4)	458.5 (-14.7)	474.7 (3.5)	-7.0
全球	出口	5552.1 (19.0)	5478.7 (-1.3)	5596.3 (2.1)	5726.6 (2.3)	5267.6 (-8.0)	4954.7 (-5.9)	-2.3
	进口	5244.1 (23.3)	5195.8 (-0.9)	5155.9 (-0.8)	5255.1 (1.9)	4365.0 (-16.9)	4061.9 (-6.9)	-5.0

注：括号内为增长率，年均为《韩美自由贸易协定》生效后（2012—2016）的年均增长率，资料来源：韩国关税厅进出口贸易统计数据整理 https://unipass.customs.go.kr:38030/ets/.

$$年均增长率 = \sqrt[5]{\frac{2016年出口}{2011年出口}} - 1.$$

表4.2 2007—2016年主要经济体在韩、美进口市场中的贸易比重 单位：%

年度	美国进口市场						韩国进口市场					
	韩国	日本	中国	中国台湾地区	东盟	欧盟	美国	日本	中国	中国台湾地区	东盟	欧盟
2007	2.43	7.45	16.46	1.96	5.7	18.1	10.43	15.76	17.66	2.79	9.3	10.3
2008	2.29	6.63	16.08	1.73	5.3	17.5	8.81	14.00	17.67	2.45	9.4	9.2
2009	2.52	6.16	19.03	1.82	5.9	18.1	8.99	15.30	16.79	3.05	10.5	10.0
2010	2.55	6.30	19.07	1.87	5.6	16.7	9.50	15.12	16.83	3.21	10.4	9.1
2011	2.57	5.84	18.09	1.88	5.4	16.7	8.50	13.03	16.48	2.80	10.1	9.0
2012	2.59	6.43	18.70	1.71	5.4	16.7	8.34	12.39	15.55	2.70	10.0	9.7
2013	2.75	6.11	19.43	1.67	5.6	17.1	8.05	11.64	16.11	2.84	10.3	10.9

《韩美自由贸易协定》对韩国的经济影响

续表

年度	美国进口市场						韩国进口市场					
	韩国	日本	中国	中国台湾地区	东盟	欧盟	美国	日本	中国	中国台湾地区	东盟	欧盟
2014	2.97	5.71	19.90	1.73	5.9	17.8	8.62	10.23	17.14	2.99	10.2	11.9
2015	3.20	5.85	21.50	1.82	6.8	19.0	10.09	10.50	20.68	3.82	10.3	13.1
2016	3.19	6.04	21.14	1.80	7.2	19.0	10.64	11.69	21.41	4.04	10.9	12.8
变动[1]	+0.47	-0.45	+2.39	-0.11	+0.6	+0.5	-0.10	-3.35	+1.10	+0.42	+0.40	2.16[2]

注：[1] 变动是指《韩美自由贸易协定》生效前后五年市场占有率平均水平的变化，是2012—2016年市场占有率平均水平与2007—2011年市场占有率平均水平之差，经作者测算。[2] 2013年克罗地亚正式加入欧盟，由此欧盟成员国由27国扩充为28国。因此，欧盟在韩国市场中份额变动有所夸大.

资料来源：韩国关税厅进出口贸易统计. https://unipass.customs.go.kr:38030/ets/；Bureau of Economic Analysis. https://www.bea.gov/；中国商务部国别报告.

《韩美自由贸易协定》生效后，进出口规模的变动令韩美在对方市场中的贸易份额发生了变化，韩国小幅增长，而美国小幅下降，如表4.2所示。2012年至2016年，韩国在美国进口市场中的平均贸易比重较缔结自由贸易协定之前的2007年至2011年平均水平增长0.47%，而美国在韩国进口市场中的贸易比重则小幅降低0.1%。但是，2014年以来美国在韩国进口市场中的份额呈现较为稳定的增长态势，由此来看，随着韩国经济复苏，美国对韩出口仍有增长空间。

第四章 《韩美自由贸易协定》对韩国进出口贸易的影响

二、进出口商品结构变化

为进一步判断韩美贸易量变动与自由贸易协定之间的关系，本节具体分析《韩美自由贸易协定》运行以来双方进出口商品结构的变动情况，将所有出口产品分为受惠产品与非受惠产品，以区分自由贸易协定降低关税对韩国出口的促进作用。具体而言，受惠产品主要指《韩美自由贸易协定》生效后，受到关税递减优惠的商品，其余产品如《韩美自由贸易协定》缔结之前已经实现0关税的产品，以及一段时期维持既有关税水平的产品等均视为非受惠产品。例如，《韩美自由贸易协定》中美国对韩国汽车的进口关税维持至2016年1月取消，则2012—2015年汽车被视为非受惠产品，而2016年则纳入受惠产品领域。一般而言，受惠产品出口增加与自由贸易协定关税递减效应存在正相关关系，但非受惠产品出口变动与自由贸易协定生效并不存在必然的相关关系，全球贸易形势、伙伴国在该产品上的互补与竞争关系均会对其产生影响。

（一）韩美主要进出口商品构成变化趋势

按照HS编码两位数分类，比较2011年与2016年韩美进出口贸易前10大类产品构成（表4.3、表4.4）发现，《韩美自由贸易协定》并未对主要进出口商品结构形成显著影响，双方贸易进一步集中在机电、汽车、机械等制造业领域。

在前10大类产品中，两国在车辆及其零部件（HS87）产品贸易得到快速发展。2012年以来，韩国对美出口车辆及其零部件（HS87）增长迅速，2016年出口额达到218.5亿美元，取代电机、电气、音像设备及零部件（HS85）成为韩国对美出口第一大类产品，占韩国对美出口总额的比重由24.3%（见表4.3）增至32.9%（见表4.4），增幅达8.6个百分点。同期，韩国自美国进口车辆及其零部件（HS87）也呈现快速增长态势，相关产品首次挤进韩国自美国进口的前 10 类产品，韩国在汽车及零部件领域的关税减让发挥了重要作用。①

表 4.3 2011 年韩国对美国进出口主要商品类别构成（前 10 大类产品）

单位：亿美元

主要出口商品			主要进口商品		
HS 编码②（章）	商品类别	金额（占比%）	HS 编码（章）	商品类别	金额（占比%）
85	电机、电气、音像设备及零部件	141.3（25.1）	84	核反应堆、锅炉、机械器具及其零件	71.0（15.9）
87	车辆及其零部件，铁道车辆除外	136.6（24.3）	85	电机、电气、音像设备及零部件	65.1（14.6）
84	核反应堆、锅炉、机械器具及其零件	99.1（17.6）	90	光学、照相、医疗等设备及零部件	35.1（7.9）
27	矿物燃料矿物油及其产品；沥青等	26.5（4.7）	27	矿物燃料矿物油及其产品；沥青等	26.4（5.9）
73	钢铁制品	22.8（4.1）	10	谷物	25.7（5.7）
40	橡胶及其制品	19.1（3.4）	88	航空器、航天器及其零件	21.8（4.9）
72	钢铁	15.7（2.8）	29	有机化学品	16.7（3.7）

---

① 2012 年韩美立即取消汽车零部件关税（韩方为 8%，美方为 2.5%），韩国一次性减半汽车进口关税（8%）。2016 年美国取消 2.5% 的汽车进口关税，韩国将剩余 4% 的汽车进口关税一次性消除。

② 海关编码即 HS 编码，为编码协调制度的简称。其全称为《商品名称及编码协调制度的国际公约》（International Convention for Harmonized Commodity Description and Coding System）简称协调制度（Harmonized System，缩写为 HS）。https://baike.baidu.com/item/HS%E7%BC%96%E7%A0%81/1532725?fr=Aladdin。

第四章 《韩美自由贸易协定》对韩国进出口贸易的影响

续表

主要出口商品			主要进口商品		
HS编码（章）	商品类别	金额（占比%）	HS编码（章）	商品类别	金额（占比%）
29	有机化学品	14.7 (2.6)	72	钢铁	16.3 (3.6)
39	塑料及其制品	13.4 (2.3)	39	塑料及其制品	13.5 (3.0)
90	光学、照相、医疗等设备及零部件	11 (1.9)	02	肉及食物杂碎	12.9 (2.9)

资料来源：韩国关税厅进出口贸易统计．https://unipass.customs.go.kr:38030/ets/.

占比表示2011年韩国对美出口、进口占韩国对外总出口、进口的百分比．

表4.4 2016年韩国对美国进出口主要商品类别（前10大类产品）构成

单位：亿美元、%

对美出口				从美进口			
HS编码	商品类别	金额	占比	HS	商品类别	金额	占比
87	车辆及其零部件	218.5	32.9	84	核反应堆、锅炉、机械器具及其零件	67.7	16.7
85	电机、电气、音像设备及零部件	137.4	20.7	85	电机、电气、音像设备及零部件	64.1	14.8
84	核反应堆、锅炉、机械器具及零部件	110.9	16.7	90	光学、照相、医疗等设备及零部件	34.6	8.0
27	矿物燃料、矿物油及其产品	24.2	3.6	88	航空器、航天器及零件	28.3	6.5
39	塑料及其制品	21.2	3.2	87	车辆及其零部件	21.4	5.0

续表

对美出口				从美进口			
HS编码	商品类别	金额	占比	HS	商品类别	金额	占比
40	橡胶及其制品	18.2	2.7	27	矿物燃料矿物油及其产品；沥青等	19.4	4.5
73	钢铁制品	18.2	2.7	29	有机化学品	16.0	3.7
72	钢铁	16.8	2.5	39	塑料及其制品	14.9	3.4
90	光学、照相、医疗等设备及零部件	13.4	2.0	02	肉及食物杂碎	14.2	3.3
29	有机化学品	9.8	1.5	38	杂项化学产品	13.0	3.0
	其他	75.9	11.4		其他	138.6	32.1

资料来源：韩国关税厅贸易统计，https://unipass.customs.go.kr:38030/ets/，HS 两位数分类. 作者整理.

（二）韩国对美出口商品构成分析

1. 受惠产品领域韩国对美出口变化

自由贸易协定生效以后，成员国间贸易增长主要得益于两个方面，一是关税递减作用下受惠产品出口增加，二是非受惠产品出口增长。前者受自由贸易协定直接影响，后者与自由贸易协定并没有直接的相关关系，但自由贸易协定对投资及两国经贸环境的改善也能够促进非受惠产品出口。

从表 4.5 可知，在受惠产品领域，韩国对美出口整体呈现增长趋势，尤其车辆及零部件（除小汽车以外的产品，主要为汽车零部件）、电机电气、矿产品、化学制品、农产品等出口增长较为显著，在这些产品领域，韩国对美出口年均增长率普遍高于同期中、日等国对美出口增长率，也

第四章 《韩美自由贸易协定》对韩国进出口贸易的影响

高于相同产品领域美国总进口增长率(在表 4.5 中等同于世界对美出口),这说明关税降低强化了韩国相关产品对美出口竞争力,拉动了相关产品出口规模。

表 4.5 主要经济体在《韩美自由贸易协定》受惠产品领域对美出口概况

单位:亿美元、%

受惠产品领域	出口国	2012	2013	2014	2015	2016	年均增长率
车辆及零部件	世界	690.8	710.9	791.3	839.8	2506.3	33.1
	韩国	38.7	43.0	45.6	46.5	205.9	45.7[1](10.3)
	日本	116.2	99.5	95.4	85.4	480	38.5
	中国	81.6	86.2	101.5	113.6	121.7	11.4
	中国台湾地区	20.3	20.6	21.2	24.4	23.5	4.8
电机、电气及零部件	世界	1097.1	1101.4	1166.3	1209.4	1169.1	2.8
	韩国	24.8	25.5	26.9	30.3	30.7	5.3
	日本	90.7	86.8	83.5	80.8	78.8	1.3
	中国	331.0	340.6	367.6	387.9	366.6	3.8
	中国台湾地区	20.3	21.4	22.9	24.0	22.7	3.2
机器机械	世界	789.9	791.5	867.5	872.6	842.3	3.5
	韩国	39.8	37.6	37.1	41.7	36.7	1.6
	日本	117.8	105.9	108.5	99.6	98.7	-0.3
	中国	110.8	122.1	136.4	146.9	138.8	7.4
	中国台湾地区	19.8	19.0	20.5	20.8	19.2	3.3

《韩美自由贸易协定》对韩国的经济影响

续表

受惠产品领域	出口国	2012	2013	2014	2015	2016	年均增长率
金属、矿产品	世界	721.8	740.4	773.4	763.1	757.1	1.5
	韩国	15.5	15.4	19.5	19.5	17.3	4.9
	日本	30.9	29.4	27.6	26.1	26.6	−0.01
	中国	187.5	199.3	211.7	222.5	220.3	4.5
	中国台湾地区	27.6	27.7	28.6	30.0	28.4	1.8
化学制品	世界	974.6	1002.3	1042.2	1039.5	1037.3	1.2
	韩国	19.1	22.4	25.0	26.4	27.4	9.7
	日本	67.5	64.9	67.1	54.6	52.1	−4.0
	中国	184.7	194.6	204.7	207.5	207.2	4.1
	中国台湾地区	19.6	20.2	21.9	22.3	21.7	3.8
农林、水产食品	世界	651.7	678.5	718.7	742.9	757.0	4.7
	韩国	3.6	4.3	4.6	5.2	5.8	11.9
	日本	4.1	3.9	3.9	4.1	4.6	3.5
	中国	22.6	23.3	23.3	25.4	25.9	4.5
	中国台湾地区	1.8	1.9	2.1	2.0	2.1	5.4
石油制品	世界	4054.1	3601.7	3240.2	1753.1	1411.2	−19.9
	韩国	29.4	28.3	28.9	27.9	21.9	−1.2
	日本	5.1	5.8	4.4	5.6	4.2	−0.3
	中国	0.9	1.4	2.6	3.0	4.4	47.0
	中国台湾地区	2.7	0.2	0.4	2.2	0.7	−12.6

第四章 《韩美自由贸易协定》对韩国进出口贸易的影响

续表

受惠产品领域	出口国	2012	2013	2014	2015	2016	年均增长率
纤维、服装	世界	1120.9	1159.1	1191.2	1239.3	1180.1	0.7
	韩国	12.9	13.0	13.2	13.0	12.5	0.4
	日本	7.0	6.4	6.7	7.0	6.7	1.3
	中国	476.3	488.7	491.9	509.7	473.8	-0.6
	中国台湾地区	11.0	10.7	11.0	10.9	9.4	-3.2

资料来源：USITC．转引自［韩］郑慧善．《韩美自由贸易协定》运行五年效应评估及启示［R］．韩国贸易协会，2017：15．

注：表中数据为美国从世界、韩国、日本、中国、中国台湾地区的进口数据，括号内为同比增长率．

[1] 45.7%为2012—2016年年均增长率，10.3%为2012—2015年年均增长率。年均增长率 $= \sqrt[5]{\frac{2016\text{年出口}}{2011\text{年出口}}} - 1$．

需要注意的是2016年小汽车被纳入受惠产品，导致该年运输设备受惠产品规模大幅增长，在统计中大幅拉高了年均增长率．

具体来看，在运输设备方面，得益于汽车零部件关税（2.5%）的早期递减（生效同时立即取消），韩国以齿轮箱、方向盘为首的汽车零部件对美出口年均增长8%。

电机、电气及零部件领域：《韩美自由贸易协定》生效后，除少数产品关税延迟至2016年取消以外，美国立即取消多数产品2%—6.7%的关税，实现了该领域全面开放。2012—2016年，在受惠产品领域，韩国对美出口年均增长5.3%，增长率显著高于同期中国（3.8%）、日本（1.3%）、中国台湾地区（3.2%）对美出口。具体产品上，蓄电池、液

---

① 经作者测算，年均增长率 $= \sqrt[5]{\frac{2016\text{年出口}}{2011\text{年出口}}} - 1$．

压式变压器、彩电等出口增长显著。

化学制品领域：《韩美自由贸易协定》生效后立即取消化学制品1.3%—6.5%的关税，受惠产品对美出口年均增长9.7%，增长动力强于中国（4.1%）、日本（-4.0%）、中国台湾地区（3.8%）在相同产品领域对美出口。尤其，日本在《韩美自由贸易协定》生效后，在韩国受惠产品领域对美出口额年均下降4%，这表明《韩美自由贸易协定》对日本形成了一定程度挤压。农产品领域：韩国对美农产品出口仅占美国农产品进口总额的0.5%左右，但随着《韩美自由贸易协定》生效，农产品对美出口逐年增加，2016年达到7.2亿美元，较2011年4亿美元增长近一倍，年均增长率高达12.47%。[①] 在具体产品上，加工食品、水果蔬菜、畜产品出口均有不同程度增长，其中加工食品出口增长最为显著，2016年加工食品占全部农产品出口的75.6%，同比增长14.2%。如韩国拉面（原关税水平6.4%）对美出口年均增长率高达22%。

相较于上述产品，《韩美自由贸易协定》对机械设备及纤维、服装等产品出口的激励作用有限。2012年至2016年，机械设备受惠产品出口年均增长率仅1.6%，低于同期美国年均进口增长率（3.5%），也低于中国对美出口增长率（7.4%）。这表明关税递减并未本质性改变韩国在机械设备领域的竞争弱势。

2. 非受惠产品领域韩国对美出口变动态势

《韩美自由贸易协定》生效以来，在非受惠产品领域，韩国汽车出口年均增长19.2%，整体拉动出口贸易额，基于表4.6计算。在《韩美自由贸易协定》中，美国承诺2016年取消小汽车进口关税。因此，在2012年至2015年，汽车属于非受惠产品。尽管如此，韩国对美出口汽车保持稳定增长，韩国汽车在美国进口市场中的份额由2011年的7.4%扩大至

---

① 2011年4亿美元，2012年4.8亿美元，2013年5.3亿美元，2014年5.9亿美元，2015年6.3亿美元，2016年7.2亿美元。资料来源：联合国商品贸易数据库．

第四章 《韩美自由贸易协定》对韩国进出口贸易的影响

2015 年的 10.5%,在拉动出口方面发挥了重要作用。然而,在美国消除汽车进口关税的 2016 年,韩国相关产品出口大幅减少 11%。① 由此来看,韩国对美出口汽车增长的根本原因并不是关税递减,但是从韩国对美出口以 2012 年为转折点出现大幅增长来看,汽车出口增长与《韩美自由贸易协定》具有联系。本书认为,《韩美自由贸易协定》强化两国经贸联系,为韩国出口汽车营造了良好社会氛围,对韩国出口形成了积极影响。加上 2012 年以来美国经济开始复苏,国内消费需求扩张,汽车进口需求扩大,年均增长率达到 6.8%。② 两种因素形成共振,促进了韩国对美汽车出口出现较高增长。当然,不应忽视的是韩国汽车在美国市场中的竞争力,以及其对美国消费市场的适应性与企业的营销能力,这些亦是出口增长的重要原因。

表 4.6 韩国对美出口汽车发展态势　　单位:亿美元、%

年份	韩国对美出口	韩国出口增长率	美国总进口	美国进口增长率	韩国汽车市场份额(%)
2007	81.4	—	1363	—	5.97
2008	73.0	-10.32	1279.3	-6.14	5.71
2009	54.6	-25.21	822.3	-35.72	6.64
2010	67.2	23.08	1166.4	41.85	5.76
2011	87.8	30.65	1247.6	6.96	7.04
2012	105.3	19.93	1493.2	19.69	7.05
2013	123.4	17.19	1554.9	4.13	7.94
2014	148.9	20.66	1563.6	0.56	9.52
2015	177.7	19.34	1691.8	8.20	10.50
2016	158.8	-10.64	1733.5	2.46	9.16

资料来源:联合国商品贸易数据库. HS 8703.

---

① 资料来源:联合国商品贸易数据库. 作者基于 2015 年、2016 年韩国对美出口汽车(HS8703)贸易额测算.

② 资料来源:联合国商品贸易数据库. 作者基于 2012—2016 年美国自全球进口汽车(HS8703)数据测算.

《韩美自由贸易协定》对韩国的经济影响

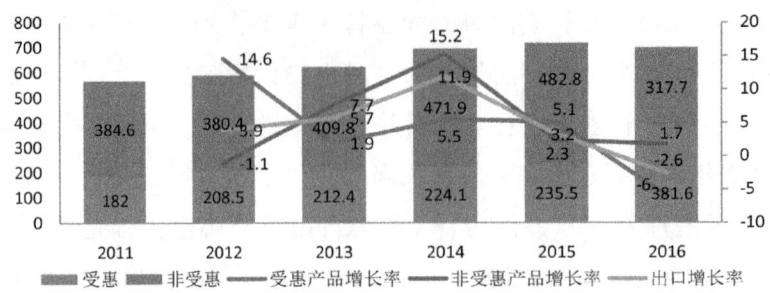

图 4.3　韩国受惠产品及非受惠产品对美出口情况　　单位：亿美元

资料来源：USITC. 转引自［韩］郑慧善.《韩美自由贸易协定》五年效应评估及启示［R］. 韩国贸易协会，2017：11.①

　　通过将出口产品分为受惠产品与非受惠产品，我们发现《韩美自由贸易协定》生效五年期间韩国对美出口增加主要由非受惠产品推动。从图 4.3 中可知，2012 年至 2015 年，非受惠产品出口始终占韩国对美出口总额的 67% 以上，并且除协议生效第一年受惠产品出口大幅增长 14.6% 以外，2013、2014、2016 年，非受惠产品出口增长率分别达到 7.7%、15.2%、1.7%，高于受惠产品出口增长率。考虑到这一结果很大程度上受制于汽车贸易，将汽车从受惠产品中排除发现，结果仍然是除 2012 年以外其他时期非受惠产品出口增长率高于受惠产品。这一定程度上与双边主要贸易品，如半导体等 IT 产品在《韩美自由贸易协定》生效前就已实现零关税相关。但上述结果也表明，《韩美自由贸易协定》生效第一年关税的集中递减对韩国出口形成有利的推动作用，后续的关税递减虽持续拉动了受惠产品出口增长，但并不是韩国对美出口增长的主要推动力。如果未来韩国对美出口汽车能够保持当前的增长趋势，随着 2016 年汽车被纳入《韩美自由贸易协定》受惠领域，受惠产品有望成为韩国对美出

---

① 2016 年韩国对美出口中受惠产品规模大幅增长，而受惠产品增长率却为 −6%（见图 4.4）。这是由于 2016 年占出口贸易额比重较大的小汽车由非受惠产品转为受惠产品，导致受惠产品规模大幅增长，而同年韩国对美出口小汽车贸易额出现明显下滑，整体拉低受惠产品增长率。同时 2016 年 7 月世界贸易组织信息技术协定（ITA Ⅱ）扩围谈判首轮降税，影响了部分受惠产品贸易增长率。

第四章 《韩美自由贸易协定》对韩国进出口贸易的影响

口的主要推动力。

（三）韩国自美国进口商品构成分析

2012年以来，受到韩国自美国进口机电、机械、精密仪器、矿物燃料、谷物等主要进口商品贸易额下降，韩国自美国进口商品减少13.5亿美元（见表4.1）。但在受惠产品领域，进口呈现不同程度的增长。

1. 汽车

《韩美自由贸易协定》中韩国对美国汽车开放市场，进口关税在协定生效的同时由8%降至4%，并在2016年进一步将关税降至0。在关税递减作用下，《韩美自由贸易协定》运行五年内韩国从美国进口汽车贸易额年均增长37.3%，2016年进口汽车达到约6万辆，而在《韩美自由贸易协定》生效前韩国从美国进口汽车仅1万多辆（参考表4.7）。从进口增长趋势来看，《韩美自由贸易协定》生效的2012年涨幅最为明显，进口额增加94.3%，进口车数量增长117.2%。[①]

表4.7　2011—2016年韩国从美国进口汽车情况

单位：亿美元、万台、%

	进口国	2011	2012	2013	2014	2015	2016	年均增长率
金额	世界	36	45.3	55.4	80.6	99.1	93.2	21%
	美国	3.5	6.8	7.8	9.1	12.1	16.8	37.3%
辆数	世界	11.5	15.06	18.78	26.06	32.68	29.47	20.7%
	美国	1.28	2.78	3.12	3.36	4.84	5.92	35.8%

资料来源：韩国关税厅. HS8703（除HS870310）.

[①] 根据表4.7韩国自美国进口汽车贸易额，由作者测算.

2. 医药品

《韩美自由贸易协定》生效后,韩国对产品品目为准46.9%的医药品(约美国对韩医药品出口额的83.7%)立即取消8%进口关税(部分药品为6.5%),剩余产品等量降税直至2014年,最终实现0关税。由表4.8可知,在关税递减作用下,2012年以来韩国自美国进口药品年均增长12.9%,美国在韩国医药品进口市场中的份额由2011年的14.5%增长至2016年的19.1%。同期,欧盟与日本在韩国医药品进口市场份额分别降低0.9%、2.1%。尤其在激素类药品上,随着关税(8%)的立即消除,韩国原本自日本、法国的进口部分转移至美国,挤压了日、法相关产品在韩市场份额。①

表4.8 韩国从主要经济体进口医药品概况　　　　单位:亿美元

进口国		2011	2012	2013	2014	2015	2016	年均增长
世界		42.3	45.2	45.6	51.7	50.8	58.8	+6.8
增长率%		8.9	6.8	0.9	13.3	-1.8	15.7	
美国		6.1	7.5	8.8	10.4	10.1	11.2	+12.9%
增长率%		8.6	21.5	18.1	18.1	-2.5	10.8	
市场份额%	欧盟	47.7	47.7	47.8	48.4	44.8	46.8	-0.9%
	美国	14.5	16.5	19.3	20.1	20.0	19.1	+4.6%
	日本	9.7	8.9	7.4	6.6	6.8	7.6	-2.1%

资料来源:转引自郑慧善.《韩美自由贸易协定》五年效应评估及启示[R].韩国贸易协会,2017:22.

---

① 2011年,在韩国激素类药品进口市场中,日本份额为28.7%,美国为0,《韩美自由贸易协定》生效后2016年日本在韩国进口市场中的份额降至17.9%,美国增长为28.5%。详见[韩]郑慧善.《韩美自由贸易协定》五年效应评估及启示[R].韩国贸易协会,2017:22.

3. 农畜水产品

正如前文所述,农产品是韩国与美国缔结自由贸易协定的主要难点,韩国在农产品领域的绝对弱势导致其国内农民、农民团体对政府对美全面开放农产品市场极为不满,这种不满与反对的声音至今尚存。根据韩国贸易协会统计,2011年至2016年,韩国自美国进口农畜水产品分别为73.3亿、62.6亿、56.9亿、76.1亿、68.3亿、67.2亿美元,除2014年进口较2011年有所增长以外,其他年份均出现一定程度下滑。[①] 从总量来看《韩美自由贸易协定》运行至今,韩国自美国的农产品进口并未出现大规模增长,但水果、坚果、酒类、蜂王浆等部分农产品进口呈现增长态势。

表4.9 2011—2016年韩国自美国进口的主要农产品概况

单位:百万美元、%

	2011年	2012年	2013年	2014年	2015年	2016年	年均增长率
谷物	1034.0	540.7	624.0	697.2	612.1	528.9	-1.7
水果	296.2	398.6	401.0	418.1	431.2	457.4	9.1
坚果	171.5	237.0	282.0	346.3	372.6	271.4	9.6
酒类	29.3	53.1	43.0	88.3	118.7	98.4	27.4
饮料	59.0	85.9	104.0	70.2	75.5	63.3	1.4
肉类	1322.0	1042.9	997.0	1299.1	1302.5	1465.7	2.1
蜂蜜、蜂王浆	301.6	321.7	395.0	481.2	523.9	632.9	16.0
乳制品	213.0	204.3	276.0	385.0	289.5	198.4	-1.4

资料来源:郑慧善.《韩美自由贸易协定》五年效应评估及启示[R].韩国贸易协会,2017:24.

[①] 资料来源:韩国贸易协会,转引自郑慧善.《韩美自由贸易协定》五年效应评估及启示[R].韩国贸易协会,2017:24.

$$年均增长率 = \sqrt[5]{\frac{2016 年出口}{2011 年出口}} - 1.$$

2012 年以来韩国自美国进口农产品贸易额下降主要因谷物进口减少所致。2016 年，韩国自美国进口谷物贸易额仅 5.3 亿美元，较 2011 年减少 48.5%（见表 4.9）。究其原因，一方面是受到美国谷物带干旱导致谷物价格走高影响；另一方面，随着巴西、阿根廷等南美洲国家日渐成为谷物出口大国，美国在韩国谷物进口市场中的竞争力日渐下滑，韩国企业逐渐将谷物进口市场从美国转移至南美洲地区，导致美国对韩谷物出口呈现较为明显的下滑态势。

而除谷物以外，其他产品如水果类、坚果类、酒类、肉类等进口均有不同程度增长。2012—2016 年，韩国从美国进口水果年均增长 9.1%，其中樱桃、柠檬分别年均增长 19.3%、28.2%，实施季节性关税的柑橘（橙子）进口额年均增长 5.3%。[①] 坚果类进口额在 2012—2015 年出现持续、稳定的增长，2016 年进口额有所下降，但年均增长率仍达到 9.6%。在肉类进口方面，由于关税在 15 年内逐渐取消，关税递减对韩国进口美国肉类的促进作用并不显著。《韩美自由贸易协定》2012 年生效初期韩国从美国进口肉类总额 10.4 亿美元，较 2011 年下降 21.1%，此后至 2016 年肉类进口转而逐年增加，2016 年达到 14.7 亿美元，较《韩美自由贸易协定》生效前进口额增加 1.5 亿美元。总体而言，《韩美自由贸易协定》使得美国农产品在韩国市场中更具优势，但从进口贸易额变化情况来看，在协定生效的 5 年期间韩国对美国农产品的市场开放并未导致短期的进口剧增。

三、服务贸易变化

在服务业市场开放上，韩美双方以负面清单模式列出禁止和限制外

---

① 郑慧善.《韩美自由贸易协定》五年效应评估及启示 [R]. 韩国贸易协会, 2017: 24.

第四章 《韩美自由贸易协定》对韩国进出口贸易的影响

商投资经营的行业、领域、业务,进一步开放了影视、邮政、金融、法律、政府采购等服务业市场。《韩美自由贸易协定》运行以来,服务贸易领域韩国对美进、出口年均增长5.3%、2.3%,进口增长较出口更为显著,服务贸易领域对美逆差持续扩大,2016年达到106.5亿美元,较2011年69.2亿美元扩大了37.3亿美元。根据图4.4算出。

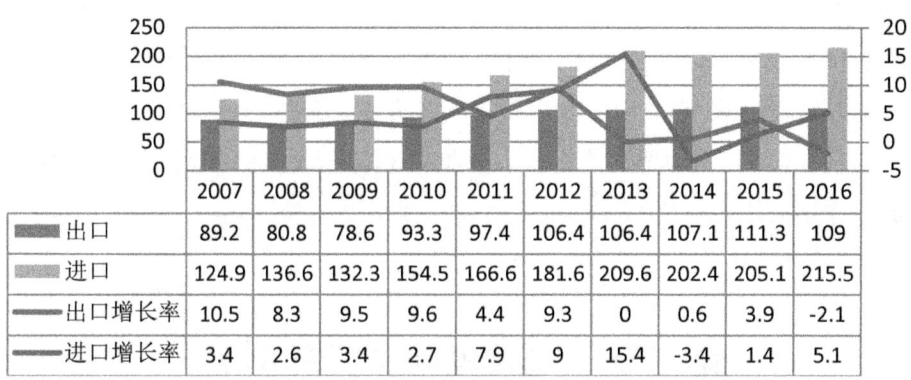

	2007	2008	2009	2010	2011	2012	2013	2014	2015	2016
出口	89.2	80.8	78.6	93.3	97.4	106.4	106.4	107.1	111.3	109
进口	124.9	136.6	132.3	154.5	166.6	181.6	209.6	202.4	205.1	215.5
出口增长率	10.5	8.3	9.5	9.6	4.4	9.3	0	0.6	3.9	-2.1
进口增长率	3.4	2.6	3.4	2.7	7.9	9	15.4	-3.4	1.4	5.1

图4.4 《韩美自由贸易协定》生效前后韩国对美服务贸易进出口变动态势

资料来源:韩国关税厅贸易统计.

表4.10 韩国对美服务贸易进出口结构 单位:亿美元

服务贸易领域	进口					出口				
年份	2011	2012	2013	2014	2015	2011	2012	2013	2014	2015
运输	22.3	22.4	21.9	22.2	23.2	48.8	49.7	53.5	55.7	58.5
旅游	59	59.1	69.7	72.4	79.7	10.6	12.7	13.3	12.9	12.5
建筑服务	0.4	-	0.7	0.6	0.1	-	3.6	-	0.1	
金融服务	-	-	8.3	9.1	9.1	-	-	2.1	2.7	2.3
保险服务	2.68	2.9	3	2.8	2	0.3	0.8	1.1	1	1
计算机和信息服务	1.9	2.4	2.5	2.4	2.6	0.5	0.8	0.6	0.6	0.3
专利权使用费和特许费	45.3	55.2	72.7	60.9	60.2	1.3	1.3	1.3	1.5	2.9

资料来源:联合国商品贸易数据库.作者整理.

从韩美双边服务贸易结构（见表4.10）来看，《韩美自由贸易协定》对韩国专利权使用费和特许费支出产生了最为显著的影响。2016年，韩国向美国支付专利权和特许进口费用约60.2亿美元，较2011年增加14.9亿美元，相关领域贸易逆差达到57.3亿美元，较2011年（44亿美元）增加13.3亿美元，构成了韩国对美服务贸易逆差的主要来源。此外，《韩美自由贸易协定》运行以来韩国在金融服务、计算机和信息服务、旅游服务方面从美国进口也出现小幅增长。服务贸易出口方面，韩国仍以劳动密集型、低附加值服务出口为主，运输服务依旧占据对美出口主导，《韩美自由贸易协定》在短期内对韩国改善服务贸易出口结构的促进作用有限。

第二节 《韩美自由贸易协定》对韩国与第三方伙伴国贸易的影响

自由贸易协定通过消除成员国之间关税壁垒达到提升区内贸易自由化水平、扩大贸易规模的目的。但不可否认的是，从非成员国视角来看，不同的关税壁垒及严格的原产地规则造成自由贸易协定对外部产品的"排他性"，削弱了非成员国产品进入对方市场的竞争力，面临贸易转移风险。一般而言，自由贸易协定对非成员国的负面影响主要在自由贸易协定初期，成员国集中降低关税时出现，但会随着各方建立新自由贸易协定或企业应对现实情况进行生产重组逐渐削弱。

一、研究对象的界定：主要第三方贸易伙伴选取

中韩自1992年建交以来，经贸往来日益加深，2003年中国取代美国成为韩国第一大贸易伙伴，2016年双边贸易规模达到2113.9亿美元，占

第四章 《韩美自由贸易协定》对韩国进出口贸易的影响

韩国对外贸易额的 23.4%，其中韩国自中国的进口 869.6 亿美元，占其进口总额的 21.4%，是韩国第一大进口来源国。日本作为韩国贸易逆差的主要来源国，是韩国重要的贸易伙伴，2016 年双边贸易总额约 718.2 亿美元，占韩国对外贸易额的 8%，韩国自日本进口 474.5 亿美元，是韩国第二大进口来源国。[①]

中、日、韩同属东北亚经济强国，各国经贸联系紧密且相互依赖度较高，却始终未能缔结区域自由贸易协定，韩美缔结自由贸易协定使得美国产品相对于中、日产品更低的价格进入韩国市场，导致中、日面临贸易转移风险。对外经济贸易大学屠新泉、邱薇（2011）的研究表明，中美出口结构存在一定竞争性，《韩美自由贸易协定》下韩国对中、美产品的差异性关税导致中国产品在韩国市场中面临被美国产品"替代"的风险。潜在利益受损领域包括农产品、工业品等方面。[②]

在韩日贸易方面，《韩美自由贸易协定》以来韩国从日本的进口由 2011 年 683 亿美元大幅降至 2016 年的 474.5 亿美元，年均降低 6.8%[③]，这一定程度上与日韩以加工贸易为主的贸易结构易于受到全球贸易形势影响相关，但《韩美自由贸易协定》对韩日贸易的影响也不可忽视。因此，本节选取中国与日本作为韩国的非成员主要贸易伙伴，分析《韩美自由贸易协定》对韩国与中、日贸易的影响。

[①] 2016 年韩国货物贸易及中韩双边贸易概况 [EB/OL]. 中华人民共和国商务部，2017 年 2 月 3 日. https://countryreport.mofcom.gov.cn/record/qikanlist110209.asp?qikanid = 8871&title = 2016%E5%B9%B4%E9%9F%A9%E5%9B%BD%E8%B4%A7%E7%89%A9%E8%B4%B8%E6%98%93%E5%8F%8A%E4%B8%AD%E9%9F%A9%E5%8F%8C%E8%BE%B9%E8%B4%B8%E6%98%93%E6%A6%82%E5%86%B5.

[②] 屠新泉，邱薇. 美韩 FTA 对中国出口的贸易替代效应研究 [J]. 世界经济研究，2011 (9)：57-63.

[③] 资料来源：韩国关税厅贸易统计.

二、中、日、美三国在韩国市场中的竞争性分析

步入 21 世纪以来,中国以劳动密集型产品为主的出口竞争力得到迅速提升,中、日、美三国在韩国市场中的竞争格局日渐显现。韩美相互降低关税壁垒后,美国产品在韩国进口市场中的价格优势较协定生效前得到加强,中、日、美三国在韩国市场的竞争格局面临重新调整。

运用显示性比较优势指数(Revealed Comparative Advantage Index,RCA 指数),选取中、日、美对韩出口具有比较优势的领域,初步判断三方竞争集中体现的领域。显示性比较优势指数是衡量一国出口竞争力时广泛使用的指标,表达公式如下。

$$RCA_i^{rs} = \frac{\dfrac{X_i^{rs}}{\sum_i X_i^{rs}}}{\dfrac{\sum_r X_i^{rs}}{\sum_r \sum_i X_i^{rs}}} \tag{1}$$

公式(1)式中,i 表示特定产业或产品,r、s 分别表示出口国与进口国,RCA_i^{rs} 表示 r 国 i 产业相对于 s 国的显示性比较优势指数。X_i^{rs} 表示 r 国 i 产品对 S 国的出口额,$\dfrac{X_i^{rs}}{\sum_i X_i^{rs}}$ 表示 r 国对 s 国总出口额中 i 产业(品)出口比重,$\dfrac{\sum_r X_i^{rs}}{\sum_r \sum_i X_i^{rs}}$ 表示全球市场对 S 国的总出口中 i 产业所占比重。一般认为,RCA>2.5 时 k 产品具有极强的比较优势,1.25<RCA<2.5 时 K 产品具有较强的比较优势,当 0.8<RCA<1.25 时,K 产品具有中等比较优势,当RCA<0.8时表示 K 产品具有较弱的比较优势。

按照国际贸易分类标准,国际贸易商品共分为 0—9 类,其中 0—4 类是以初级产品为主的资源密集型产品,5 类与 7 类产品为技术密集型产

第四章 《韩美自由贸易协定》对韩国进出口贸易的影响

品，6 类与 8 类产品为劳动密集型产品。[①] 本书假设若中、日、美对韩国出口具有比较优势的产品集中于资源密集型、技术密集型、劳动密集型中的某一类，那么三国在该领域具有潜在的竞争。

表 4.11 2015 年中、日、美在韩国进口市场中的显示性比较优势指数

	RCA_{ck}	RCA_{jk}	RCA_{uk}
SITC0	0.64	0.11	2.48
SITC1	0.26	0.54	0.94
SITC2	0.23	0.55	1.12
SITC3	0.02	0.17	0.16
SITC4	0.07	0.26	0.58
SITC5	0.88	2.26	1.62
SITC6	1.84	1.59	0.62
SITC7	1.46	1.19	1.27
SITC8	1.70	1.18	1.12
SITC9	0.19	1.13	0.22

注：RCA_{ck}、RCA_{jk}、RCA_{uk} 分别是中国、日本、美国对韩出口的 RCA 指数.
资料来源：联合国商品贸易数据库（UN Comtrade Database），经作者测算.

从表 4.11 可知，中、日、美三国在未另说明的化学品及相关产品（SITC5）、主要按材料分类的制成品（SITC6）、机械及运输设备（SITC7）、杂项制品（SITC8）类产品上均具有比较优势，表明三国竞争集中在工业制品领域。具体而言，中国对韩出口具有比较优势的领域集中在劳动密集型产品上，主要按材料分类的制成品（SITC6）、杂项制品（SITC8）等产品显示性比较优势指数均超过 1.25，在技术密集型产品方

[①] SITC0：食品及主要共食用的活动物；SITC1：饮料及烟类；SITC2：燃料以外非食用粗原料；SITC3：矿物燃料、润滑油及相关原料；SITC4：动物及植物油，脂肪及蜡；SITC5：未列明的化学品及相关产品；SITC6：主要按原料分类的制成品；SITC7：机械及运输设备；SITC8：杂项制品；SITC9：未分类的其他产品.

面,机械及运输设备(SITC7)显示性比较优势指数高于1.25。就日本而言,日本在劳动密集型及技术密集型产品上均具备较强的竞争力,尤其在未另说明的化学品及相关产品(SITC5)出口上具有显著的比较优势。就美国而言,在食品及主要共食用的活动物(SITC0)产品出口上具有较强的比较优势,同时在未另说明的化学品及相关产品(SITC5)、机械及运输设备(SITC7)等技术密集型产品上也具有显著优势。由此可以判断,在韩国进口市场中,中美竞争以劳动密集型工业制成品为主,在食品及供食用活动物(SITC0)方面美国对中国形成潜在竞争,日美竞争更多地集中在技术密集型产品领域,但在未另说明的化学品及相关产品(SITC5)上日本的比较优势较美国更为明显。呈现上述竞争格局符合中、日、美产业结构差异,以及各方处于全球价值链不同阶段的现实情况。

进一步按照海关编码HS两位数分类选取2016年中、日、美对韩出口前15大产品,可以发现中、美在9类产品出口上重叠,日、美在10类产品出口上重叠。① 测算重叠出口领域2011—2015年显示性比较优势指数变动情况如下。

表4.12 中国在中、美重叠出口领域的显示性比较优势指数

海关编码HS	85	84	72	90	29	27	28	39	87
2011	2.26	1.19	1.84	1.37	1.14	0.07	1.99	0.93	0.99
2012	2.32	1.31	2.00	1.37	1.10	0.05	1.96	1.01	0.99
2013	2.26	1.24	2.06	1.28	1.11	0.05	1.83	1.08	0.92
2014	2.21	1.25	2.37	1.34	1.08	0.03	2.00	1.13	0.64
2015	1.97	1.06	2.16	1.15	0.98	0.02	1.69	1.07	0.47

资料来源:UN Comtrade Database,经作者测算.

---

① 中美出口重叠:HS84、HS85、HS 72、HS 90、HS 29、HS 27、HS 28、HS 39、HS 87;未重叠HS 73、HS 62、HS 94、HS 61、HS 64、HS 03。日美出口重叠:HS 84、HS 72、HS 85、HS 39、HS 90、HS 29、HS 38、HS 87、HS 73、HS 28;未重叠HS 70、HS 27、HS 32、HS 71、HS 74。

第四章 《韩美自由贸易协定》对韩国进出口贸易的影响

表 4.13 美国在中、日重叠出口领域的显示性比较优势指数

海关编码 HS	84	85	72	90	29	87	39	38	73	28	27
2011	1.69	1.09	0.70	2.41	1.31	1.05	1.45	1.93	1.01	1.17	0.18
2012	1.77	1.20	0.71	2.29	1.26	1.40	1.57	2.18	0.86	1.31	0.15
2013	1.84	1.07	0.64	2.30	1.23	1.42	1.89	2.55	1.19	1.23	0.12
2014	1.95	1.00	0.46	2.05	1.18	1.19	1.67	2.44	1.34	1.21	0.17
2015	1.66	0.85	0.28	1.93	1.06	1.09	1.48	2.28	1.05	1.08	0.16

资料来源：UN Comtrade Database，经作者测算.

表 4.14 日本在日、美重叠出口领域的显示性比较优势指数

海关编码 HS	84	72	85	39	90	29	38	87	73	28
2011	2.10	2.75	1.05	3.75	2.04	2.27	3.18	1.48	1.22	1.23
2012	1.95	3.17	1.13	3.72	2.25	2.58	3.04	1.21	1.22	1.16
2013	1.84	3.33	1.16	3.44	2.12	3.00	2.76	1.23	1.21	1.05
2014	1.78	3.14	1.10	3.45	2.26	3.01	2.78	1.25	1.34	1.21
2015	1.73	2.91	0.93	3.03	1.95	2.63	2.43	0.95	1.25	1.08

资料来源：UN Comtrade Database，经作者测算.

总结表 4.12、表 4.13、表 4.14 得出如下结论。

2011 年至 2015 年，中国在钢铁（HS72）、电机电气设备及零件（HS85）、无机化学品（HS28）领域 RCA 指数高于美国，表明在这些领域中国对韩出口具有比较优势，具备较强的出口竞争力，《韩美自由贸易协定》生效并不会对中国上述领域出口产生较大影响。但是，在核反应堆、锅炉、机器、机械器具及其零件（HS84）、有机化学品（HS29）、塑料及制品（HS39）方面，中、美两国均具备出口优势，且双方显示性比较优势指数差距不显著，中、美在该领域面临日益激烈的竞争。在车辆及其零部件（HS87）领域，中国显示性比较优势指数低于 1 且呈现逐年下滑的态势。但同期，美国在车辆及零部件出口领域的比较优势小幅增

加,中国相关产品出口面临更加严峻的形势。

日、美竞争方面,2011年至2015年日本在钢铁(HS72)、塑料及制品(HS39)、有机化学(HS29)产品领域显示性比较优势指数较高,比较优势显著,出口竞争力整体强于美国,《韩美自由贸易协定》对双方在上述领域的竞争格局影响有限。而在核反应堆、锅炉、机器、机械器具及其零件(HS84)、车辆及其零部件(HS87)产品出口上,日本的比较优势正在逐渐式微,而同期美国在韩国市场中的比较优势日渐显著,双方面临日益激烈的竞争。此外,在精密仪器设备及零部件(HS90)、杂项化学品(HS38)出口上,日、美均具备显著的比较优势,竞争格局明显,尤其在杂项化学品(HS38)出口上,《韩美自由贸易协定》生效以后日本在韩市场中的显示性比较优势指数小幅下降而美国则有所上升,日、美在该领域产品出口竞争面临加剧。

三、《韩美自由贸易协定》对中、日对韩出口贸易的替代效应分析

《韩美自由贸易协定》生效以后,美国产品以更具竞争力的价格进入韩国市场,会导致韩国将原本从中、日等国的进口转移至美国,形成自由贸易协定的贸易转移效应。对韩美双边贸易而言,贸易转移扩大了两国总体贸易规模,而对中、日等出口市场被挤占的"外部"国家而言,则形成了贸易替代。直到外部国家与韩国缔结自由贸易协定,或《韩美自由贸易协定》对韩国经济发展的积极影响使得韩国进口需求增加以弥补韩国自外部国家进口减少部分之前,《韩美自由贸易协定》的贸易替代效应无疑会降低区域外国家福利。

《韩美自由贸易协定》生效至今,美国超过95%以上产品以0关税进入韩国市场,然而,中、日产品进入韩国依然面临关税壁垒。在农产品方面,韩国平均关税达到48.6%,其中关税水平高于15%的产品高达

第四章 《韩美自由贸易协定》对韩国进出口贸易的影响

51.6%（进口额基准），工业品方面韩国对外平均关税为6.6%。[①]《韩美自由贸易协定》生效背景下，在中美、美日对韩出口竞争激烈领域，以及《韩美自由贸易协定》关税降幅较大的领域，中、日面临来自美国的贸易替代风险。分析《韩美自由贸易协定》生效以来中、日对韩出口前15大类产品贸易额变动情况发现，《韩美自由贸易协定》对中国的贸易替代效应有限，但日本面临较大的贸易替代风险。

中国方面，自《韩美自由贸易协定》运行以来，韩国自中国的进口虽有一定波动，但中国在韩国进口市场中的份额持续扩大，2016年较之《韩美自由贸易协定》生效前增加4.9个百分点[②]，中国依然是韩国最大进口市场，中国对韩主要产品出口并未受到《韩美自由贸易协定》的显著冲击。然而，在矿物燃料、矿物油及其蒸馏产品（HS27），鱼、甲壳动物、软体动物及其他水生无脊椎动物（HS03）等产品上，中国对韩出口受到影响。矿物燃料、矿物油及其蒸馏产品（HS27）方面，受到全球大宗商品价格波动影响，韩国自中国与美国进口贸易额均有所下滑，但自中国进口规模降幅高于美国。2015年韩国自中国进口5.1美元，较之2011年减少15.9亿美元，同期韩国自美国进口由26.4亿美元降低至16.6亿美元，减少9.8亿美元，在关税"歧视"下（中国5.5%，美国0%），中国产品处于不利地位。[③] 此外，在鱼、甲壳动物、软体动物及其他水生无脊椎动物（HS03）方面，韩国自中国的进口从2011年10.6亿美元降至2015年的10.1亿美元，而美国则从1.4亿美元增加至2.3亿美元，且增幅高于韩国总进口增长幅度。[④]《韩美自由贸易协定》生效后韩国立即启动鱼、甲壳动物、软体动物及其他水生无脊椎动物（HS03）类产品降税进程，目前韩国对美国相关产品进口关税已降至5%—10%水

[①] World Tariff Profiles 2012 [R]. Vienna：WTO, 2013.
[②] 资料来源：商务部—国别贸易报告. 2011年中国在韩进口市场中的份额为16.5%，2016年增加至21.4%。
[③] 资料来源：联合国商品贸易数据库. 作者计算.
[④] 资料来源：联合国商品贸易数据库. 作者计算.

平,而中国仍然面临20%的进口关税(《中韩自由贸易协定》规定最长20年内取消关税)。

日本方面,《韩美自由贸易协定》生效以来日本在韩国进口市场中的份额逐年下滑,由2011年的13%下降至2016年的11.7%。同期,美国在韩市场份额由2011年的8.5%扩大至2016年的10.6%,日本对韩出口面临较大挑战。具体而言,《韩美自由贸易协定》运行以来,韩国在塑料及制品(HS39)、精密仪器设备及零部件(HS90)、杂项化学产品(HS38)、车辆及其零部件(HS87)、无机化学品(HS28)等领域自日本的进口显著下滑,而同期在塑料及其制品(HS39)、杂项化学产品(HS38)、车辆及其零部件HS87产品上韩国自美国进口有所增加,尤其在双方竞争较为激烈的杂项化学品(HS38)、车辆及其零部件(HS87)领域《韩美自由贸易协定》对日本造成一定程度贸易替代。塑料及制品(HS39)方面,2012年韩国取消对美6.5%的进口关税,韩国自美国进口相关产品规模从2011年13.5亿美元增加至14.9亿美元(2015年),在韩进口市场份额从12.4%增长至15.0%,而韩国自日本进口从53亿美元下降至31.7亿美元,日本在韩进口市场份额由48.9%降至31.8%,日本的出口优势减弱。杂项化学制品(HS38)方面,《韩美自由贸易协定》生效后韩国相关产品进口总额整体下降3%的情况下,韩国自日本进口大幅降低15%(31.6亿美元减少16.6亿美元),而自美国的进口增长18.8%(12.6亿美元增长至14.97亿美元),美、日对韩出口面临的差异关税(美0%,日6.5%)使得日本在与美国的竞争中处于不利地位。车辆及其零部件(HS87)领域,韩国自日本进口由2011年17.7亿美元下降至15亿美元,年均下降4%,同期韩国自世界进口年均增长13.2%,自美国进口年均增长19%,美国在该领域份额在2016年首次超过日本。[①]

总体而言,韩国大幅降低美国产品关税加大了中、日对韩出口难度,

---

① 资料来源:联合国商品贸易数据库,作者根据车辆与零部件(HS87)贸易额测算.

第四章 《韩美自由贸易协定》对韩国进出口贸易的影响

但日本较中国面临更大的贸易替代风险。这主要是因为中韩贸易结构以劳动密集型产品为主,美、日与韩贸易以技术、资本密集型的高附加值产品为主,中美在韩市场中的竞争显著弱于美日间竞争,对中国的冲击有限。此外,随着2015年《中韩自由贸易协定》生效,《韩美自由贸易协定》对中国的威胁一定程度上得到缓解,但考虑到《中韩自由贸易协定》在贸易开放水平及减税时间表上均落后于《韩美自由贸易协定》,在韩美已基本开启零关税时代的情况下,中韩之间尚需10年才能基本实现关税减免,在这期间中国产品在韩市场上将会处于不利地位。尤其,在电机电气设备及零件(HS85)、塑料及制品(HS39)、车辆及其零部件(HS87)、钢铁制品(HS73)、非针织或非钩编的服装及衣着附件(HS62)、针织或钩编的服装及衣着附件(HS61),以及农产品出口上,中国仍然面临《韩美自由贸易协定》的贸易替代风险。对日本而言,《韩欧自由贸易协定》《韩美自由贸易协定》《中韩自由贸易协定》的相继生效对其形成较大冲击,使其在韩市场份额逐渐萎缩,一方面在运输设备等技术密集型产品出口上面临来自欧盟、美国的挤压;另一方面,在电机电器设备等劳动密集型产品出口方面,比较优势不如中国。

第三节 基于贸易引力模型的《韩美自由贸易协定》贸易效应实证分析

为进一步判断《韩美自由贸易协定》对韩国的贸易效应,本书借助贸易引力模型,测度《韩美自由贸易协定》生效前后双边贸易流的变化,并对模型结果予以合理的解释。

《韩美自由贸易协定》对韩国的经济影响

一、自由贸易协定贸易效应研究的实证分析方法

区域经济一体化贸易效应的实证分析方法主要包括两大方面，分别为事前估计（ex-ante）与事后估计（ex-post）。事前估计主要应用于预测自由贸易协定能够带来的经济效应，为拟缔结自由贸易协定的国家参与谈判及决策提供依据，最长用的模型为可计算一般均衡模型（CGE模型）。① 事后估计主要应用于对特定自由贸易协定贸易效应的评估，通过比较一国在缔结自由贸易协定和未缔结自由贸易协定的情况下贸易量的变化，测度自由贸易协定对成员国贸易流的影响。

本书对《韩美自由贸易协定》贸易效应的分析即属于事后估计。进行事后估计的主要实证方法包括贸易份额法、巴拉萨模型、贸易引力模型等。第一，贸易份额法主要通过检验签署自由贸易协定前后成员国在区域内贸易份额的变化测度贸易效应。本书在本章第一、二节中采用该方法对《韩美自由贸易协定》缔结前后韩国各部门贸易额变化进行了初步研判。但该方法将未缔结自由贸易协定时各成员国在区域内的贸易份额不变为前提假设。因此，难以全面反映出自由贸易协定的贸易效应。

第二，巴拉萨模型主要是以签署自由贸易协定前后进口需求收入弹性变化表示贸易创造与贸易转移效应。然而，该模型也假设当没有自由贸易协定时，伙伴国进口需求收入弹性不变，进而将进口需求收入弹性变化视为判断贸易创造与贸易转移的标准。进口需求弹性增加为贸易创造，反之为贸易转移。苛刻的模型假设使得结论一定程度上与现实情况脱节。

第三，贸易引力模型主要通过构建区域贸易协定虚拟变量，估计贸易协定对成员国之间贸易流的影响。该模型源于牛顿的万有引力定律，

---

① 该模型以瓦尔拉斯（L. Walras）一般均衡理论为基础，美国经济学家迪尔多夫（Deardorff）和斯特恩（Stern）将其运用到分析区域经济一体化的经济效应当中。

第四章 《韩美自由贸易协定》对韩国进出口贸易的影响

贸易引力模型认为国家与国家之间的贸易与国内生产总值成正比,与二者之间距离成反比。该模型最早由荷兰经济学家丁伯根(Tinbergen, 1962)引用到国际贸易问题研究当中,之后美国经济学家安德森(Anderson, 1979)、艾特肯(Aitken, 1973)、荷兰经济学家林曼(Linnemann, 1966)、英国经济学家利莫(Leamer, 1974)等学者进一步拓展了模型中解释变量。当然,作为分析工具,贸易引力模型也存在一定缺陷,如虚拟变量的构建虽然能够测度出自由贸易协定的贸易创造与贸易转移效应,但估计出的贸易流变化所反映的是一定时期内所有因素共同导致的影响,这里既包括自由贸易协定的影响,也包括其他因素的影响。并且在区分自由贸易协定贸易创造与贸易转移效应具体体现在哪些商品领域方面也稍显欠缺,模型最终得出的结论极有可能是不同商品之间贸易创造与贸易转移效应相互冲减的结果。[①] 尽管如此,引力模型依旧是当前分析自由贸易协定贸易效应的最简便且应用最为广泛的方法。

二、变量选取与模型的构建:基于贸易引力模型

贸易引力模型的核心思想是两国间贸易水平与经济规模正相关,与距离负相关,其基本表达公式为:

$$\text{Trade}_{ij} = \frac{\text{GDP}_i \cdot \text{GDP}_j}{\text{Distance}_{ij}} \quad (1)$$

在此基础上,学者们拓宽了模型解释变量,加入人均国内生产总值、汇率、人口、贸易政策、共同语言、共同边界等因素。然而,在引力模型的运用中并非解释变量越多越好,这反而会削弱模型的解释力。因此,本书在引力模型基本表达式基础上,添加自由贸易协定成员国资格作为虚拟变量,并构建基于面板数据的贸易引力模型,如公式(2)。

---

① 张彬、张澍. 美国在 NAFTA 中的贸易创造与贸易转移:1994—2003 [J]. 世界经济, 2005 (8):12.

$$ln EX_{ijt} = \beta_0 + \beta_1 ln GDP_{it} + \beta_2 ln GDP_{jt} + \beta_3 ln DIST_{ij} + \beta_4 KORUSFTA_{ij} + \mu_{ijt} \quad (2)$$

公式2中，EX_{ijt}表示t期i国对j国的出口，GDP_{it}、GDP_{jt}分别表示出口国i与进口国j国t期的国内生产总值。出口国国内生产总值代表出口国生产供给能力高，进口国国内生产总值则代表的是进口国的商品需求水平，出口国更强的生产供给能力意味着更高的生产率和更低的商品价格，有助于促进其商品进口，而进口国更高的商品需求水平将推动商品的进口。因此，预期出口国与进口国的国内生产总值的系数符号为正。$DIST_{ij}$为i国与j国距离，预期系数符号为负。β_0为常数项，β_1、β_2、β_3、β_4分别表示各解释变量的弹性，μ_{ijt}为随机误差项，$i = 1, \cdots\cdots 16$；$j = 1, \cdots\cdots 16$；$t = 2007, \cdots\cdots, 2016$。$KORUSFTA_{ij}$为虚拟变量，2012—2016年i国与j国属于《韩美自由贸易协定》成员国时取值为1，否则为0。

样本与数据方面，本书选取韩国15个主要贸易伙伴，包括美国、中国、日本、越南、中国香港、澳大利亚、德国、新加坡、印度尼西亚、马来西亚、印度、俄罗斯、阿联酋、墨西哥、英国。构建面板数据能够最大限度避免单一数据类型的时间和个体差异，提高模型的拟合度与解释力。运用stata 13.1软件，对面板数据进行处理与回归。贸易引力方程变量及资料来源如表4.15。

表4.15 贸易引力模型变量说明、资料来源及系数预期符号

变量名称	变量含义	单位	资料来源	符号预期
$LnEX_{ijt}$	t年i国从j国进口贸易额	亿美元	联合国商品贸易数据库	—
$LnGDP_{it}$	t年i国国内生产总值	亿美元	世界银行	正
$LnGDP_{jt}$	t年j国国内生产总值	亿美元	世界银行	正
$LnDIST_{ij}$	i国首都到j国首都球面最短距离	公里	CEPII数据库	负
$KORUSFTA_{ij}$	是否是《韩美自由贸易协定》成员国	—	—	正

注：法国前景研究与国际信息中心数据库（CEPII），http://www.cepii.fr/CEPII/en/bdd_modele/bdd.asp.

第四章 《韩美自由贸易协定》对韩国进出口贸易的影响

三、模型结果与分析

表4.16为随机效应模型（FEM）与固定效应模型（REM）估计结果。从模型结果来看，各解释变量基本符合理论预期，各系数的估计结果呈现出较好的显著性水平，随机效应模型拟合优度高于固定效应模型。GDP_i与GDP_j估计系数在固定效应与随机效应中均显著为正，表明出口国与进口国的国内生产总值增长有利于推动两国贸易扩大。$DIST_{ij}$的估计值在随机效应中显著为负，表明距离阻碍了两国间贸易的增长。随机效应中KORUS FTA系数显著为正，表明《韩美自由贸易协定》促进了区内贸易发展，但从估计值系数仅为0.0867来看，其作用非常有限。也即《韩美自由贸易协定》对区域的贸易效应仅为9%（$e^{0.0867}-1$）。

表4.16　面板数据引力模型估计结果：2007—2016

		GDP_{it} gdpi	GDP_{jt} gdpj	$DIST_{ij}$ dist	$KORUSFTA_{ij}$ fta
随机效应	参数估计值	0.0137	0.0083	−0.0398	0.0867
		(0.009)	(0.084)	(0.000)	(0.002)
	t检验值	2.61	1.73	−4.2	3.07
	overall R^2	0.86		Wald值	92985.15
				样本容量	2109
固定效应		0.2357	0.2846	0	0.0166
		(0.000)	(0.000)		(0.675)
	t检验值	5.05	4.52		0.42
	overall R^2	0.9725		F-statistic	117.27
				样本容量	2019

贸易引力模型对包含的变量及样本较为敏感，样本的变化及解释变量的不同对模型最终结果影响较大。本书数据样本选取韩国的主要贸易

伙伴,样本选取具有一定主观性,因此,模型回归结果仅具有指示性意义,仅限于可以帮助我们掌握《韩美自由贸易协定》对区域贸易影响的大体方向。同时,自由贸易协定在不同阶段、不同时期对成员国贸易流的具有不同程度的影响,本书的研究仅限于解释《韩美自由贸易协定》生效初期的贸易效应。

总体而言,从引力模型回归结果来看,《韩美自由贸易协定》对双边贸易具有积极作用,但其影响有限。实际上自由贸易协定对成员国的贸易效应取决于各国贸易自由化水平与贸易结构之外,很大程度上会受到世界经济增长及全球贸易环境的影响,短期宏观经济波动、技术更新及消费者需求偏好等因素都将对实际贸易量产生影响。《韩美自由贸易协定》缔结于世界经济自金融危机以来的缓慢复苏阶段,2012年全球主要经济体进入低增长深度调整期,投资、需求的低迷令全球贸易面临巨大挑战,贸易保护主义开始抬头。就2012年而言,全球货物贸易增长2%,实现了1981年以来所有正增长年份的最小增幅。[①]在此背景下,美国、韩国对外贸易均有不同程度下滑,对《韩美自由贸易协定》贸易效应形成冲击。对韩国和美国而言,双边贸易在"特殊时期"维持了较好的增长态势,两国贸易稳定性高于其他贸易伙伴,在此过程中《韩美自由贸易协定》的作用不应被忽视。

四、小结

《韩美自由贸易协定》生效后,双边贸易联系进一步加强,两国在对方贸易格局中的重要性均有提升,《韩美自由贸易协定》对双边贸易持续增长发挥了积极作用。受到世界经济低增长,全球贸易低迷,主要经济体经济复苏缓慢等影响,《韩美自由贸易协定》的贸易效应与缔结协定前

---

① 中华人民共和国商务部.2012年全球货物和服务贸易总额增长1%[EB/OL],2013年7月22日.http://www.mofcom.gov.cn/article/i/jyjl/k/201307/20130700210045.shtml.

第四章 《韩美自由贸易协定》对韩国进出口贸易的影响

的预期具有差距。但正是在低迷的全球经济、贸易形势下《韩美自由贸易协定》的生效令两国贸易发展较其他主要贸易伙伴更为稳定,对双边经贸发展发挥了"稳定器"作用。

《韩美自由贸易协定》中,两国产业结构与比较优势差异使得韩国在货物贸易出口上获得更多收益,美国在服务贸易出口中获益显著。货物贸易方面,《韩美自由贸易协定》生效以来,两国围绕化学品、机械及运输设备等技术集密型产品贸易增长较劳动密集型产品更为显著,进出口商品进一步集中在机电、汽车、机械等制造业领域。协定生效后,韩国对美出口年均增长3.4%,汽车零部件、电机电气、化学制品、汽车等产品出口增长较为显著。相比之下,美国对韩出口基本保持2011年水平,部分年份小幅下滑,但在美国旨在开拓的汽车、农产品、制药等领域出口有不同程度增长,关税递减促进了相关产品出口。《韩美自由贸易协定》生效后,美国对韩出口规模未能显著增长主要是受到韩国国内经济不景气拉低消费需求,导致在机电、机械、精密仪器、矿物燃料等部门进口需求下降。服务贸易方面,《韩美自由贸易协定》生效后韩国对美进口增长较出口更为显著,一定程度上弥补了美国在货物贸易领域对韩出口不理想的问题。在进出口结构上,韩国仍以劳动密集型、低附加值服务出口为主,运输服务依旧占据对美出口主导,进口方面专利权使用与特许费支出持续增长,构成韩国对美服务贸易逆差的主要来源。

韩国对美国产品降低关税加大了中、日对韩出口难度,但与中国相比,日本面临更大的贸易替代风险,主要原因在于中韩与韩美之间贸易结构的差异性,以及日韩与韩美之间贸易结构的相似性。

第五章

《韩美自由贸易协定》对韩国产业竞争力的影响

按照区域经济一体化理论,自由贸易协定通过降低关税壁垒形成贸易创造与贸易转移效应等静态效应的同时,也将通过促进成员国之间要素流动,推动各方"狭小、缺乏弹性、分割"的市场相互融合,对区域内资源配置效率、专业化分工、技术创新、市场运行效率等多个方面产生积极影响。这些广泛影响一般统称为自由贸易协定的"动态效应",能够对各部门提升产业竞争力发挥积极作用。从《韩美自由贸易协定》《韩欧自由贸易协定》《中韩自由贸易协定》《中澳自由贸易协定》等近年缔结的贸易协定来看,新时期自由贸易协定在内涵上已然超越简单的关税递减,日渐向"高级化"升级,在投资、服务贸易、劳工标准、环境标准等方面设定了更加明确的规范与更高水平开放。在这一趋势下,自由贸易协定一系列动态效应在经济收益中的重要性更加突出。本书认为,自由贸易协定运行产生的一系列动态效应与关税递减形成的静态效应相互作用,能够影响企业生产网络布局与经营策略,促进其在更大的市场范围内寻求最有利于自身的分工环节,最终为一国提升产业竞争力注入动力。

正如前文所述,推动韩国选择与全球最发达市场缔结自由贸易协定的重要动因源自于市场开放对其提升产业竞争力带来的机遇。归根结底,

第五章 《韩美自由贸易协定》对韩国产业竞争力的影响

韩国希望借助《韩美自由贸易协定》激活相对弱势的服务业,并强化制造业领域竞争优势,进而加速提升自身在全球价值链中的地位,最终实现夯实自身在东亚区域经济强国地位的目标。鉴于此,本章从不同视角综合评估《韩美自由贸易协定》生效五年以来对韩国各部门产业竞争力形成的影响。

第一节 自由贸易协定对成员国产业竞争力的影响机理分析

自由贸易协定生效初期,在关税集中递减的作用下,贸易扩大效应较为突出。但就长期而言,市场规模扩大所带来的规模经济,竞争加剧对技术创新的激励作用,投资增加形成的技术溢出与资本积累等效应通过生产要素组合优化、企业技术和管理水平提高,影响着一国相关产业国际竞争力,占据自由贸易协定经济收益的核心地位。这一复杂影响也会随着自由贸易协定生效时间越长而更加突出,是一国从自由贸易协定中持续获取经济收益的重要动力。

一、产业竞争力的内涵及决定因素

产业竞争力是一国某一产业能够比其他国家同类产业更有效地向市场提供产品或服务的综合素质。① 产业竞争力由比较优势与竞争优势共同决定,比较优势取决于一国的资源禀赋,竞争优势则更加强调企业的策略行为,二者相互依存、体现和加强。一般而言,缺乏比较优势的行业难以在全球市场中形成竞争优势,而缺乏竞争优势也会削弱一国既有的

---

① 金碚,等.竞争力经济学 [M].广州:广东经济出版社,2003:31.

《韩美自由贸易协定》对韩国的经济影响

比较优势,只有在自身比较优势基础上不断强化竞争优势才能实现一国特定产业在国际市场中保持持续的竞争优势。美国经济学家波特的"钻石模型"指出,产业竞争力取决于生产要素(如人力资源、自然资源禀赋、知识资源、资本资源、基础设施等)、需求条件、关联产业发展状况、企业策略与竞争对手、政府行为、机遇等六大因素。其中,对生产要素的理解上,波特强调了要素创造(factor creation)的作用,认为通过发展高级、专业化生产要素,能够将产业优势建立在更为坚实的竞争优势而非比较优势基础上。[①]

在当前全球化背景下,生产要素在国际、国内的双向流动更加自由,生产、服务不再局限在一国范围内,设计研发、生产制造、营销、售后服务等各环节由不同国家企业、厂商承担,通过贸易与投资相互衔接和垂直化发展,形成全球范围内的价值链网路。在全球价值链中,产业竞争力的提升主要通过特定分工环节的升级实现,也即处于产业链低端环节的企业通过从低附加值加工组装环节向高附加值的设计、研发、服务环节移动,不断在价值链中寻找对自身最有利的分工位置获取更多利益。同时,嵌入全球价值链的企业通过与国内上、下游环节保持紧密联系,进而促进关联产业的发展。而处于产业链高端环节的企业则通过提升对产业链的领导与治理能力、扩大附加值收益来获取更多利益。

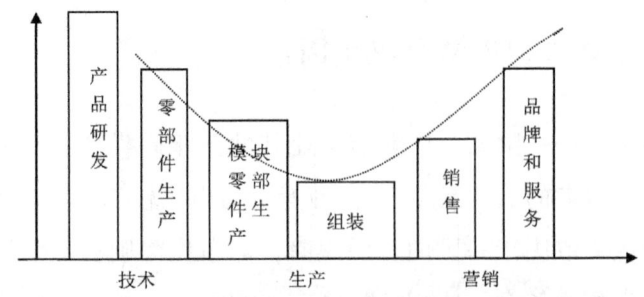

图 5.1 全球价值链的"微笑曲线"示意图

---

① 陈立敏,谭立文.产业国际竞争力的评价方法研究——兼论波特体系的内在矛盾[J].经济管理,2003(24):8.

第五章 《韩美自由贸易协定》对韩国产业竞争力的影响

如图 5.1 所示,在向"微笑曲线"两端移动的过程中,高质量中间产品的获取、知识积累、人力资本开发、技术创新尤为重要。可以说,产业竞争力来自从国际市场获得上述资源要素以及为其他企业提供这些资源要素的效率与质量。[①] 从这一视角审视,贸易、投资自由化,企业技术创新,经营管理能力对相关产业在国际市场中占据竞争优势具有重要意义。如贸易便利化(关税壁垒降低)提高了企业获取低成本、高质量、多元化中间产品及零部件的能力,使得企业能够降低生产成本,改进产品质量,提升出口竞争力。又如,直接投资能够促进企业获取技术外溢,积累知识,也将促进其嵌入全球价值链当中,提升技术创新、管理营销、品牌塑造能力。此外,竞争机制、有利于创新的客观市场环境也会影响企业核心竞争力。一般而言,有效的竞争政策、完善的知识产权保护有利于企业进行技术创新活动,为企业强化技术能力、提升附加值创造能力产生积极影响。

二、自由贸易协定对产业竞争力的影响路径

缔结自由贸易协定后,成员国"有限、封闭"的小市场伴随关税、非关税壁垒的消除相互融合,形成更为开放、高效的"大市场",资源流动较之缔结协定之前更加便利。此时,企业以相对低廉的成本不断从伙伴国市场中获取优质资源,包括生产要素、人力资本、高质量的中间产品,以夯实和提高生产与服务能力。实践过程中,自由贸易协定对产业竞争力的影响是复杂且多元化的,其影响路径主要包括以下方面,见图 5.2。

第一,投资效应。无论是投资创造抑或是投资转移,对自由贸易协定缔约国而言,外国直接投资进入或对外直接投资均有利于相关产业在全球价值链中向高附加值环节升级。首先,自由贸易协定打破市场准入

[①] 盛斌,陈帅. 全球价值链如何改变了贸易政策:对产业升级的影响和启示 [J]. 国际经济评论,2015 (1):85—89.

壁垒，区内企业能够通过直接投资在更大的市场中借助兼并重组等方式调整生产布局，实现规模经济，提高生产效率，降低生产成本，进而获取价格优势。其次，外国直接投资有利于企业嵌入全球价值链当中获取知识扩散效应与技术外溢效应，提升产品技术含量，从扩大的附加值中获取更多利益。实际上，全球价值链的技术转移与扩散效应通过两种渠道传播，一种是从发达国家进口高附加值的中间产品、零部件等，另一种是外国直接投资，实践表明外国直接投资的技术溢出效应强于中间品进口。[①] 最后，外国直接投资流入带来跨国企业经营、管理、营销经验，通过产业前后向关联对本国中间产品供应提出更高的要求，加速本国企业产品质量与服务效率。

第二，竞争效应。自由贸易协定通过消除成员国之间贸易、投资壁垒，刺激更多厂商加入市场竞争，提高了内部市场的可竞争性。自由贸易协定竞争效应对提升产业竞争力的渠道主要包括四个方面。首先，激烈的竞争迫使厂商加大研发投入、加快技术革新步伐，倒逼其改进产品服务质量。正如中国社会科学院工业经济研究所金碚教授所述，"有利的条件未必能使一国某产业形成国际竞争优势，相反，一定程度的逆境（adversity）往往成为一国特定产业增强国际竞争力的重要因素"。[②] 其次，自由贸易协定短期内消除贸易、投资壁垒，减少了对一些无效行业的保护，也动摇了成员国原本垄断或寡头企业的地位。随着经济扭曲逐渐消除，市场回归更加有效的"优胜劣汰"机制，资源由相对低效行业转向高效行业，最终将提升行业运行效率。再次，在激烈的竞争中，区内生产、服务厂商为维持或扩大市场份额，不得不加强商品、服务质量，满足消费者多样化需求，这将促进产品、服务差异化，提升自身创造附

---

① Piermartini. R, Rubinova S. Knowledge Spillovers Through International Supply Chains[J]. WTO Staff Working Paper, 2014; Acharya. R. C, Keller. W. Technology Transfer Through Imports[J]. Canadian Journal of Economics, 2009(4): 1411-1448. 转引自盛斌，陈帅. 全球价值链如何改变了贸易政策：对产业升级的影响和启示 [J]. 国际经济评论，2015（1）：89.

② 金碚，等. 竞争力经济学 [M]. 广州：广东经济出版社，2003：34.

第五章 《韩美自由贸易协定》对韩国产业竞争力的影响

加值的能力。最后,自由贸易协定消除专业技术人员在区域内的流动限制,企业获取优质人力资源更加便利,技术、管理经验的交流和传播亦较之前更加迅速,这些有利因素的充分利用将提升相关产业部门的国际竞争力。

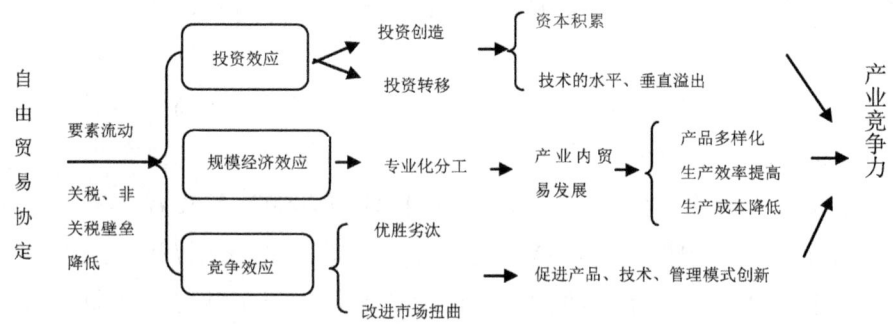

图 5.2　自由贸易协定对产业竞争力的影响

第三,规模经济效应。缔结自由贸易协定后,各成员国分割的市场随着贸易、投资壁垒的消除逐渐融合、联通,市场容量迅速扩大。在扩大的市场中,厂商获取高附加值中间产品、先进技术、优质人才资源更加便利,且成本有所降低,重新调整生产规模与要素结构成为可能。在此环境下,成员国企业之间产业内贸易加速发展,专业化分工的强化促进厂商大规模生产,实现其在小市场中无法获取的规模经济收益,进而提高生产效率,降低生产成本。在不完全竞争与规模报酬递增的现实市场中,规模经济的获得对提升相关产业竞争力具有重要意义。[①] 一方面,获得规模经济使生产要素得以充分利用,原本在小市场中的"低效"生产更加高效,而实现规模经济行业的发展也将带动上下游相关行业加速提升生产、服务能力。另一方面,自由贸易协定运行伴随区域内贸易规模的扩张,需求增长为厂商进行大规模生产,获取规模效应提供动力,

---

① Scott R. Pearson, William D. Ingram. Economies of Scale, Domestic Divergences, and Potential Gains from Economic Integration in Ghana and the lvory Coast[J]. Journal of Political Economy, 1980(5): 994, 1006.

而厂商实现规模经济又将促使产业内部的专业化分工与贸易发展,强化区域内垂直型分工格局,进一步增强产品质量,提高出口能力,形成产业发展的良性循环。

三、自由贸易协定背景下产业竞争力分析指标选取

在测度自由贸易协定对产业竞争力的影响方面目前尚未形成系统的分析方法,但在测度产业竞争力的指标体系方面,既有文献提出了多个方向。如中国社会科学院金碚、李钢、陈志(2006)从比较优势与竞争优势角度测度了中国制造业产业竞争力。其中,比较优势指标选取行业出口占比、出口增长率优势指数、显示性比较优势指数等,竞争优势指标选取市场占有率与市场渗透率、贸易竞争指数等。① 武汉大学陈立敏、谭立文(2003)从竞争力的来源、竞争力的实质、竞争力的表现、竞争力的结果四个层次分析产业竞争力。② 中国社会科学院裴长洪、王镭(2002)从显示性指标与分析性指标两个维度进行分析,显示性指标测度国际竞争力的结果,主要包括贸易专业化指数、出口绩效相对系数、显示性比较优势指标等,分析性指标则主要解释产业竞争力的来源。③ 上海社会科学院陈晓声(2002)从内在竞争力、外显竞争力、制度竞争力三个维度构建了产业竞争力评估体系。④

在借鉴上述研究基础上,结合本书研究主题,本章参考复旦大学芮明杰(2010)的研究方法,从竞争实力、竞争潜力、竞争环境三个视角,

---

① 金碚,李钢,陈志. 加入WTO以来中国制造业国际竞争力的实证分析 [J]. 中国工业经济, 2006 (10).

② 陈立敏,谭立文. 产业国际竞争力的评价方法研究——兼论波特体系的内在矛盾 [J]. 经济管理, 2003 (24).

③ 裴长洪,王镭. 试论国际竞争力的理论概念与分析方法 [J]. 中国工业经济, 2002 (4): 44.

④ 陈晓声. 产业竞争力的测度与评估 [J]. 上海统计, 2002 (9): 13-15.

第五章 《韩美自由贸易协定》对韩国产业竞争力的影响

测度并评估《韩美自由贸易协定》对韩国产业竞争力的影响。[①] 首先,竞争实力代表该产业在现阶段的产业竞争力于某时间剖面的显示性指标集,主要包括市场占有率、净进口、显示性比较优势指数、显示性竞争优势指数等。本书采用贸易竞争指数、显示性比较优势指数,从结果出发测度《韩美自由贸易协定》对韩国争夺市场份额能力的影响,这些指标能够直观反映《韩美自由贸易协定》下韩国不同产业竞争力变动情况。其次,竞争潜力代表该阶段产业内部影响未来竞争力的隐性指标集,本书从自由贸易协定的动态效应入手,分析《韩美自由贸易协定》对韩国形成的投资效应、规模经济效应、竞争效应对产业竞争力推动作用。需要指出的是,《韩美自由贸易协定》生效仅六年,动态效应尚未充分显现,但这些效应将随着《韩美自由贸易协定》的稳定运行对韩国各产业发展形成日渐显著的影响。鉴于此,本书主要对当前已经显现的动态效应进行初步跟踪。最后,竞争环境代表现阶段产业外部影响未来竞争力的隐性指标集,本书从市场机制、创新机制、产业政策等角度分析《韩美自由贸易协定》对韩国产业竞争力的影响。

第二节 竞争实力视角下
《韩美自由贸易协定》生效前后韩国产业竞争力变化

在开放市场中,抢占市场份额的能力是一国产业竞争力强弱的最直接表现,产业竞争力最终将体现在一国产品(产业)在国际市场或区域中的市场份额,占据份额越大说明该国相关产品(产业)较其他国家具有更强的竞争力。在双边自由贸易协定中,成员国之间相互消除市场壁

[①] 芮明杰.产业国际竞争力评价理论与方法[M].上海:复旦大学出版社,2010:109-139.

垒，一国对伙伴国的出口较区外其他国家拥有更多的优势，该国在伙伴国市场中抢占份额的能力会随之提升，区外国家产品则会面临挤压。

一、《韩美自由贸易协定》下韩国贸易竞争优势指数变动态势

贸易竞争优势指数（TCI）是测度产业竞争力的有力工具，能够反映一国生产产品相对于其他国家供应同种产品是否具有竞争优势。公式（1）中X_{it}、M_{it}分别表示 i 产品（产业）在 t 年出口额与进口额。

$$TCI = \frac{X_{it}-M_{it}}{X_{it}+M_{it}}, \quad -1 \leq TCI \leq 1 \tag{1}$$

TCI 大于 0 表示该国是 i 产品（产业）的净出口国，生产效率高于国际水平，具有贸易竞争优势，而 TCI 小于 0 表明该国为 i 产品（产业）的净进口国，处于竞争劣势，TCI 越大竞争力越强，取值越小竞争力越弱。一般 TCI 取值为（-0.3，0）时我们视为具有微弱竞争劣势，取值为（-0.6，-0.3）时具有较大竞争劣势，而取值为（-1，-0.6）时具有极大的竞争劣势，当取值为（0，0.3）时具有微弱竞争优势，（0.3，0.6）时具有较强竞争优势，取值为（0.6，1）时具有极强竞争优势。

选取 2011 年韩国对美国前 20 大贸易产品[①]（HS 两位数）测算 TCI 指数结果如表 5.1。

---

① 包括 HS85、HS84、HS87、HS27、HS90、HS72、HS29、HS73、HS88、HS39、HS10、HS40、HS38、HS02、HS30、HS89、HS28、HS76、HS74、HS48。

第五章 《韩美自由贸易协定》对韩国产业竞争力的影响

表5.1 《韩美自由贸易协定》下韩国贸易竞争优势指数变化

HS	类别	2007—2011	2012	2013	2014	2015	2016	2012—2016
85	电机、电气设备及其零件	0.363	0.225	0.327	0.325	0.300	0.364	0.308
84	核反应堆、锅炉、机械器具及其零件	0.084	0.201	0.214	0.190	0.221	0.242	0.214
87	车辆及其零部件,铁道车辆除外	0.885	0.874	0.877	0.879	0.872	0.823	0.865
27	矿物燃料矿物油及其产品;沥青等	0.302	0.103	0.338	0.097	0.271	0.110	0.184
90	光学、照相、医疗等设备及零部件	-0.371	-0.519	-0.458	-0.450	-0.481	-0.441	-0.470
72	钢铁	-0.102	0.074	0.172	0.475	0.649	0.663	0.407
29	有机化学品	-0.222	-0.043	-0.224	0.075	-0.062	-0.237	-0.098
73	钢铁制品	0.444	0.659	0.521	0.555	0.431	0.529	0.539
88	航空器、航天器及其零件	-0.569	-0.572	-0.453	-0.237	-0.475	-0.510	-0.449
39	塑料及其制品	-0.016	0.036	0.046	0.130	0.136	0.176	0.105
10	谷物	-0.999	-1.000	-0.999	-1.000	-0.998	-0.998	-0.999
40	橡胶及其制品	0.746	0.819	0.763	0.783	0.769	0.779	0.783
38	杂项化学产品	-0.703	-0.672	-0.647	-0.678	-0.622	-0.584	-0.640
02	肉及食用杂碎	-0.998	-1.000	-0.999	-1.000	-1.000	-0.999	-1.000
30	药品	-0.757	-0.916	-0.925	-0.928	-0.927	-0.893	-0.918
89	船舶及浮动结构体	0.759	0.974	0.906	0.920	0.881	0.605	0.857
28	无机化学品;有机及无机化合物	-0.754	-0.687	-0.715	-0.709	-0.654	-0.635	-0.680
76	铝及其制品	-0.660	-0.523	-0.558	-0.444	-0.508	-0.469	-0.500

续表

HS	类别	2007—2011	2012	2013	2014	2015	2016	2012—2016
74	铜及其制品	−0.332	−0.144	−0.123	−0.077	−0.165	−0.157	−0.133
48	纸及纸板；纸浆、纸或纸板制品	0.220	0.178	0.242	0.242	0.215	0.190	0.213

注：2007—2011，2012—2016 分别为 2007—2011 年，2012—2016 年平均值．
资料来源：联合国商品贸易数据库（UN Comtrade Database）．作者测算．

从表 5.1 中可知，缔结《韩美自由贸易协定》之前，韩国在车辆及其零部件（HS87），橡胶及其制品（HS40），船舶及浮动结构体（HS89），核反应堆、锅炉、机械器具及其零件（HS84），钢铁制品（HS73）、矿物燃料矿物油及其产品（HS27）、纸及纸板（HS48）等行业实现净出口，具有竞争优势。其中，车辆及其零部件（HS87）、橡胶及制品（HS40）、船舶及浮动结构体（HS89）三大领域具有极强竞争力。而在谷物（HS10），肉及食用杂碎（HS02），药品（HS30），无机化学品（HS28），铝及其制品（HS76），精密仪器设备及零部件（HS90），航空器（HS99），杂项化学制品（HS38），铜及制品领域（HS76），钢铁（HS72），有机化学品（HS28），塑料及制品（HS39）等多数领域韩国产品缺乏竞争力，自美国的进口大于出口，其中谷物（HS10）、肉及食用杂碎（HS02）、药品（HS30）、无机化学品（HS28）、铝及其制品（HS76）等领域竞争劣势显著。

《韩美自由贸易协定》生效以来，双方进出口贸易结构的变化使得不同行业竞争优势呈现不同程度变动。首先，车辆及其零部件（HS87）、橡胶及其制品（HS40）、船舶及浮动结构体（HS89）仍是韩国在美国市场中最具竞争力的行业，但车辆及其零件（HS87）行业竞争优势小幅下滑，这主要与韩国自美国进口增加有关。

第五章 《韩美自由贸易协定》对韩国产业竞争力的影响

其次，韩国在核反应堆、锅炉、机械器具及其零件（HS84）、钢铁（HS72）、钢铁制品（HS73）、塑料及其制品（HS39）等领域贸易竞争优势得到加强，其中钢铁与塑料及制品实现了由净进口向净出口转变，TCI由负转正。有机化学品（HS29）、航空器、航天器及其零件（HS88）、杂项化学产品（HS38）、无机化学品、有机及无机化合物（HS28）、铝及其制品（HS76）、铜及其制品（HS74）等行业TCI小幅增长，但并未改变竞争弱势状况。

最后，电机、电气设备及其零件（HS85），矿物燃料、矿物油及其蒸馏产品；沥青物质；矿物蜡（HS27）行业竞争优势有所弱化，TCI分别由2007—2011年平均0.36、0.30，降至《韩美自由贸易协定》生效后的0.31、0.18。[①] 此外，《韩美自由贸易协定》下韩国精密仪器设备及零部件（HS90）、药品（HS30）行业竞争弱势进一步恶化，药品行业TCI由-0.76降至-0.92。上述行业一直是韩国相对弱势领域（较美国），随着取消行业保护（取消6.5%—8%的关税），短期内受到来自美国产品的冲击是大概率事件，若韩国在未来一定时期内不能实现产品质量提升，促进相关产业转型升级，《韩美自由贸易协定》下进口的持续增长将导致国内产业萎缩。

从整体来看，《韩美自由贸易协定》生效后韩国优势行业的贸易竞争力得到进一步稳固，甚至加强，但精密仪器、药品、谷物、肉类等弱势产业贸易竞争力则出现恶化。然而，韩国在钢铁、塑料制品行业实现了从竞争弱势向竞争优势转变，强化了上述行业在美国市场中的净出口能力，这也意味着在相关领域韩国存在挤占其他出口国家份额的可能。

[①] 韩国矿物燃料行业贸易竞争力弱化主要与韩国的关税降幅高于美国（韩国5%、美国0%），对进口的激励大于出口导致．

二、《韩美自由贸易协定》下韩国出口产业显示性比较优势指数分析

显示性比较优势指数,也称相对出口绩效(Relative Export Performance,REP)指数,是衡量一国产业竞争力时广泛使用的指标。显示性比较优势指数最早由巴拉萨在1965年提出,主要从一国某产品(产业)的出口比重相对于该产品(产业)在世界范围内出口平均水平的比较来判断一国出口该产品的比较优势,其计算公式如下。

$$RCA_i^{rs} = \frac{\frac{X_i^{rs}}{\sum_i X_i^{rs}}}{\frac{\sum_r X_i^{rs}}{\sum_r \sum_i X_i^{rs}}} \qquad (2)①$$

显示性比较优势指数属于"事后测度"(expost measure),并不直接分析比较优势或贸易结构形成的决定因素,而是通过贸易结果间接测度比较优势,因此能够摆脱理论假设的种种苛刻制约,便于实证分析。但显示性比较优势指数也存在缺陷,该指数评估产业竞争优势的核心思想是出口越多竞争力越强,忽略了进口的影响,且并未考虑产业内贸易的存在。当某一产品产业内贸易发达时,显示性比较优势指数衡量的比较优势就会缺乏客观性。鉴于此,本部分同样选取韩美贸易前20大产品与前一部分贸易竞争优势指数相互比较,做出相对而言更为客观的判断。测算结果如表5.2。

---

① 公式解析见第四章第二节.

第五章 《韩美自由贸易协定》对韩国产业竞争力的影响

表5.2 2007—2016年韩国主要出口产业在美国市场中的显示性比较优势指数变动情况

HS 两位数	2007—2011	2012	2013	2014	2015	2016	2012—2016
HS85	2.203	1.426	1.518	1.366	1.224	1.379	1.383
HS84	1.311	1.305	1.308	1.247	1.222	1.185	1.254
HS87	2.390	2.660	2.720	2.738	2.798	2.614	2.706
HS27	0.315	0.268	0.338	0.300	0.476	0.500	0.376
HS90	1.051	0.645	0.618	0.538	0.522	0.561	0.577
HS72	1.944	2.156	2.087	2.306	2.400	2.515	2.293
HS29	0.767	1.017	0.620	1.059	0.727	0.668	0.818
HS73	2.160	2.735	2.685	3.114	1.823	1.823	2.436
HS88	1.091	1.059	0.943	0.740	0.792	1.002	0.907
HS39	1.206	1.385	1.439	1.373	1.285	1.420	1.381
HS10	0.015	0.004	0.003	0.004	0.016	0.021	0.009
HS40	2.357	2.740	2.226	2.057	2.152	2.350	2.305
HS38	0.811	0.899	0.952	0.747	0.874	0.835	0.862
HS02	0.007	0.000	0.002	0.000	0.000	0.003	0.001
HS30	0.068	0.025	0.024	0.021	0.017	0.027	0.023
HS89	9.676	40.377	14.467	29.756	7.602	2.970	19.035
HS28	0.246	0.290	0.238	0.250	0.330	0.366	0.295
HS76	0.301	0.443	0.375	0.487	0.376	0.362	0.409
HS74	0.442	1.036	1.036	1.139	0.948	0.796	0.991
HS48	0.006	0.001	0.001	0.002	0.007	0.009	0.004

注：2007—2011，2012—2016 为 2007—2011 年，2012—2016 年平均值.

资料来源：UN Comtrade Database. 作者测算.

从测算结构总结出如下几点。

第一，《韩美自由贸易协定》对韩国具有极强竞争优势的行业影响有限。从2007—2011年平均水平看，电机、电气设备及其零件（HS85）、车辆及其零部件（HS87）、钢铁制品（HS73）、橡胶及其制品（HS40）、船舶及浮动结构体（HS89）属于韩国在美国市场中具备强竞争力的行业，显示性比较优势指数均大于2，《韩美自由贸易协定》的运行并未对上述行业带来显著的影响。

第二，竞争优势并不显著的行业显示性比较优势指数增长高于具有较强竞争优势的行业。《韩美自由贸易协定》运行以来，显示性比较优势指数提高的领域包括车辆及其零部件（HS87），钢铁制品（HS73），矿物燃料、矿物油及其产品（HS27），有机化学品（HS29），塑料及其制品（HS39）、杂项化学产品（HS38）、船舶及浮动结构体（HS89）、无机化学品（HS28）、铝及其制品（HS76）、铜及其制品（HS74），其中除HS87、HS73、HS39、HS89以外，均为具有相对较弱竞争优势的行业，其中铜及制品RCA指数增幅最大由0.44提高至0.99。由此可知，《韩美自由贸易协定》强化了原先竞争力较弱的产品（产业）在美国市场的比较优势，为这些行业加强竞争力、抢占市场份额提供了机遇。

第三，同时比较显示性比较优势指数与贸易竞争优势指数发现，竞争力有所强化的行业包括钢铁（HS72）、有机化学品（HS29）、钢铁制品（HS73）、塑料及其制品（HS39），这些行业显示性比较优势指数与贸易竞争优势指数均有所改善，产业竞争力进一步得到加强。同期，比较优势弱化的行业为精密仪器设备及零部件（HS90）、肉及食用杂碎（HS02）、药品（HS30）等竞争弱势行业，显示性比较优势指数与贸易竞争优势指数均有所下滑。尤其，在光学、照相、医疗等设备及零部件（HS39）方面，尽管韩国在与美国的贸易中处于净进口地位，但从其显示性比较优势指数超过1（2007—2011年显示性比较优势指数为1.05）来看，相关产品具有微弱的比较优势，然而这种比较优势在关税递减下并未得到加强，反而有所弱化（2012—2016年显示性比较优势指数为0.99）。这说明技术密集型行业产业竞争力的提升，并不是简单关税递减就能够改善的，而是需要突破核心技术，提升产品技术含量。

第四，《韩美自由贸易协定》下行业竞争有所加强。将表5.1与

第五章 《韩美自由贸易协定》对韩国产业竞争力的影响

表5.2进行比较发现,车辆及其零部件(HS87)、矿物燃料、矿物油及其产品(HS27)显示性比较优势指数提高,而贸易竞争优势指数降低。一般而言,显示性比较优势指数提高表明,韩国该产业出口规模在美国市场所占份额相对较高,而贸易竞争优势指数降低则反映出口扩大的同时进口也在扩大,且进口增加幅度大于出口。因此,可以判断,美国产业的进入使得汽车与矿物燃料行业竞争有所加强。

三、《韩美自由贸易协定》对中、日、韩在美国市场中竞争格局的影响

中、日、韩三国同为美国主要经贸伙伴,目前韩国是唯一与美国缔结自由贸易协定的国家。在三国竞争日益加剧的背景下,《韩美自由贸易协定》无疑会导致中、日产品(产业)在与韩国的竞争中处于不利地位。本节从测度中韩、中日出口相似度入手,重点分析在具有出口竞争关系的产品领域《韩美自由贸易协定》对中国与日本的影响。

利用美国学者芬格(J. M. Finger)与柯瑞尼(M. E. Kreinin)[①] 提出的出口相似度指数(Export Similarity Index, ESI)测算中、日、韩在美国市场中的出口相似度。

$$ESI = Si(ab, c) = \sum Minimum[Xi(ac), Xi(bc)] \times 100$$
$$(0 < Si(ab, c) < 100) \tag{3}$$

公式(3)中,$Si(ab, c)$表示a、b两国在c国出口i类产品的相似度,$Xi(ac)$指a国向c国出口i类产品在其向c国总出口的比重,$Xi(bc)$指b国向c国出口i类产品占其向c国总出口的比重。若这一指数随时间推移而增长,说明两国在第三方市场上的竞争程度越来越激烈,指数下降则意味着两国在第三方市场中的竞争度下降,见表5.3。

---

① J. M. Finger, M. E. Kreinin. A Measure of "Export Similarity" and Its Possible Uses [J]. The Economic Journal, 1979, 89(356): 905-912.

表 5.3　中日韩出口相似度指数变化

年份	中韩在美市场出口相似度	日韩在美市场出口相似度
2007	60.95	71.36
2011	58.44	72.04
2016	58.47	76.69

资料来源：联合国商品贸易数据库（UN Comtrade Database）. 作者测算.

从测算结果来看，当前中韩在美国市场中的竞争较 2007 年有所缓解，而日韩在美国市场中的竞争不断加强，且日韩出口结构相似程度高于中韩。具体而言，中韩间竞争集中在劳动密集型低附加值行业，并且随着中国产品质量与附加值含量的提升，竞争领域日渐向中高端技术产品延伸。但日韩间竞争更多集中在技术、资本密集型的高附加值行业。经作者测算，中韩出口相似度高的领域（以 2011 年为基准）主要包括电机、电气设备及其零件（HS85）、核反应堆、锅炉、机器、机械器具及其零件（HS84），车辆及其零部件（HS87），钢铁制品（HS73），塑料及其制品（HS39），精密仪器设备及零部件（HS90）、有机化学品（HS29），橡胶及其制品（HS40），纸及纸板（HS48），钢铁（HS72），针织或钩编的服装及衣着附件（HS61），贱金属工具、器具、利口器、餐匙、餐叉及其零件（HS82），矿物燃料、矿物油及其蒸馏产品（HS27），杂项化学产品（HS38）；日韩出口相似度高的领域集中在车辆及其零部件（HS87），核反应堆、锅炉、机器、机械器具及其零件（HS84），电机、电气设备及其零件（HS85），有机化学品（HS29），橡胶及其制品（HS40），精密仪器设备及零部件（HS90），钢铁制品（HS73），塑料及其制品（HS39），钢铁（HS72），航空器、航天器及其零件（HS88），矿物燃料、矿物油及其蒸馏产品（HS27），杂项化学制品（HS38），贱金属工具、器具、利口器、餐匙、餐叉及其零件（HS82），

第五章 《韩美自由贸易协定》对韩国产业竞争力的影响

纸及纸板（HS48）等方面。①

为进一步分析《韩美自由贸易协定》下韩国各产业（产品）与中、日竞争中的优势变化，选取中韩、日韩出口相似度高的领域，计算产业（产品）RCA指数变化，以判断《韩美自由贸易协定》为中、日带来的潜在威胁。测算结果如表5.4、表5.5、表5.6。

表5.4 中韩出口相似度高的行业显示性比较优势指数：中方

产品领域	2011	2012	2013	2014	2015	2016
HS85	1.673	1.733	1.723	1.758	1.615	1.610
HS84	1.942	1.807	1.755	1.666	1.441	1.462
HS87	0.289	0.263	0.261	0.282	0.262	0.283
HS27	0.016	0.020	0.021	0.022	0.027	0.045
HS90	0.753	0.805	0.754	0.747	0.713	0.708
HS72	0.356	0.328	0.352	0.420	0.303	0.139
HS29	0.683	0.757	0.738	0.689	0.634	0.678
HS73	1.647	1.437	1.491	1.419	1.533	1.582
HS39	1.597	1.739	1.659	1.549	1.581	1.538
HS40	0.943	0.986	1.089	1.092	0.804	0.714
HS38	0.631	0.523	0.451	0.501	0.467	0.409
HS48	0.887	0.946	0.938	0.898	1.147	0.951
HS61	2.127	2.126	2.102	2.114	2.041	2.059
HS82	2.172	2.062	2.058	2.030	1.991	1.970

资料来源：联合国商品贸易数据库（UN Comtrade Database）．作者测算．

---

① 资料来源：UN Comtrade Database．作者测算．

表 5.5 日韩出口相似度高的行业显示性比较优势指数：日方

产品领域	2011	2012	2013	2014	2015	2016
HS85	1.008	0.996	0.914	0.879	0.805	0.762
HS84	1.813	1.691	1.617	1.633	1.505	1.508
HS87	3.584	3.394	3.378	3.140	2.921	3.037
HS27	0.027	0.023	0.032	0.024	0.048	0.040
HS72	0.947	0.925	1.008	0.922	0.982	0.927
HS73	1.211	1.167	1.072	1.024	0.923	0.883
HS88	2.081	2.165	2.094	2.388	2.287	2.345
HS39	0.874	0.823	0.780	0.810	0.763	0.720
HS40	1.566	1.409	1.397	1.465	1.440	1.277
HS38	2.734	2.257	1.849	2.010	1.836	1.543
HS48	0.448	0.423	0.377	0.407	0.411	0.389
HS82	1.683	1.643	1.441	1.365	1.305	1.384
HS90	1.931	1.722	1.632	1.638	1.511	1.396

资料来源：联合国商品贸易数据库（UN Comtrade Database）．作者测算．

表 5.6 中日韩出口相似度高的行业显示性比较优势指数：韩方

产品领域	2011	2012	2013	2014	2015	2016
HS85	2.003	1.426	1.518	1.366	1.224	1.379
HS84	1.353	1.305	1.308	1.247	1.222	1.185
HS87	2.687	2.660	2.720	2.738	2.798	2.614
HS27	0.229	0.268	0.338	0.300	0.476	0.500
HS90	0.658	0.645	0.618	0.538	0.522	0.561
HS72	2.134	2.156	2.087	2.306	2.400	2.515
HS29	1.031	1.017	0.620	1.059	0.727	0.668
HS73	2.705	2.735	2.685	3.114	1.823	1.823
HS39	1.301	1.385	1.439	1.373	1.285	1.420
HS40	2.638	2.740	2.226	2.057	2.152	2.350

第五章 《韩美自由贸易协定》对韩国产业竞争力的影响

续表

产品领域	2011	2012	2013	2014	2015	2016
HS88	1.116	1.059	0.943	0.740	0.792	1.002
HS38	0.941	0.899	0.952	0.747	0.874	0.835
HS48	0.945	0.954	1.023	0.938	0.845	0.859
HS61	0.221	0.199	0.197	0.173	0.156	0.161
HS82	0.961	1.260	1.084	1.146	1.207	1.010

资料来源：联合国商品贸易数据库（UN Comtrade Database）．作者测算．

从表5.4可知，中韩出口相似程度较高的行业并不均为中国具有竞争优势的行业，除核反应堆、锅炉、机器、机械器具及其零件（HS84）以外，其他行业显示性比较优势指数均低于韩国（2011年基准）。具体而言，中国在美国市场中具有竞争优势的行业主要包括电机、电气设备及其零件（HS85），核反应堆、锅炉、机器、机械器具及其零件（HS84），钢铁制品（HS73），塑料及其制品（HS39），针织或钩编的服装及衣着附件（HS61），贱金属工具、器具、利口器、餐匙、餐叉及其零件（HS82）等劳动密集型低附加值行业。这些行业中，美国在电机、电气设备及其零件（HS85）、核反应堆、锅炉、机器、机械器具及其零件（HS84）、钢铁制品（HS73）行业对外关税基本为0，《韩美自由贸易协定》对中国的影响有限，而在塑料及其制品（HS39）、针织或钩编的服装及衣着附件（HS61），贱金属工具、器具、利口器、餐匙、餐叉及其零件（HS82）方面韩国产品则较中国产品以更低的价格进入美国市场，对中国构成了潜在威胁。从表5.4、表5.6可知，2011年以来在塑料及制品（HS39），贱金属工具、器具、利口器、餐匙、餐叉及其零件（HS82）领域中国显示性比较优势指数下滑，而韩国则小幅上升，表明韩国的比较优势有所增加。尤其在贱金属工具、器具、利口器、餐匙、餐叉及其零件（HS82）领域，中国在美国进口市场中的份额较2011年萎缩2.7个百分点（27.9%→25.2%），韩国则小幅上涨0.9%。但考虑到两

《韩美自由贸易协定》对韩国的经济影响

国进出口规模不具有可比性（中国显著大于韩国），韩国对中国的影响有限。此外，在针织或钩编的服装及衣着附件（HS61）领域，《韩美自由贸易协定》目前并未对韩国相关产业贸易能力形成显著拉动作用，中国仍保持绝对的优势，并且《韩美自由贸易协定》对纺织品原产地的严格规定也限制了韩国相关企业对自由贸易协定的利用率。至目前为止，《韩美自由贸易协定》并未对中韩在美国市场的竞争关系带来显著变化，对中国相关产品（产业）的挤压有限。《韩美自由贸易协定》生效以来，中国的市场份额维持增长趋势，2016年较2011年增长2.39%。出现这一局面主要与中韩具有竞争关系的行业原本市场开放程度高，而随着中国生产能力的提升，在相关领域竞争力逐渐加强所致。

《韩美自由贸易协定》对日韩在美国进口市场中竞争关系的影响方面，双方出口相似度高的行业均为两国竞争优势行业，韩国竞争优势略弱于日本。从表5.5、表5.6来看，《韩美自由贸易协定》运行以来，日本在车辆及其零部件（HS87），贱金属工具、器具、利口器、餐匙、餐叉及其零件（HS82），橡胶及其制品（HS40），杂项化学产品（HS38）等行业的显示性比较优势指数呈现不同程度下滑，比较优势有所萎缩。具体而言，在车辆及其零部件（HS87）领域，《韩美自由贸易协定》缔结以来，日本显示性比较优势指数呈现下降趋势，市场份额由20.2%降至17.6%，同期韩国的市场份额扩大1.6个百分点，显示性比较优势指数呈现增长趋势。贱金属工具、器具、利口器、餐匙、餐叉及其零件（HS82）领域，日本显示性比较优势指数下降，但韩国有所提高，日本在美国相关产品进口市场中的市场份额从9.5%降至8.0%，韩国则从2.2%增加至3.1%。橡胶及制品领域（HS40），韩国具有较强的比较优势，双方份额也相近，《韩美自由贸易协定》以来双方出口均有所下降，但日本市场份额从8.8%降至7.4%，韩国从7.3%增至7.8%。杂项化学品（HS38）是韩国比较优势显著的领域，《韩美自由贸易协定》缔结以来，日本的市场份额从15.4%降至9.0%，而韩国从2.5%增加

第五章 《韩美自由贸易协定》对韩国产业竞争力的影响

至 2.7%。

总体来看,《韩美自由贸易协定》对韩国出口优势行业进一步强化竞争力产生了积极作用,但这一影响至目前为止并不足以撼动中国、日本在美国进口市场中的地位。总体来看,《韩美自由贸易协定》对日本的影响高于中国。未来,中韩在美国市场中将继续围绕机电产品(HS84、HS85),钢铁制品(HS73)、塑料及其制品(HS39),贱金属工具、器具、利口器、餐匙、餐叉及其零件(HS82)领域展开竞争。而在后两项中,中国产品面临较韩国更高的关税壁垒,在与韩国的竞争中处于不利地位。而日本方面,随着美国推出《跨太平洋伙伴关系协定》,日本未来在美市场中与韩国的竞争将会越来越激烈。

第三节 竞争潜力视角下《韩美自由贸易协定》对韩国产业竞争力的影响

小国与大国缔结的自由贸易协定中,小国不仅会获得开拓大国市场的机遇,两国间制度化合作还将通过促进产业资本流动、产业内贸易发展、强化竞争等方面影响小国相关产业发展的内生动力。当然,市场开放也会对小国相对弱势产业造成冲击,但竞争的压力将倒逼弱势产业转型升级,为提升竞争力带来机遇。

一、《韩美自由贸易协定》投资效应分析

随着跨国公司的兴起,全球范围内外国直接投资迅速发展,跨国公司借助投资,将生产的不同工序分布在不同国家,形成基于比较优势基础上的垂直型全球生产网络体系。在这一过程中,对外直接投资、外国直接投资(IFDI)通过促进资金、技术、设备的流动作用于产业发展,

成为一国推动产业发展的重要力量，在一国强化产业竞争力方面发挥日益重要的作用。《韩美自由贸易协定》作为韩国与全球最发达经济体缔结的高标准协定，在投资市场开放与相关规范上设立了较之其已缔结的所有自由贸易协定更高的标准。① 自 2012 年协定生效以来，韩美之间产业资本流动加速，同时区外国家出于规避贸易壁垒，或对韩国经济的积极预期所进行的直接投资亦有所增长。这些投资表现为出口导向型、市场开拓型、技术导向型等不同形式，对韩国相关产业强化附加值创造能力，加速向全球价值链高端升级注入了动力。

（一）韩美双边直接投资增长，韩国引进区域外国家直接投资有所增加

如表 5.7 所示。《韩美自由贸易协定》生效以来，美国对韩国的直接投资呈现较为显著的增长。2012 年至 2016 年，韩国年均引进美国直接投资 40.3 亿美元，较协定生效前（2007 年至 2011 年）年均 19.0 亿美元大幅增长 112%，美国在韩国引进外资总额中的平均份额也由 15.76% 增加至 22.04%。② 尤其在协定生效初期，2012 年美国对韩国的直接投资约 36.7 亿美元，大幅增长 54.9%，投资壁垒降低有效促进了美国对韩国的直接投资。

---

① 在市场准入方面，韩、美相互对投资者实行准入前国民待遇与最惠国待遇，服务贸易与投资采用负面清单式管理，大幅扩大外资进入范围。同时，在投资保障方面《韩美自由贸易协定》引入投资者—国家争端解决机制（ISD）条款，明确间接征收范围，强化了对外国投资者利益的保护。

② 资料来源：根据表 5.7 测算.

第五章 《韩美自由贸易协定》对韩国产业竞争力的影响

表5.7 2009—2016年韩国FDI流入与流出概况　　单位：亿美元

	引进外资（IFDI）						外商直接投资（FDI）				
	日本	中国	新加坡	美国	欧盟	总额	中国	美国	越南	中国香港	日本	总额
2007	9.9	3.8	5.2	23.3	43.5	105.1	74.3	45.1	28.1	19.8	8.2	308.9
2008	14.2	3.4	9.2	13.2	63.4	117.1	49.7	62.8	19.3	34.8	6.7	372.4
2009	19.3	1.6	4.4	14.9	53.0	114.8	28.2	39.8	9.7	17.7	7.3	316.3
2010	20.8	4.1	7.7	19.7	32.0	130.7	44.2	50.8	22.3	15.2	4.1	348.3
2011	22.9	6.5	6.1	23.7	51.9	136.7	48.1	166.1	15.2	17.2	4.3	465.2
平均	17.4	3.9	6.5	19.0	48.8	120.9	48.9	72.9	18.9	20.9	6.1	362.2
2012	45.4	7.3	14.1	36.7	27.1	162.9	70.2	70.2	10.0	20.7	7.4	406.6
2013	26.9	4.8	4.3	35.3	48.0	145.5	47.6	59.4	14.7	10.4	9.5	363.4
2014	24.9	11.9	16.7	36.1	65.0	190.0	38.4	94.6	21.5	10.8	5.9	359.2
2015	16.7	19.8	25.2	54.8	25.0	209.1	44.0	105.5	29.2	34.9	8.8	404.4
2016	12.5	20.5	23.5	38.2	74.0	213.0	40.4	179.2	30.7	17.9	6.5	496.7
平均	25.3	12.9	16.8	40.3	47.8	184.1	48.1	101.8	21.2	18.9	7.6	406.1

资料来源：韩国产业通商部，韩国进出口银行，申报金额.

与此同时，韩国对美国的直接投资也有所增长。2012年至2016年，韩国年均对美直接投资约101.8亿美元，相较于协定生效前的2007年至2011年年均72.9亿美元增长39.6%，高于同期韩国年均对外投资总额增长水平（12.1%），且这一时期韩国对中国的年均直接投资甚至小幅下降。《韩美自由贸易协定》生效后，美国在韩国对外投资市场中的核心地位得到进一步巩固，在韩国对外投资总额中比重由平均18.9%增加至24.4%。[①]

与此同时，区外国家（除美国以外其他国家）对韩直接投资也有所增长。在主要投资国中，日本对韩投资在2012年大幅增加，增幅达到

---

① 资料来源：根据表5.7测算.

98.3%,投资规模扩大的领域集中在化工、机械、医药制品、电子、半导体、医药制品等制造业领域。① 上述行业美国与日本对韩出口具有相似性,《韩美自由贸易协定》对日本的贸易转移效应一定程度上增加了日本企业开拓韩国市场的紧迫性。同时,美国对韩投资增长也促进了日本关联企业的跟随性投资。

(二)韩国对美服务业直接投资显著增长,美国对韩制造业直接投资持续增加

随着韩美相互降低市场准入壁垒,韩国对美直接投资及美国对韩直接投资在产业布局上呈现出一些变化。韩国对美国的直接投资方面,从表5.9中可以看到,2012年以来服务业领域直接投资规模显著增加,从协定生效前的2011年44.7亿美元增加至2016年159.5亿美元,达到同期韩国对外服务业领域直接投资总额的47.9%。② 在具体行业分布上,韩国在住宿餐饮、物流仓储、科学研究与技术服务、信息通信、房地产、金融保险领域对美国直接投资均有不同程度增长,其中科学研究与技术服务、信息通信、房地产、金融保险等高附加值行业投资增长较为显著。与此同时,韩国对美国制造业领域投资规模小幅增加,由2011年9.2亿美元增加至2016年的16.7亿美元(参考表5.8),达到韩国对外制造业领域总额约16.8%。具体而言,在食品、服装、化工、医药、机械等领域,韩国对美直接投资呈现不同程度增长,其中化工产业投资额增长最为显著。总体比较《韩美自由贸易协定》生效后,韩国对美国直接投资额中制造业与服务业分布变化可以发现,服务业在韩国对美国直接投资的主导地位进一步强化。如图5.3所示,2012年至2016年,韩国对美直

---

① 《韩美自由贸易协定》运行初期,日本在化工、医药制品、运输设备等领域对韩投资有所增加,化工、医药制品领域对韩投资在2012年较2011年分别增加40.2%、332%,对运输设备及零部件领域的投资在2013年较2011年大幅增长204.7%。资料来源:韩国进出口银行.
② 2016年韩国对外投资总额约496.7亿美元,其中服务业对外投资约333.02亿美元,制造业对外投资约99.6亿美元.资料来源,韩国进出口银行.

第五章 《韩美自由贸易协定》对韩国产业竞争力的影响

接投资总额中约73.8%流入服务业领域,较之《韩美自由贸易协定》生效之前(2000—2011年)的55.7%大幅增加18.1%,而对制造业部门的投资份额小幅缩减4.1%,由协定生效前平均约16.1%降至协定生效后的12%。

表5.8 韩国对美制造业领域直接投资行业分布　　单位:亿美元

	食品	服装	化工	医药	金属及加工品	医疗、精密仪器	机械	电机、电气	运输设备	总额
2011	0.18	0.03	0.33	0.27	0.07	0.48	0.48	2.00	1.48	9.21
2012	0.21	0.05	1.42	0.31	0.13	0.42	1.11	5.00	0.33	10.41
2013	0.25	1.27	0.19	0.04	0.29	0.10	0.93	1.22	1.27	10.09
2014	0.26	0.11	1.98	0.25	0.13	0.17	1.71	1.04	0.41	8.57
2015	1.01	0.14	2.18	0.59	0.75	0.93	1.76	0.78	0.15	10.15
2016	0.23	0.07	5.05	0.77	0.30	0.76	2.59	1.23	0.72	16.70

资料来源:韩国产业通商资源部. 作者整理.

注:表中所示产业部门为韩国在制造业领域引进美国直接投资的主要产业部门,且投资金额为申报金额.

表5.9 韩国对美服务业领域直接投资行业分布　　单位:亿美元

	零售	住宿餐饮	物流仓储	信息通信	金融保险	房地产	科学研究技术服务	文化娱乐	总额
2011	10.45	0.61	0.34	1.52	19.57	11.09	0.65	0.11	44.67
2012	5.68	1.02	1.04	1.53	21.89	4.59	1.12	0.03	37.40
2013	4.28	0.99	0.25	1.01	7.06	20.55	0.58	0.01	35.69
2014	5.03	1.72	4.33	3.93	26.45	33.35	1.05	0.05	76.37
2015	9.00	7.10	0.81	2.88	39.94	29.75	0.72	0.10	90.86
2016	71.37	4.60	0.44	3.46	37.52	35.58	3.88	3.88	159.49

资料来源:韩国产业通商资源部. 作者整理.

《韩美自由贸易协定》对韩国的经济影响

注：表中所示产业部门为韩国在服务业领域引进美国直接投资的主要产业部门，且投资金额为申报金额。

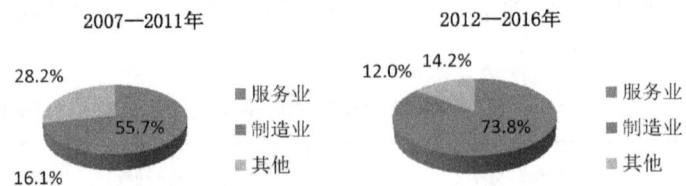

图5.3 韩国对美直接投资产业分布

资料来源：韩国进出口银行，作者整理计算，数据为五年平均占比。

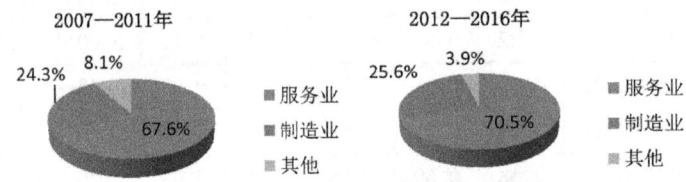

图5.4 美国对韩直接投资产业分布

资料来源：韩国产业通商资源部，作者整理计算，数据为五年平均占比。

表5.10 美国对韩制造业领域直接投资行业分布　　单位：亿美元

	食品	纺织品、服装	造纸、木材	化工	医药	非金属矿产品	金属及加工品	机械、医疗精密仪器	电机、电气	运输设备	总额
2011	0.44	0.02	0.02	1.52	0.29	0.35	0.05	2.12	5.96	0.14	11.42
2012	1.04	0.03	0	1.33	0.45	0	2.01	0.45	2.24	8.97	17.03
2013	0.01	0.02	0.01	0.6	1.5	0.03	0.06	1.99	0.32	7.34	11.86
2014	0.19	0	0	3.18	0.03	0	0.57	0.11	0.35	0.8	5.33
2015	0.01	0.02	0.01	2.12	0.09	0.01	0.03	0.79	2.21	2.09	7.38
2016	0.3	0.01	0	1.94	0.17	1	0.1	0.29	0.13	5.15	9.13

资料来源：韩国产业资源通商部。作者整理。

注：表中所示产业部门为韩国在制造业领域引进美国直接投资的主要产业部门，且投资金额为申报金额。

第五章 《韩美自由贸易协定》对韩国产业竞争力的影响

表 5.11 美国对韩服务业领域直接投资行业分布　　单位：亿美元

	零售	住宿餐饮	物流仓储	信息通信	金融保险	房地产	科学研究技术服务	文化娱乐	总额
2011	0.59	0.01	0.05	1.65	1.38	6.43	0.58	0.03	12.2
2012	2.28	0.05	0.02	0.92	4.71	4.03	1.25	0.05	13.5
2013	0.81	2.43	0	2.07	5.08	11.94	0.73	0.31	23.4
2014	1.7	0.02	2.56	1.89	13.22	9.17	0.4	0.06	29.7
2015	2.66	0.37	5.21	6.33	7.27	18.55	0.25	5.05	45.8
2016	4.9	0.12	0.07	4.53	2.69	5.97	10.93	0.01	29.6

资料来源：韩国产业通商资源部．作者整理．

注：表中所示产业部门为韩国在服务业领域引进美国直接投资的主要产业部门，且投资金额为申报金额．

美国对韩直接投资方面（参考表 5.10 与表 5.11），《韩美自由贸易协定》生效后制造业与服务业领域投资规模均有所增加。2012 年至 2016 年，美国对韩制造业部门投资年均 10.1 亿美元，较协定生效前五年平均 5.0 亿美元大幅增加 102%。① 随着市场开放与投资壁垒降低，2012 年美国对食品、医药、金属及加工品等行业投资有所增长，但从表 5.10 可知，相关领域投资自 2013 年开始即呈现出较为明显的下滑态势，这表明《韩美自由贸易协定》对上述行业投资的激励作用仍限于短期效应。相对而言，韩国主导性制造业部门，如化工、运输设备等领域引进美国投资呈现出较为显著的增长，《韩美自由贸易协定》进一步加强了相关领域两国企业之间联系，巩固了韩国在美国企业生产网络中的地位。尤其在运输设备领域，美国对韩直接投资迅猛增长，2016 年达到 5.16 亿美元，达到美国对韩制造业投资总额的 56.4%。服务业方面，参考表 5.11 可知，

---

① 2007 年至 2010 年美国对韩制造业领域投资额分别为 2.25 亿、2.97 亿、4.14 亿、3.97 亿美元．资料来源：韩国产业通商资源部．

《韩美自由贸易协定》对韩国的经济影响

美国在零售业、物流仓储、信息通信、金融保险、房地产、科学研究与技术服务等领域对韩投资均呈现出稳定增长,尤其在信息通信领域 IT 产业(游戏软件开发、其他软件开发、软件开发相关服务)方面,美国的直接投资年均增长 92.9%。① 受此影响,2012 年至 2016 年服务业在美国对韩投资总额中的份额由 67.6% 增加至 70.5%。

总体而言,《韩美自由贸易协定》缔结之前,双边投资已形成服务业为主、制造业为辅的格局,而随着原本相对闭塞的服务业市场以负面清单方式开放,进一步加速了这一发展趋势。

(三)《韩美自由贸易协定》投资效应对韩国产业竞争力的影响

在缔结自由贸易协定背景下,新兴工业化国家(或发展中国家)对发达国家直接投资的主要动力来自于两方面,一是开拓国际市场,发展新兴产业;二是对战略性资产的收购以获取创新资产(如技术、管理、品牌)。② 如发展中国家对发达国家的直接投资能够使其短期内获取先进的管理、销售经验,以及核心技术等,而这种技术溢出对母国相关产业技术进步、贸易结构升级往往具有明显的促进作用。而发达国家对新兴工业化国家(发展中国家)的直接投资主要是生产工序的转移,抑或是低附加值产业的转移,利用廉价劳动力资源实现规模经济。无论出于哪种动因,均会给发展中国家带来一定利益。

此外,发达国家对新兴工业化国家(发展中国家)的直接投资为东道国企业参与全球分工,实现专业化生产提供机遇。在这一过程中,跨国公司提出的高标准生产要求,能够有效倒逼东道国企业提升产品质量。

---

① 2012—2015 年美国对韩 IT 服务业直接投资规模分别为 0.88 亿美元、1.86 亿美元、1.88 亿美元、6.32 亿美元. 资料来源:韩国产业通商资源部.

② 陈俊聪,黄繁华. 对外直接投资与贸易结构优化 [J]. 国际贸易问题,2014 (3):115.

第五章 《韩美自由贸易协定》对韩国产业竞争力的影响

需要指出的是，与日本为代表的垂直封闭式的生产网络不同①，美国供应商有较大的自主权与市场灵活性，领导厂商更愿意向东道国供应商提供较多的指导和技术支持以提高供应商的能力，这一特点也将为韩国企业技术升级带来积极作用。

表5.12　韩国对美直接投资中不同目的导向的投资占比　　单位：%

	技术导向型	出口导向型	市场导向型	其他
2012	10.4	9.6	43.1	9.6
2013	2.4	9.3	48.1	8.7
2014	6.4	2.0	38.4	15.6
2015	7.9	2.9	65.8	15.4
2016	39.0	3.4	46.0	11.4

资料来源：韩国进出口银行．作者整理．

从表5.12中可知，《韩美自由贸易协定》运行以来，韩国技术指向型投资持续增加，在整体投资额的比重由2012年的10.4%扩大至2016年的39%，市场导向性投资由2012年的43.1%增加至2016年的46%，出口导向型投资反而由9.6%降至3.4%。也即韩国对美直接投资集中在资本技术密集型产业，以获取先进技术和管理经验为主，有利于企业技术突破与产品革新。

作为贸易立国的中等经济体，韩国经济发展高度依赖出口，以中间产品、资本品为中心的贸易结构导致其对国际直接投资形成较高依赖。根据韩国国际开发研究院的研究，韩国以附加值计算的出口额中，源自外国直接投资的出口占47.9%，高于全球平均33.7%水平，而核反应堆、锅炉、机器、机械器具及其零件（HS84）、电机、电气设备及其零件

---

① 日本公司海外机构一般受总部的高度控制以维护总部的权威和核心技术能力，因此其治理结构是层级性的垂直一体化模式，以日企为主导的跨国生产网络一般由领导企业率先降低附加值的生产环节转移到发展中国家，然后日本供应商跟进投资。对东道国当地的采购仅限于附加值低的原材料和简单零部件，技术要求较高的零部件一般由跟进的日本供应商提供或从母国采购。

(HS85) 等支柱性产业附加值出口能力对外国直接投资的依赖超过60%。① 这使得韩国国内生产总值对外国直接投资的依赖达到15.5%,较全球平均水平（6.4%）高出一倍多,一旦全球国际直接投资水平下降1%,韩国的国内生产总值将下降0.21%。② 在这种情况下,《韩美自由贸易协定》通过提升投资便利化水平,不仅保障了双边直接投资的稳定增长,为韩国吸收技术外溢,提升服务质量奠定了基础,也为韩国引进其他国家直接投资,服务于其经济发展创造了机遇。

二、《韩美自由贸易协定》对两国产业内贸易的影响分析

20世纪70年代以来,规模经济效应促使国际贸易逐渐由基于要素禀赋的传统产业间贸易模式向基于产品差异性的产业内贸易发展。早期这一趋势集中在发达国家之间,而伴随着垂直化生产网络体系的发展,产业内贸易在全球贸易格局中占据越来越重要的地位。相对于传统的产业间贸易,产业内贸易通过进一步深化专业化分工,提升产品技术等级,能够加速促进一国比较优势向竞争优势的转化。尤其对发展中国家而言,提高产业内贸易水平已成为提升贸易结构,强化对外贸易竞争力的重要渠道。

《韩美自由贸易协定》中,两国市场间关税、非关税壁垒逐渐减少,投资市场开放促进了双方市场的加速融合,要素流动更加自由、便利。扩大的市场规模促使企业调整生产布局,深化专业化分工,实现规模经济,为韩国提高产业内贸易水平,强化产业竞争力创造了环境。本节通过运用格鲁贝尔—劳埃德（Grubel-Lioyd, GL）指数与GHM法（Greenaway、

---

① [韩] 郑圭哲. 全球国际直接投资低迷对韩国创造附加值的影响 [R]. 韩国开发研究院, 2016（12）: 45.

② [韩] 郑圭哲. 全球国际直接投资低迷对韩国创造附加值的影响 [R]. 韩国开发研究院, 2016（12）: 39.

Hine、Milner 提出的测度产业内贸易类型方法）对《韩美自由贸易协定》生效前后双方产业内贸易发展进行分析。

（一）产业内贸易测算方法

测度产业内贸易的指标有很多种，即有静态指标也有动态指标，本书主要采用格鲁贝尔—劳埃德指数测度《韩美自由贸易协定》缔结前后两国产业内贸易水平变动，并运用 GHM 法判断韩美产业内贸易结构。

1. GL 指数法

GL 指数由格鲁贝尔（H. Grubel）和劳埃德（P. Lloyd）于 1975 年提出，他们将国家间贸易分为产业间贸易与产业内贸易，测算出产业内贸易水平的度量公式：

$$GL_i = 1 - \frac{|X_i - M_i|}{X_i + M_i}, \quad 0 \leq GL_i \leq 1 \tag{4}$$

公式（4）中，GL_i 表示一国 i 产业的 GL 指数，X_i，M_i 分别是一国 i 产业的出口额与进口额，GL 指数越接近 1 说明产业内贸易程度越高。

在 GL 指数研究基础上，Bergstrand（1983）提出双边产业内贸易测算公式：

$$GL_{ij}^k = 1 - \frac{|X_{ij}^k - X_{ji}^k|}{X_{ij}^k + X_{ji}^k}, \quad GL_{ij}^k \in [0, 1] \tag{5}$$

X_{ij}^k 与 X_{ji}^k 分别表示，i 国与 j 国向对方出口 k 产业产品的贸易额。

2. GHM 法

1994 年，英国经济学家格林纳威、海恩、米尔纳（D. Greenaway, R. C. Hine, C. Milner）提出判断产业内贸易结构的方法与标准，将产业内贸易区分为水平型产业内贸易（Horizontal Intra-industry Trade, HIIT）与垂直型产业内贸易（Vertical Intra-industry Trade, VIIT）。水平型产业内贸易以产品的异质性与消费者偏好多样性为基础，是指要素投入、质量、价格相似产品之间的产业内贸易，主要发生在经济技术水平相似的国家之间。垂直型产业内贸易是指同一产品组中要素投入、品质、价格存在差异的产品之间的贸易。垂直型产业内贸易与产业间贸易相似，各国考量自身比较优势，某些国家出口高品质产品，而某些国家出口低品质产品。

$$HIIT_i = 1-\alpha \leq \frac{UV_i^x}{UV_i^m} \leq 1+\alpha \tag{6}$$

$$VIIT_i = \frac{UV_i^x}{UV_i^m} < 1-\alpha \text{ 或 } \frac{UV_i^x}{UV_i^m} > 1+\alpha \tag{7}$$

公式（6）、（7）中UV表示单位价格（Unit Value），UV_i^x表示 i 产业出口的单位价格，UV_i^m表示 i 产业进口的单位价格，α 为离散因子，一般取值 0.15 或 0.25。当出口与进口的单位价格比值大于 1-α，小于 1+α 时，该产业为水平型产业内贸易，反之为垂直型产业内贸易。

（二）《韩美自由贸易协定》生效前后产业内贸易水平测度

一般而言，联合国国际贸易标准分类前三位数相同的产品（即同组产品）视为相同产业。① 按照国际贸易标准分类，贸易商品共分为 10 大类②，其中 0—4 类产品主要为初级产品，5—8 类产品为制造业产品，9 类主要包括邮件、武器等非常规产品。考虑到韩美贸易以工业制成品为主，本章以联合国《国际贸易标准分类》第四次修订标准（SITC Rev. 4）为基础，选取国际贸易标准分类第 5、6、7、8 类产品数据进行测算，其中第 5、7 类产品为资本密集型制成品，第 6、8 类产品多为劳动密集型制

---

① 国际贸易标准分类（SITC）编码结构采用 5 位阿拉伯数字的层次码表示，第一位数字表示大类，前两位数字表示章，前三位数字表示组，前四位数字表示分组，第五位数字表示分出的小类。

② 分别为 0. 食品及主要供食用活动物；1. 饮料及烟类；2. 燃料以外的非食用粗材料；3. 矿物燃料、润滑油和及相关原料；4. 动物及植物油，油脂及蜡；5. 未列明的化学品及有关产品；6. 主要按原料分类的制成品；7. 机械及运输设备；8. 杂项制品；9. 未分类的其他商品。

第五章 《韩美自由贸易协定》对韩国产业竞争力的影响

成品。采用国际贸易标准分类 3 分位数据统计测算韩美产业内贸易指数，以 2015 年为准共包含 166 个行业，行业数目因年份不同会有差异，得出结果如下。

表 5.13 缔结《韩美自由贸易协定》前后韩美产业内贸易变动情况

国际贸易标准分类	产品名称	2011		2015	
		GL 指数	产业内贸易产品数	GL 指数	产业内贸易产品数
SITC5	未列明的化学品及有关产品	0.43	9（6）	0.47	15（3）
SITC6	主要按原料分类的制成品	0.38	24（8）	0.41	22（7）
SITC7	机械和运输设备	0.33	23（13）	0.32	26（13）
SITC8	杂项制品	0.55	20（8）	0.54	16（8）
SITC5+6		0.39	—	0.34	—
SITC6+8		0.45	—	0.46	—

注：产业内贸易产品数所列为 GL>0.5 的产品数，（ ）内为 GL>0.8 的产品数，一般情况下 GL>0.8 视为以产业内贸易为主的行业．

资料来源：UN Comtrade Database．作者计算．

从表 5.13 中得出如下结论。

第一，就整体制造业产品（SITC5—SITC8）而言，《韩美自由贸易协定》缔结以来，双方产业内贸易水平小幅增加，GL 指数大于 0.5 的产品行业数目从 76 个增加至 79 个，区域内专业化分工有所深化。劳动密集型（SITC6、SITC8）产品的产业内贸易水平高于技术密集型产品（SITC5、SITC7），尤其是杂项制品（SITC8）的 GL 指数超过 0.5%。然而，从整体来看，至今韩美制造业领域贸易仍以产业间贸易为主。

第二，就具体各类产品来看，相较于 2011 年，《韩美自由贸易协定》生效后未列明的化学品及有关产品（SITC5）产业内贸易水平有所提高，GL 指数由 2011 年的 0.43 提升至 2015 年的 0.47。并且，相关领域 GL 指数大于 0.5 的行业数目较 2011 年增加了 6 个，集中在受惠产品领域，如香水、化妆品、有机化学品、乙烯聚合物等均为《韩美自由贸易协定》中的受惠产品。主要按原料分类的制成品（SITC6）领域，2015 年 GL 指数较 2011 年提高 0.03，皮革、纸与纸板、矿物制品、玻璃、锡等领域的产业内贸易水平显著提高，GL 指数超过 0.8。机械和运输设备领域（SITC7），尽管该类产品是两国制造业贸易的核心，但双方产业内贸易水平并不高。《韩美自由贸易协定》缔结以来，机械和运输设备（SITC7）类产品中 GL 指数高于 0.5 的产品增加了三项，工业机械设备与零件（SITC74）产业内贸易水平进一步加强，该领域已经形成以产业内贸易为主的贸易结构。杂项制品领域（SITC8），韩美两国在该领域产业内贸易水平高于其他所有制造业产品，摄影仪器、设备和供应品、光学产品、钟表产品保持了较高的产业内贸易水平。

第三，整体而言，《韩美自由贸易协定》在短期内对产业内贸易的促进作用并不显著，但通过削减贸易壁垒方式促进了受惠产品的产业内贸易。步入 21 世纪以来，韩国致力于调整产业结构，生产技术密集型的高附加值产品，但其从产业链中上游向上游攀升的进程较为缓慢，这也导致韩美之间贸易始终维持以产业间贸易为主导的结构。但从 2011 年至 2015 年技术密集型产品 SITC5 和 SITC7 类产品贸易增长显著快于劳动密集型产品贸易额增长来看，韩美之间贸易正逐渐从基于要素禀赋差异的产业间贸易转向以基于产品异质性的产业内贸易，而《韩美自由贸易协定》的缔结正在加速这一进程。

（三）《韩美自由贸易协定》缔结以来韩美产业内贸易结构的变动趋势

本章将离散因子 α 取值 0.25，即当 $\dfrac{UV_i^x}{UV_i^m}$ 值在 0.75 到 1.25 区间时为水平型产业内贸易，反之则为垂直型产业内贸易。选取上一节表 5.12 中 GL 指数大于 0.5 的产品组，共 155 组（2011 年 76 组、2015 年 79 组），

第五章 《韩美自由贸易协定》对韩国产业竞争力的影响

运用 GHM 法进一步区分产业内贸易结构。此外，按照普利莫斯卡大学教授 Štefan Bojnec 的细分方法，进一步将垂直型与水平型产业内贸易细分为高水平与低水平水平型、垂直型产业内贸易。[①] 即（1）$0.75 \leq \frac{UV_i^x}{UV_i^m} \leq 1$，低水平的水平型产业内贸易；（2）$1 < \frac{UV_i^x}{UV_i^m} \leq 1.25$，高水平的水平型产业内贸易；（3）$0 < \frac{UV_i^x}{UV_i^m} < 0.75$，低水平的垂直型产业内贸易；（4）$\frac{UV_i^x}{UV_i^m} > 1.25$，高水平的垂直型产业内贸易。高水平水平型产业内贸易表明，产品在规格、款式上的多样化程度较高，高水平的垂直型产业内贸易表明，贸易产品质量较高，具有较强的出口竞争力。计算结果如表5.14。

表 5.14　2011、2015 年韩美产业内贸易结构　　　　单位：组

	2011 年		2015 年	
水平型产业内贸易	高水平产品组个数	低水平产品组个数	高水平产品组个数	低水平产品组个数
	4	6	4	6
	平均 GHM 值	平均 GHM 值	平均 GHM 值	平均 GHM 值
	1.109	0.888	1.138	0.800
垂直型产业内贸易	高水平产品组个数	低水平产品组个数	高水平产品组个数	低水平产品组个数
	8	58	13	56
	平均 GHM 值	平均 GHM 值	平均 GHM 值	平均 GHM 值
	6.345	0.4001	2.059	0.351

资料来源：作者计算．平均 GHM 值是指相应水平产品组 $\frac{UV_i^x}{UV_i^m}$ 值的平均值．

从表 5.14 中可知，韩美产业内贸易以垂直型分工为主，这符合美国

[①] Štefan Bojnec. Patterns of Intra-industry Trade in Agricultural and Food Products During Transition [J]. Eastern European Economics, 2001(39)：61-89. 转引自吴学君，易法海．我国农产品产业内贸易规模、水平及结构的实证研究 [J]．经济纵横，2010（4）：116．

主要生产、出口高技术产品，韩国生产并出口中高端技术产品的差异化产品贸易现状。《韩美自由贸易协定》缔结以来，在制造业领域水平型产业内贸易水平并未发生显著变化，2011年共76组产品中，10组产品为水平型产业内贸易①，2015年共79组产品中，10组产品表现为水平型产业内贸易②，产品组略有变动。然而，2011年至2015年，韩美之间高水平垂直型产业内贸易产品组有所增加，在整体垂直型产业内贸易产品组中的比重从12.1%提升至18.8%。这表明韩美贸易产品质量在提高，双方贸易结构逐渐在改善。尽管我们并不能"一刀切"地认为垂直型专业分工深化全部得益于两国之间缔结的自由贸易协定，但双方在贸易便利化与提高市场透明度方面的努力无疑将为双方加强专业化分工，提升国家福利提供良好的环境，也有助于韩国在此过程中进一步吸收技术外溢，提升产品质量。

三、《韩美自由贸易协定》竞争效应分析

《韩美自由贸易协定》缔结后，两国市场相互开放，对于原本设置高额关税壁垒予以保护的行业而言，新厂商的进入将极大地刺激行业竞争，缺乏竞争优势的产品、企业面临淘汰，资源得以重新配置，流入更加有效的行业，一定程度上能够缓解既有的市场扭曲。相对于美国，韩国市场开放水平整体低下，《韩美自由贸易协定》消除一系列显性或隐性保护措施，为韩国产业发展注入了极大的竞争因素。然而，《韩美自由贸易协

---

① 10组产品分别为SITC513、SITC574、SITC659、SITC671、SITC 733、SITC 737、SITC 752、SITC 813、SITC 882、SITC 894。

② 10组产品分别为未另列明的烃类及其卤化、磺化、硝化或亚硝化衍生物（SITC511），羧酸类及其酐、卤化物、过氧化物及过氧酸及其卤化、磺化、硝化或亚硝化衍生物（SITC 513），颜料、涂料、清漆及有关物料（SITC 533），香料、化妆品或盥洗用品（SITC 553），初级形状的乙烯聚合物（SITC 571），橡胶材料（SITC 621），室内铺地用品等（SITC 659），锭状和其他初级形状的铁或钢，铁或钢的半成品（SITC 672），内科、外科、牙科或兽医用电诊断装置和放射性装置（SITC 774），钟表（SITC 885）。

第五章 《韩美自由贸易协定》对韩国产业竞争力的影响

定》引入的竞争并不都是有利于产业发展。《韩美自由贸易协定》下的竞争加剧会造成两种截然不同的影响，一种是激励优胜劣汰机制，倒逼企业技术创新与产品、服务质量升级；而另一种则通过进口冲击，造成行业萎缩，失业加剧。对前者而言，美国产品、企业的进入犹如"鲶鱼"，会激活整体行业发展动力，竞争压力倒逼韩国企业技术研发，强化核心竞争力，成为推动行业比较优势转化为竞争优势的重要推动力。在韩国较美国处于劣势，但劣势并不显著的行业，如工业制成品、服务业领域，竞争加剧有利于韩国提升产业竞争力。然而，对后者而言，在农产品等缺乏竞争力的行业，进口产品增加所带来的竞争加剧，对相关行业发展将是不利的，至少在短期内会对行业造成冲击。从《韩美自由贸易协定》对农产品行业的短期效应来看，关税壁垒降低使得进口农产品价格下降11.5%，导致国内相同产品处于价格劣势，对农民造成一定冲击。[①] 因此，面对弱势行业竞争加剧，就需出台相应政策，辅助相关行业加速转型升级，才能有效利用竞争对行业发展的激励作用。

第四节 竞争环境视角下《韩美自由贸易协定》对韩国产业竞争力的影响

制度竞争力实际上是产业竞争力隐含的组成部分，在产业发展过程中体制机制等制度性因素往往对产业竞争力产生更为持久、深刻的影响。[②] 在缔结自由贸易协定的背景下，制度竞争力来源于产业发展环境的改善、创新激励及政策影响等。

[①] [韩] 韩石浩，郑浩燕.《韩美自由贸易协定》运行对韩国农业部门的影响及启示 [J]. 韩国农村经济研究院农政焦点，2014 (3)：1-28.

[②] 陈晓声.产业竞争力的测度与评估 [J]. 上海统计，2002 (9)：15.

《韩美自由贸易协定》对韩国的经济影响

一、《韩美自由贸易协定》对韩国产业发展环境的改善作用

当前,自由贸易协定已成为发达国家主导全球经济规则的主要工具。不论是在《北美自由贸易协定》,抑或是在《韩美自由贸易协定》中,美国借助其谈判优势主导协议内容,将其国内贸易、投资、竞争、环境、劳工等相关标准与规则输出到伙伴国,促使伙伴国相关领域政策、规则向美国看齐,以实现其伙伴国市场更加符合美国企业利益的目标。因此,对韩国等伙伴国而言,自由贸易协定生效意味着必须加速调整国内相关政策、法律法规以适应《韩美自由贸易协定》引入的新规则。就短期而言,市场开放引发的竞争加剧,以及一系列法律法规的调整必然产生调整成本,但从韩国强化产业竞争力的长期视角来看,《韩美自由贸易协定》引入的竞争与规则是韩国加速消除市场扭曲,对接发达国家"高标准"的推动力量,而这些标准恰恰很有可能是未来全球经贸领域的新规则。

《韩美自由贸易协定》中,韩国在投资争端解决机制、劳工与环境标准、知识产权保护等方面引入了美国的"标准",为了应对这些新规则,韩国加速完善国内法律、法规,以避免出现法律漏洞,在国际争端中处于不利地位。同时,韩国在公平竞争、减少政府干预等方面也做出努力,致力于营造更加高效的市场体系。韩国在这些方面的努力对外部世界发出清晰信号,将提高其市场对国际领先跨国公司的吸引力,促进外资流入优势产业,助力韩国向产业链上游迈进。在这一过程中,韩国能够通过学习外资企业的管理模式、创新机制、维权措施,不断强化自身竞争能力。当然,新标准的引入也将令韩国面临更多的风险,弱势产业将会面临一定冲击,但若通过有效的政策措施缩小负面影响,韩国将逐渐具备参与高水平自由贸易协定的条件。

第五章 《韩美自由贸易协定》对韩国产业竞争力的影响

二、《韩美自由贸易协定》对韩国创新机制的影响分析：基于知识产权保护

美国一直是全球知识产权保护最严格的国家，知识产权密集型产业在美国经济发展中占据重要地位。根据美国商务部、专利商标局、经济统计管理局联合发布的《知识产权与美国经济：2016 更新版》，知识产权密集型产业对美国国内生产总值的贡献率高达 38.2%，贡献 4550 万个就业岗位（直接创造 2790 万个，间接创造 1760 万个），占整体劳动力就业的 30%。[1] 同时，知识密集型产业服务出口达 810 亿美元，占美国服务出口总额的 12.3%，知识产权保护对美国的重要性不言而喻。因此，在《韩美自由贸易协定》中，美国在知识产权保护领域拒绝让步，其国内知识产权保护标准得到延伸。

《韩美自由贸易协定》在知识产权保护方面的内容主要包括延长版权保护时限，从原来的版权所有者生命期结束后 50 年延长至 70 年；强化韩国数字保护义务，规定"互联网服务提供者责任"，明确要求限制网络服务商盗版行为；使用作者、音乐制作人等创作成果时，不论是暂时性还是永久性使用均应得到许可；制药产业实行药品专利链接制度，在专利有效期内未经专利所有人同意，药品管理当局不得授予第三方上市许可；缩小专利保护例外范围；对广泛种类的产品提供一段固定期限的数据专有权等。这些标准远远超过了世界贸易组织体制下贸易有关的《知识产权协定》（TRIPs）对知识产权的保护水平，对韩国知识产权保护体系产生了深刻影响。

不可否认的是，《韩美自由贸易协定》强化知识产权保护在短期内的影响是负面的。比如延长知识产权保护期限导致企业知识产权支出进一

---

[1] Justin Antomipillai. Michelle K. Lee. Intellectual Property and the U. S. Economy: 2016 Update [R]. Economics & Statistics Administration, U. S. Patent and Trademark Office, 2016: 2.

步扩大,提高企业经营成本与产品价格。又如,美国加强对专利的保护与管理,会有损韩国相关产业利益与发展。自 2015 年药品专利链接制度实行以来,仅 2015 年有 672 种药品申请、注册,其中 67 种药品得到诉讼反馈,暂停注册程序的药品共 17 种,延迟期限平均为 42 天,对相关企业造成了一定损失。① 此外,韩国针对《韩美自由贸易协定》条款对知识产权保护体系的全面调整必然产生国内相关法律法规、政策的调整成本。

但从长远审视,在产业发展中,完善的知识产权保护制度是对技术创新的最有效激励,对企业扩大研发投入、实现技术进步具有重要意义。同时,对版权、专利、商标的保护也将保障与促进制药、化工、出版、娱乐、信息技术、软件等知识密集型行业发展。

应对《韩美自由贸易协定》对知识产权保护领域带来的新变化,韩国不得不在短期内加速完善国内知识产权保护体系步伐。一方面,完善版权管理体系,设立"互联网版权许可交易所",为版权申请、认证、交易、转让、利用构建信息共享平台,提供一站式服务。交易所还负责完善免费版权网页建设,促进免费版权的灵活使用与高效利用。版权许可交易所的建立能够有效改善信息不对称导致的低效问题,降低交易成本,也将大幅完善韩国知识产权保护体系。② 另一方面,加速企业专利登记,强化国内专利保护,加强企业、民众对专利保护的意识。《韩美自由贸易协定》缔结以来,韩国不仅大幅宣传协定中有关知识产权保护的相关条款,令企业能够有效应对制度变化带来的冲击,也鼓励企业及时进行专利登记,维护自身利益。与此同时,韩国也加强了对技术创新的资金投入,尤其在制药业扩大了对新药品研发、临床试验的资助,计划在上述

---

① 李泰镇. 药品专利链接制度影响分析 [R]. 食品药品安全厅,首尔大学产学合作中心,2016:77.
② 详见 2007 年、2011 年、2012 年韩国企划财政部联合产业通商资源部、保健福祉部、农民部、劳动部、海洋水产部公布的《针对〈韩美自由贸易协定〉的韩国国内配套措施》.

第五章 《韩美自由贸易协定》对韩国产业竞争力的影响

领域投资 2040 亿韩元,并重点推动进口替代药品的研发生产。① 综合来看,韩国在完善制度体系,提高专利保护意识,加强研发投入等方面采取的一系列举措对韩国提升技术创新能力,强化产业核心竞争力具有积极作用,将推动其逐渐由技术模仿型国家转变为技术创新型国家,从根本上提高经济增长的内生动力。

三、《韩美自由贸易协定》背景下韩国对竞争弱势产业转型升级的政策措施

当前,随着自由贸易协定议题不断拓宽,为成员国带来的经济收益也不断延伸、拓展,自由贸易协定已经成为各国扩大贸易、促进经济增长的重要措施。然而,自由贸易协定并不能为所有行业、企业、个人带来收益,市场开放往往更加有利于竞争优势行业、企业及相关劳动者,而竞争劣势行业则面临进口增加导致的生产、销售萎缩,甚至在外国商品、企业挤压下不得已退出市场。因此,如何有效控制自由贸易协定带来的不利影响,通过政策措施、激励机制促进竞争弱势行业加速转型升级已成为成员国政府亟待解决的重要课题,对于一国持续参与全球自由贸易协定发展,在区域经济一体化中占据优势地位具有重要意义。

就韩美两国而言,在产业竞争力上,韩国多数产业处于劣势,《韩美自由贸易协定》的经济收益短期内只能更多地集中在汽车、机电、化工等韩国相对具有竞争优势的产业,而农业等弱势产业不可避免会受到冲击,而这种冲击也是中国等新兴工业化国家对与发达国家缔结自由贸易协定保持谨慎的主要原因。为有效应对《韩美自由贸易协定》潜在的负面影响,韩国自 2007 年以来,出台了一系列政策措施,帮助因《韩美自

---

① 详见 2007 年、2011 年、2012 年企划财政部联合产业通商资源部、保健福祉部、农民部、劳动部、海洋水产部公布的《针对〈韩美自由贸易协定〉的韩国国内配套措施》。

《韩美自由贸易协定》对韩国的经济影响

由贸易协定》进口增加而利益受损的企业、产业转型升级，促进生产要素合理配置，在合理保护弱势产业的同时加速其转型进程。

（一）农业方面

农业是韩国在《韩美自由贸易协定》中利益受损集中体现的领域之一，为有效应对市场开放对农渔民带来的利益损害，韩国在不违反世界贸易组织规定的前提下，采取应对措施，以保障农渔民收入稳定，加速农业、水产业的结构调整。

一方面，扩大对农业转型升级的支持。韩国政府自《韩美自由贸易协定》生效以来，扩大了农业基础设施现代化事业的政府预算，加强对农业技术研发领域援助力度，重点推进农产品品牌化，促进提升农产品出口结构，加速农业向高附加值行业转型。如在牛肉生产方面，政府支持并资助品牌牛生产基地，鼓励餐饮业标明肉类原产地，逐渐打造韩国自有品牌的同时，也与进口产品进行有效区分。为此，韩国对于高品质生产所需的设备、培训、宣传等企业运营提供资金援助。同时，韩国致力于推动生物工程技术与农业融合，对具有现实价值的技术研究提供资金支援，2008—2017 年，韩国每年对 10 个以上研究课题进行资助。在农业金融方面，韩国促进发展农业专项投资组合与农业私募股权基金，扩大对农业企业融资支持，但主要政策方向从原先以抵押担保、过往业绩作为贷款核心标准转向重点对具有成长潜力的企业进行资助，提高了贷款效率。

另一方面，减轻农渔民税收负担，降低生产成本。为了提高农民对市场开放的应对能力，韩国政府取消了屠宰税①、畜牧业所得税、水产养殖业与近海渔业所得税、饲料进口关税等税负，并取消了 10 年农机增值税以降低农业生产成本。

---

① 屠宰税是指宰杀牛、猪等时，畜产农家向地方自治团体缴纳的税金，属地方税，其税率为市场价 1% 以下，每年征收的税额约 450 亿韩元.

第五章 《韩美自由贸易协定》对韩国产业竞争力的影响

（二）制造业与服务业方面

韩国于 2006 年设立贸易调整援助制度，通过向利益受损企业（因《韩美自由贸易协定》导致）提供经营咨询、技术咨询、融资、直接出资等多样化援助，为企业早日适应市场开放带来的环境变化，加速结构调整强化核心竞争力提供帮助。《韩美自由贸易协定》缔结以来，韩国不断细化对弱势企业的援助方案，不仅放宽了企业申请援助的门槛，同时扩大了援助范围①与力度，对既有的贸易调整援助制度进行完善，见图 5.5。

A. 贸易调整援助服务（融资与咨询）

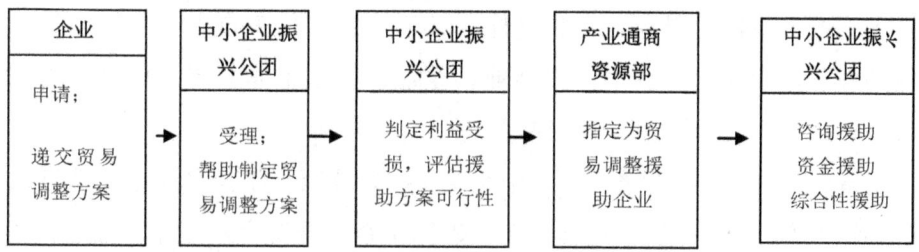

B. 有关企业稳定经营，强化竞争力的专业咨询服务

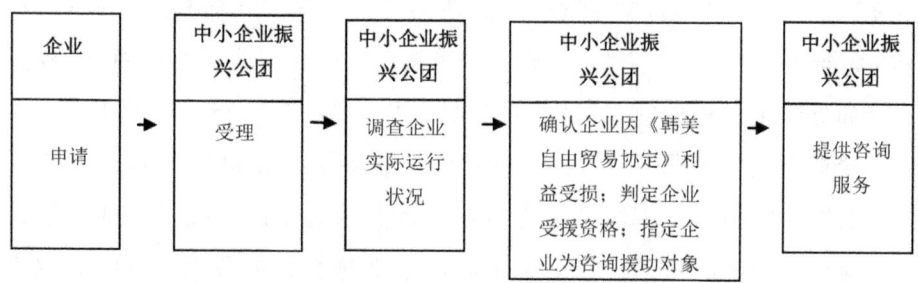

图 5.5　韩国对制造业与服务业受损企业援助程序

资料来源：中小企业振兴公团. http: //hp. sbc. or. kr/websquare/websquare. jsp？w2xPath =/SBC/business/consulting/taa/taa_ 01. xml.

---

① 韩美 FTA 之前，韩国贸易调整援助制度仅面向制造业领域，而随着服务业市场的大幅开放，韩国于 2011 年将服务业纳入贸易调整援助范围，同时列出负面清单将公共服务、非营利组织提供的服务（宗教、劳工组织）排除在援助范围之外.

《韩美自由贸易协定》对韩国的经济影响

作为强化企业竞争力的主要职能部门,韩国中小企业振兴公团主要负责自由贸易协定受损企业的相关援助,该机构由产业通商资源部管辖。提供贸易调整援助的对象主要包括,因《韩美自由贸易协定》生效后,商品、服务(可替代性商品、服务)进口增加而导致 6 个月或 1 年产量、销售额比《韩美自由贸易协定》生效前同期下降 10% 以上(这一比例在 2007 年设定为 25%,之后持续降低为 10%)的企业。中小企业振兴公团将在 24 天内判定企业受援资格,一旦被认定为援助对象以后,中小企业振兴公团结合企业提交的援助方案,对其提供融资、咨询等援助,包括对利益受损企业的融资、咨询服务,以及帮助企业快速稳定经营与恢复竞争力的专门咨询服务。除此之外,对于受到《韩美自由贸易协定》导致的外部环境变化不得不破产转业的企业,中小企业振兴公团还会提供转业援助,以促进资源重新配置。

具体而言,融资服务方面,中小企业振兴公团每年为受损企业提供 45 亿韩元为限的优惠贷款,持续三年,以用于企业购置生产设备、技术研发投资、人力资本培训方面。并且,为进一步降低企业生产负担,使其早日恢复正常盈利,韩国调整了对受损企业的贷款利率,由原先 2.47% 的浮动利率调整为 2.1% 的固定利率。咨询服务方面,受到《韩美自由贸易协定》影响而导致销售额减少 5% 以上的企业,可申请经营、技术咨询服务,由中小企业振兴公团承担 80% 的咨询费用,最高资助 4000 万韩元。

2008—2016 年,韩国共指定 106 家企业为贸易调整援助企业,累计为其提供约 403 亿韩元融资,这些资金主要源于对贸易调整援助的政府预算,由政府对企业转型升级所需服务与资金提供保障。[①] 作为自由贸易协定的补充、保障性措施,韩国对受损部门提供补偿损失、资助研发、提供咨询服务等政策支持,对弱势产业转型升级形成了有效的帮助,提高了韩国应对市场开放的能力。

---

① [韩] 2016 年年度报告 [R]. 韩国中小企业振兴公团,2017:33.

第五章 《韩美自由贸易协定》对韩国产业竞争力的影响

四、小结

自由贸易协定对成员国产业竞争力的影响渠道广泛且复杂，本章立足于自由贸易协定的动态效应从竞争实力、竞争潜力、竞争环境视角分析了《韩美自由贸易协定》对韩国产业竞争力形成的具体影响。

从竞争实力视角审视，《韩美自由贸易协定》生效后韩国具有比较优势的产业部门竞争力得到进一步强化，尤其那些具有微弱竞争优势的行业竞争力得到有效提升，但导致弱势产业竞争力进一步弱化。《韩美自由贸易协定》改变了中、日、韩在美国进口市场中的竞争格局，关税递减作用下，韩国在钢铁制品、塑料及制品、碱金属等劳动密集型产品出口上较中国产品更具优势，并在汽车出口方面加速追赶日本。从竞争潜力视角审视，韩国对美技术导向型直接投资快速增长，为企业技术进步提供了捷径；产业内贸易的发展加速了两国专业化分工；两国企业、产品竞争加剧，倒逼韩国企业加速技术升级与产品创新，为韩国产业转型升级注入了动力。从竞争环境视角审视，美国借助《韩美自由贸易协定》加速韩国国内制度、市场环境与自身对接，加速了韩国在投资、知识产权保护、竞争中立、市场扭曲等方面的改革进程，使其国内经济制度、法律法规向发达国家标准发展。

从短期来看，《韩美自由贸易协定》对产业的影响是分化的，即竞争优势部门在市场激励下进一步发展，竞争力得到强化，而竞争弱势部门在竞争中会面临产值下滑甚至淘汰的风险。为应对市场开放对弱势部门的冲击，韩国通过直接补偿、贸易调整援助服务、专业咨询服务等措施补偿企业、工人的损失，并对弱势部门转型升级提供政策支持，为原本低效行业提升竞争力提供了机遇。从长远视角看，《韩美自由贸易协定》是韩国推动经济改革，加速产业转型升级的"催化剂"，能够为其经济发展注入重要推动力。

第六章

《韩美自由贸易协定》对韩国劳动力就业的影响

自由贸易协定对就业的影响往往是成员国决策层与民众关注的焦点所在,这不仅因为就业效应较为直观,常被视为自由贸易协定谈判成功与否的重要评估标准,影响一国推动自贸区战略的难度,更重要的是短期失业率攀升导致的工人收入及福利水平的下降不利于社会稳定。《韩美自由贸易协定》中,市场开放对韩国劳动力就业的影响曾是《韩美自由贸易协定》支持者与反对者的主要分歧所在,协定生效以来,市场开放对韩国劳动力就业形成了哪些影响,韩国又采取了哪些措施有效控制对弱势产业劳动者的冲击,这些问题有助于我们进一步深入理解《韩美自由贸易协定》的经济影响。

第一节 自由贸易协定与劳动力市场调整的一般关系

自由贸易协定经济收益在各成员国之间、不同产业间的分配往往并不均衡,有些部门获益,生产规模扩大;而某些部门,尤其是进口竞争部门会受到一定程度挤压,面临产出减少,甚至在激烈的竞争中面临消

第六章 《韩美自由贸易协定》对韩国劳动力就业的影响

亡。不同产业部门的扩张与收缩促使劳动力在不同部门间重新调整,劳动力市场供需均衡由缔结自由贸易协定之前的均衡状态逐渐调整为新的均衡,这一过程可能会引发短期失业加剧。

一、劳动力市场的动态变化

由于教育水平、技术熟练程度存在差异,不同劳动者在同一单位时间内表现出的生产能力不尽相同。有些工人生产能力较高,能够创造高产出,而有些工人生产能力相对较低,产出也比高能力的劳动者低一些。同时,产出与工人能力间的正向关系也会受部门特性的影响,在某些部门,产出对劳动能力并不敏感,如劳动密集型部门,具备高能力的工人产出与低能力的工人产出并不存在较大差距。而在技术密集型行业中,产出对劳动能力具有较高敏感性,工人能力的小幅提高能够引起产出的较大幅度增加。这些部门间的差异使不同的工人在可选择的工作职位、机会间进行决策。

面临不同的就业岗位,不同工人选择的就业路径具有差异。假设市场有两个部门,即低技术部门与高技术部门,低技术部门中较高的生产能力仅带来较小的产出增加,工资津贴较少,在这些部门,工人不需要太多培训,并且工作职位易于寻找。在高技术部门中,劳动者的高生产能力被给予较大的工资津贴,但需要耗费大量时间与金钱进行技术培训,这也使得高技术部门工作很难在短期内获得。因此,工人需要在现有的机会中做出抉择,即投资较少资源(时间、培训费用等)在低技术部门就职,或投资大量的资源寻找高技术领域部门就职机会。

图 6.1 表示一个待就业工人的决策过程,水平轴表示工人的能力,垂直轴表示工人预期获得的终身折现收入 V。V_L 表示低技术部门就职工人的能力与收入间关系,V_H 表示高技术部门就职工人的能力与收入间关系。能力低于均衡点 A 的理性工人选择在低技术部门就业,能力高于 A

的理性工人选择在高技术部门就业。

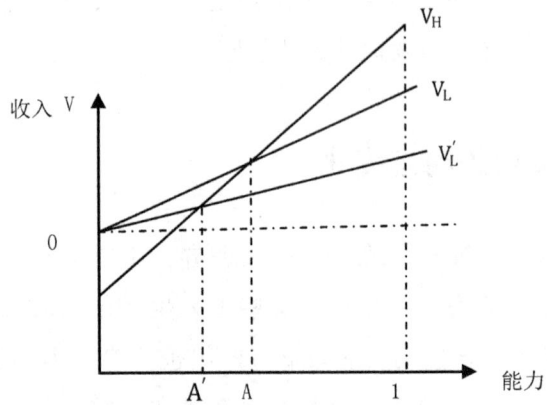

图 6.1　不同能力工人在不同部门中的终身收入

资料来源：俞会新. 贸易自由化对就业及收入分配的影响 [M]. 北京：中国财政经济出版社，2003：13.

当工人选择就业路径后，就会进入某个部门并开始培训，在完成培训后，经过寻找获得职位，并挣得收入。由此，工人将在培训、寻找、就业之间往复。一般而言，低技术部门培训时间较短，相应地，低技术部门的失业时间也会相对短一些；而高技术部门培训时间较长，失业时间也相对长一些。但是低技术部门需要的技术往往是部门特定的，工人在失业以后还需进行再培训，而高技术部门技术是通用的，只有少数比例工人在失业后需要再培训。在忽略人口增长与技术进步的长期均衡状态下，培训、寻找、就业三种状态中工人的流入与流出是相同的。然而，在现实市场中工人向不同状态的流入与流出依赖于图 6.1 中 A 的值。A 值降低表明更多工人选择高技术部门就业，少数工人选择低技术部门，最终导致高技术部门进入培训、寻找、就业的劳动力增多。影响 A 值的重要因素之一即为贸易自由化。例如，当一国是低技术产品进口国，原本对该种货物设定关税壁垒，当缔结自由贸易协定取消关税限制时，将导致相关进口产品国内价格下降，进而最终导致国内相关产业工人工资

第六章 《韩美自由贸易协定》对韩国劳动力就业的影响

降低。此时,图 6.1 中 V_L 将下移至 V'_L,均衡点 A 左移至 A'。然而,A 点至 A'的转换并不是立即实现的,此时在 A'A 区间接受培训的低技术工人不得不流入高技术部门。

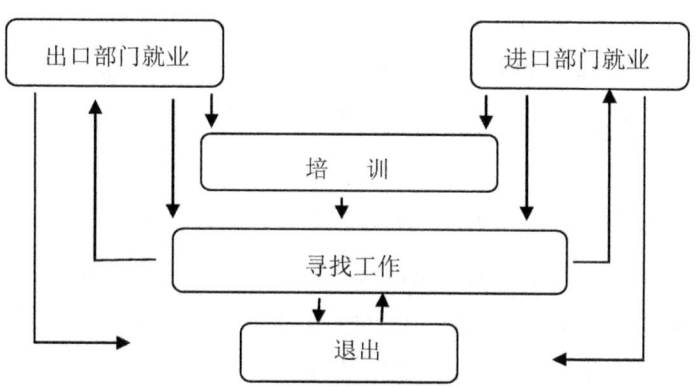

图 6.2 贸易自由化引起进出口部门就业的变动

图 6.2 中,当进出口部门劳动力流入与流出总规模相同时劳动力市场达到均衡状态。贸易自由化后,出口部门对工人的需求将会增加,而进口竞争部门劳动力需求则面临减少。一般而言,出口部门公司对改革反应较慢,他们只有相信或坚持到出口激励大于边际成本时,他们才会对贸易改革做出缓慢的反应,而进口竞争部门对贸易改革的反应较快,进口部门对工人需求的减少在短期内即会表现出来。由此导致,贸易自由化会引发进口竞争部门劳动力流出(培训、寻找工作、退出)增多,出口部门又不能在短期内有效吸收这些劳动力的情况,最终引发失业人员增多的短暂现象。[①]

二、自由贸易协定对就业的影响渠道

对于自由贸易协定的就业效应,反对者认为,成员国之间大幅开放

---

① 俞会新. 贸易自由化对就业和收入分配的影响 [M]. 北京:中国财政经济出版社,2003:18.

《韩美自由贸易协定》对韩国的经济影响

市场使得外国企业与国内生产者之间竞争加剧,导致国内弱势部门利益受损,就业岗位减少;而支持者认为自由贸易协定能够扩大出口市场,国内产品需求增加,出口部门吸收更多劳动力,促进就业。实际上,由于区域内贸易、投资自由化水平,以及成员国之间产业竞争格局,各国劳动力市场灵活程度的差异,不同自由贸易协定对成员国劳动力就业的实际影响各不相同。但自由贸易协定对劳动力市场的影响渠道具有相似性,主要包括以下方面。

第一,进出口贸易规模与结构的变动。自由贸易协定下区域内贸易规模与结构的变化是成员国劳动力就业变动的主要影响因素。一般而言,出口对劳动力就业存在拉动作用,进口则会对国内劳动力就业形成潜在冲击。但进口增加并不必然导致相关领域失业增加,如资本品、核心零部件进口增加会间接促进国内就业。对于进口竞争部门而言,关税递减使得进口产品价格下降,加剧国内相同或类似产品的竞争,为了保持成本优势,企业劳动力需求会有所下降,非熟练、生产率低的低端劳动力面临失业,进口对就业的冲击在中低技术部门要大于中高技术部门。[1]

第二,竞争加剧导致熟练劳动力需求增加。自由贸易协定削弱成员国政府对本国弱势行业的保护,新的厂商、企业陆续进入市场,进一步激化竞争。为了在激烈的竞争中存活,企业不得不提高技术水平,用资本替代劳动,用熟练劳动力代替非熟练劳动力,以占据竞争有利地位。因此,企业熟练劳动力需求会增加,非熟练劳动力需求会减少,相当数量的非熟练劳动者可能会失去工作,收入降低,在全球化时代中面临被边缘化风险。

第三,外资企业的建立。投资市场开放已成为自由贸易协定重要组成部分,外资的进入会扩大本地劳动力需求,为待业工人带来新的就业机会,尤其在发展中国家与发达国家缔结自由贸易协定时更为明显。但

---

[1] 盛斌,牛蕊. 国际贸易、贸易自由化与劳动力就业:对中国工业部门的经验研究[J]. 当代财经,2009(12):88-93.

第六章 《韩美自由贸易协定》对韩国劳动力就业的影响

外资的就业效应具有较大的不确定性,外资进入方式与动机均会影响具体效应。一般而言,绿地投资相较于兼并、并购能够在短期内吸收更多的劳动力,大规模的厂房建设也会促进关联产业短期劳动力就业。而兼并、重组形式的直接投资中,跨国公司往往从母国进行技术、管理人员调配,短期内对东道国就业的促进作用有限,但若并购后的重组与整合成功,长期内会提供更多就业机会。从投资目的来看,旨在构建海外生产基地的直接投资往往以获取廉价劳动力为主要目的,从而能够吸收东道国低端劳动力就业。[①] 然而,市场开拓型直接投资以抢占东道国市场份额为目的,会导致东道国相关领域弱势企业受到挤压,进而使得相关部门缺乏竞争力的劳动力面临失业。

第四,对自由贸易协定伙伴国的直接投资。对区域内伙伴国市场的直接投资形成的就业效应亦具有较大的不确定性,如果资本流出并没有出口增加或进口减少来匹配,对外投资会产生对就业的负效应。如跨国公司采取国外分支机构生产而非在投资国国内生产的方式参与国际分工,即通过对外直接投资取代投资国的生产和出口,会在一定程度上造成投资国就业机会的减少。但是,对伙伴国市场的直接投资同时也会增加国外子公司对母国资本设备、中间产品的需求,进而促进相应产品出口,带动关联产业发展,对国内就业产生正效应。

然而,需要指出的是,劳动力在不同部门间的转移往往需要进行相应的培训,尤其低技术部门劳动力向高技术部门的转移需要消耗较长时间成本,所以就算市场开放扩大了某些行业的劳动力需求,只要闲置劳动力中缺乏熟练掌握相应技术的工人,就会因劳动力供、需结构不匹配而导致自由贸易协定只能创造就业机会,而不能创造就业量的情形出现。此外,自由贸易协定运行不同阶段对成员国就业的影响也会存在差异。协定生效早期关税壁垒集中递减,对弱势部门的冲击集中显现,竞争弱

---

① 金碧,陈仲常. 中国外商直接投资就业效应传导渠道研究 [J]. 人口与经济,2007 (1):37.

势部门（利益受损部门）就业岗位流失相对显著。但在自由贸易协定运行较长一段时间后，企业生产、经营活动重新调整，技术转移与溢出，投资、服务业开放，市场扭曲的改进所释放的红利能够逐渐转化为经济发展的"新动能"，竞争优势部门及新兴行业部门能够吸收更多的劳动力，弱势部门也能够通过结构调整缓解自由贸易协定的负面影响。归根结底，自由贸易协定对成员国劳动力就业的影响主要取决于一国能否通过贸易、投资自由化推动本国各产业部门的良性发展。

三、自由贸易协定条件下劳动力调整成本

缔结自由贸易协定后，成员国市场的相互开放推动各国专业化分工的调整与深化，资源在成员国之间重新配置，进而引致劳动力市场的相应调整。在劳动力市场由旧均衡逐渐转向新均衡点的过程中，工人从一个部门向另一个部门的转换不会立即发生，往往需要一定时间的寻找过程。比如，贸易自由化导致原本专业化生产低质量、低技术的劳动技能被用于生产高质量、高技术的产品，就需要进行劳动力再培训，产生时间与金钱上的成本支出。

劳动力调整成本概念最早由巴拉萨提出，主要指贸易自由化进程中，由于市场不能对资源供给和需求的变化及时做出反应，导致生产要素在不同部门间的配置缓慢而发生的一系列成本。[1] 按照英国斯坦福大学尼瑞（J. Peter Neary，1985）的研究，劳动力调整成本主要源自于两个方面。[2] 一是短期名义工资刚性，导致进口部门引发非自愿失业。现实市场中，工资向下调整具有刚性，假设工资水平受出口部门影响，那么当贸易自

---

[1] B. Balassa. Tariff Reductions and Trade in Manufactures Among Industrial Countries[J]. American Economic Review, 1966(56). 转引自王福重，白雪. 产业内贸易与调整成本之间关系的理论综述及评价 [J]. 经济研究导刊，2006（6）：157.

[2] J. Peter Neary. Theory and Policy of Adjustment in an Open Economy[J]. CEPR Discussion Papers, 1985(4)：39-58.

第六章 《韩美自由贸易协定》对韩国劳动力就业的影响

由化使得出口部门劳动力需求扩大，出口部门工资上涨时，进口部门则会出现劳动力供给大于需求的情况，导致进口部门部分劳动力失去工作。二是部门间劳动力的非完全替代性。假设工人在不同部门间的转移具有代价，但工资可变。当出口增加时，如果进口部门工人不能或不愿意向出口部门流动，那么进口部门工资将下降，出口部门工资则上升，不同部门间工资差距拉大。①同时，进口部门掌握特定技能的劳动者向出口部门转移时，还需重新培训掌握新技能，消耗时间与金钱，并且也导致之前所掌握技能被浪费，形成潜在的成本。

对于市场开放引致的调整成本，我们可以用工人从一种状态到另一种状态的转变速度去衡量，劳动力市场的灵活性、人口年龄结构、政府对失业工人的扶持程度、限制非自愿离职的法规、工会化程度等多种因素会对其产生影响。此外，贸易结构也会对调整成本产生影响。根据巴拉萨的"平滑调整假说"②，由于要素在同一产业内部的调整成本低于产业间的调整，产业内贸易的发展有助于降低劳动力调整成本。尚且不论平滑调整假说在实践中的适用性，但这一理论为各国应对贸易自由化下劳动力调整成本指出了新方向。

总体而言，自由贸易协定对成员国就业多的影响是多方面的。从国家经济发展角度审视，只要成员国间市场开放创造的新就业岗位大于"优胜劣汰"所至的就业岗位流失，那么，这就意味着政府能够通过一系列对失业人员的救济将冲击控制在一定范围之内，为继续推动贸易自由化排除障碍。在实际运行中，自由贸易协定对成员国就业的影响具有不确定性，从经验性研究来看，既有分析认为自由贸易协定对成员国劳动力就业的影响并不显著，也有研究指出自由贸易协定对一国劳动力就业

---

① 王福重，白雪. 产业内贸易与调整成本之间关系的理论综述及评价 [J]. 经济研究导刊，2006（6）：156.

② 由于贸易自由化程度的提高，进出口所带来的影响会导致不同部门生产的变动，而当市场不能对资源供给和需求的变化及时做出反应，就会产生"调整成本"。巴拉萨认为调整成本的大小与贸易结构及产业内贸易程度存在联系，产业内贸易引致的调整成本比产业间贸易更低.

《韩美自由贸易协定》对韩国的经济影响

具有积极作用。如中国社会科学院谌园庭、冯峰（2005）的研究认为《北美自由贸易协定》对墨西哥扩大就业效应有限，只是促进了劳动力在部门间的转移。[①] 加拿大多伦多大学加斯顿（N. Gaston）和美国杜兰大学特瑞弗雷（D. Trefle）的研究也指出，《美加自由贸易协定》最多能够解释1989年至1993年加拿大就业损失的15%，通胀、经济衰退、行业收缩等其他因素解释了85%以上的失业。[②] 而南开大学王晓德（2001）的研究认为，《北美自由贸易协定》生效以来在各方促进就业方面发挥了积极作用。他指出《北美自由贸易协定》带来的贸易增加，促进了劳动力在各部门之间的转移，将一些缺乏竞争力部门的工作转移到更有竞争力的部门，把低技术和低工资的工作转变为高技术和高工资的工作，尤其在汽车、服装、电信设备等部门这种积极影响较为显著。单就墨西哥而言，《北美自由贸易协定》激活"竞争机制"，使其短期失业率上升，但随着出口的增长与经济的发展，新的就业机会逐渐创造出来，失业率逐渐降低，直到1996年以后失业率显著低于同期拉美平均水平。[③]

本书认为，自由贸易协定对成员国就业的影响在各阶段会呈现出不同的特点，在运行初期关税大幅降低，对就业的促进作用与负面冲击均会集中体现，而从长期来看，成员国专业化分工调整与产业结构升级将逐渐缓解早期对劳动力就业的冲击。需要注意的是，一国劳动力就业水平往往受制于多重因素，如世界经济形势、国内经济增速、国内产业结构调整进程、人口结构等，自由贸易协定仅是影响就业的多重因素之一。

---

① 谌园庭，冯峰. 北美自由贸易协定对墨西哥经济的影响 [J]. 拉丁美洲研究，2005（2）：32.

② N. Gaston, D. Trefle. The Labour Market Consequences of the Canada-U. S. Free Trade Agreement [J]. The Canadian Journal of Economics, 1997(1): 18.

③ 王晓德. 对北美自由贸易区批评的评析 [J]. 世界经济与政治，2001（8）：41.

第六章　《韩美自由贸易协定》对韩国劳动力就业的影响

第二节　《韩美自由贸易协定》对韩国劳动力就业的短期影响评估

《韩美自由贸易协定》对韩国劳动力就业形成两方面影响。一是贸易增长促使相关产业部门产值增加，劳动力需求扩大，创造出新的就业岗位，促进劳动力就业；二是在一些竞争弱势部门，进口冲击加剧"优胜劣汰"，导致产值缩减，劳动力需求下降，部分劳动力退出市场或重新寻找工作，引发相关领域短期失业加剧。二者共同决定就业效应，若前者大于后者，就业效应为正，反之为负。

《韩美自由贸易协定》生效后，韩国对美货物贸易与服务贸易出口均有所增长，根据韩国产业通商资源部公布的《〈韩美自由贸易协定〉执行报告》，协定生效五年来拉动韩国国内生产总值增长约 0.31%，促进劳动力就业约 57463 人。[①] 其中，受到关税递减优惠的受惠产品贸易增长拉动韩国国内生产总值增长约 0.27%，促进劳动力就业约 16083 人。参考表 6.1，《韩美自由贸易协定》生效后，关税递减使得制造业部门产值增加 38591 亿韩元，促进劳动力就业约 11687 人，服务业部门产值增加 5782 亿韩元，促进就业 9939 人。在制造业部门，机械产业就业效应最为显著，增加就业 3270 人。

与此同时，农牧渔业等韩国的弱势产业在进口冲击下产值缩减 2695 亿韩元，导致劳动力失业约 4848 人。在与美国的竞争中，韩国农业部门的竞争弱势最为显著，资源禀赋缺乏、劳动力老龄化与长期的关税保护已导致韩国农业部门生产效率落后于全球水平。《韩美自由贸易协定》生效以来，韩国自美国进口农产品除谷物以外均有不同程度增长，对相关

[①] 《韩美自由贸易协定》执行报告 [R]. 韩国产业通商资源部，2018：12.

《韩美自由贸易协定》对韩国的经济影响

领域产值与劳动力就业形成一定程度冲击。2016 年,水果蔬菜、加工食品、畜产品进口分别较协议生效前 2011 年增长 91.4%、78.5%、82.9%,橙子、葡萄进口增幅曾达到 85.7%、6.1%。① 并且,关税壁垒的下降使得农产品进口价格整体下降 11.5%,其中猪肉、牛肉、鸡肉进口价格下降幅度分别达到 18.6%、5.7%、5%;新鲜水果进口价格平均下降 18.8%,其中占水果进口比重 77% 的橙子与樱桃进口价格分别大幅下降 20%、19.3%,葡萄进口价格也下降了 20.1%。② 进口价格下降与进口规模的扩大对韩国国内种植业形成了冲击。

表 6.1 《韩美自由贸易协定》生产效应与就业效应评估

	各部门产值变化(10 亿韩元)		劳动力就业变化(人)	
	广义	狭义	广义	狭义
总量	11846.1	4176.0	57463	16803
农、牧、渔业	-225.5	-269.5	-4113	-4848
采矿业	11.8	4.6	64	25
制造业	10442.6	3859.1	33706	11687
纺织品、服装及其他制造业	491.1	151.9	3778	1170
化学、橡胶、塑料	2102.7	1326.9	3787	2389
钢铁及非铁金属	2804.6	1010.7	6370	2296
运输设备	3376.6	677.8	11432	2295
电机、电气	307.0	100.5	815	267
机械	1360.6	591.3	7524	3270
服务业	1617.2	578.2	27806	9939

资料来源:《〈韩美自由贸易协定〉执行报告》(한·미 FTA 이행상황 평가보고서)[R]. 韩国产业通商资源部,2018:12.

---

① 资料来源:韩国贸易统计振兴院数据库(TRASS). http://www.trass.or.kr.
② 韩石浩,郑浩燕.《韩美自由贸易协定》运行对韩国农业部门的影响及启示[J]. 韩国农村经济研究院农政焦点,2014(3):1-28.

第六章　《韩美自由贸易协定》对韩国劳动力就业的影响

注：1."狭义"指《韩美自由贸易协定》生效后，在受惠产品领域双边贸易引发的产值变化与劳动力就业变动。"广义"指《韩美自由贸易协定》生效后，所有产品领域双边贸易引发的产值变化与劳动力就业变动。2. 产值变化是2012年至2016年的年均变化量，劳动力就业变化是五年累计量。3. 劳动力就业变化是基于韩国银行投入—产出表中不同产业部门"就业系数（Employment to GDP Ratio）"计算.

总体而言，《韩美自由贸易协定》生效五年来，市场开放在制造业、服务业领域创造新就业岗位、吸纳闲置劳动力的同时，也在农业部门引发了失业，但其冲击有限，并未导致韩国在缔结协定时所担忧的大规模失业的发生，协定总体就业效应趋于积极。需要指出的是，国际经济环境与韩国宏观经济情况是影响《韩美自由贸易协定》就业效应不可忽视的因素。《韩美自由贸易协定》生效正值世界经济在金融危机以后的复苏与低增长阶段，世界经济低迷与全球贸易渐失动力对韩国出口增长与国内需求造成了负面影响。加之，2016年以来，韩国国内政局动荡，自世越号事件到"闺密门"的发酵，韩国国内长期示威游行整体影响经济景气，进一步恶化了消费、投资需求。受此影响，2012年以来韩国经济增速呈现下滑趋势，由2011年3.7%下滑至2016年2.8%，2016年失业率达到3.7%，较2011年增加0.3个百分点。① 经济的低迷导致国内劳动力需求下降，加大了劳动力就业难度，一定程度上削弱了《韩美自由贸易协定》的就业效应。

实际上，《韩美自由贸易协定》对韩国劳动力就业的冲击远不及韩国国内经济不振、企业经营困难、大企业破产导致的失业增加。正如经济合作与发展组织总结的那样，贸易自由化导致的必须变动工作职位的工人数量只占正常劳动调整数量的一定比例，尤其是贸易自由化需要一定时间，其他原因如技术变化和新产品的出现也会引起劳动调整，而这些

---

① 据韩国银行统计数据，2011年以来韩国经济增速分别3.7%、2.3%、2.9%、3.3%、2.8%、2.8%。据韩国劳动部统计，韩国2011年至2016年失业率分别为3.4%、3.2%、3.1%、3.5%、3.6%、3.7%，失业人口分别为85.5万、82万、80.7万、93.7万、97.6万、101.2万人。

影响是更为直接和显著的。因此，本书认为，期盼自由贸易协定能够从根本上改善一国劳动力就业情况不切实际，只要自由贸易协定生效后一国并未发生大规模失业，能够通过政府相应措施来加速失业劳动力的再就业，强化对利益受损工人的保障制度，将自由贸易协定对劳动力就业的影响降至可控范围内，那么，自由贸易协定无疑有利于一国推动贸易自由化并从中获益。

第三节 韩国应对《韩美自由贸易协定》的失业救助

在贸易改革中，劳动力市场调整极为重要，失业的痛苦及贫穷的上升、实际工资下降不能被忽视，它们往往能够威胁到改革的持续性。[①] 韩国在多数产业领域相较于美国处于竞争劣势，面对自由贸易协定的高水平开放，劳动力就业冲击是其主要防范领域之一。为了应对《韩美自由贸易协定》的潜在冲击，韩国进一步完善了国内贸易调整援助制度，通过多样化的援助措施，控制了市场开放对竞争弱势部门劳动力就业的直接冲击，保障了劳动力在不同部门间的稳定转移。

一、构建自由贸易协定就业援助体系

韩国参与自由贸易协定的国内配套政策主要包括直接收入保障制度与贸易调整援助制度，前者着重救济农渔业从业人员，后者重点援助制造业与服务业相关从业人员、企业。这些政策贯穿于劳动力失业与转业救济的各个阶段，构成了韩国应对《韩美自由贸易系协定》的主要防线，

---

① 俞会新．贸易自由化对就业及收入分配的影响［M］．北京：中国财政经济出版社，2003：11．

第六章 《韩美自由贸易协定》对韩国劳动力就业的影响

已形成较为系统的就业援助体系。

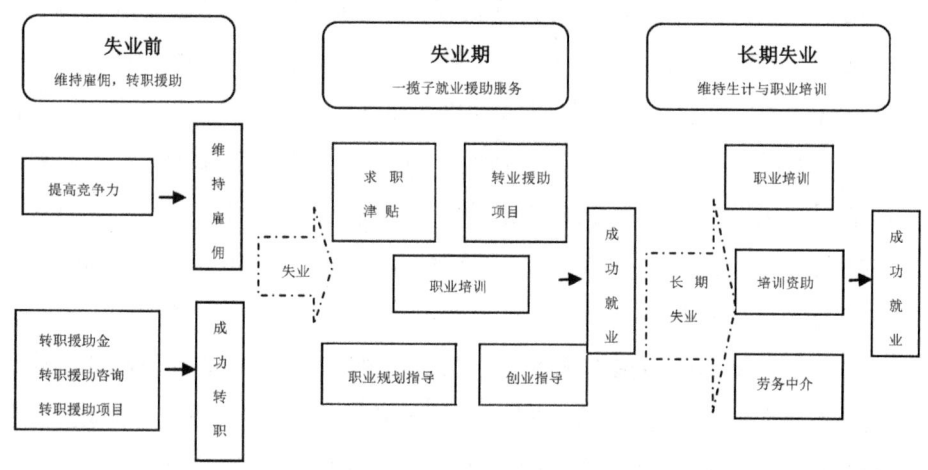

图6.3 《韩国自由贸易协定》就业援助体系

资料来源：应对《韩美自由贸易协定》生效的配套政策［R］.韩国企划财政部，2007（6）：88.

如图6.3所示，韩国应对自由贸易协定的就业援助体系涉及失业前、暂时失业、长期失业等不同阶段，通过多样化的援助措施灵活应对。在劳动力因自由贸易协定冲击面临潜在失业风险时，韩国通过帮助工人提高自身就业竞争力，以及提供咨询、资金援助等方式促进劳动力在不同部门间的转移。在劳动力已经处于失业，面临重新寻找工作岗位时，韩国政府会提供一揽子就业援助服务，加速劳动力再择业进程，缩短失业期。这些服务主要包括就职津贴、职业培训、职业规划指导、创业指导等。而在劳动力处于长期失业情况时，韩国通过强化职业培训与劳务中介的作用，促进失业工人的早日再就业。

二、对企业工人失业的援助与防范

随着《韩美自由贸易协定》《韩欧盟自由贸易协定》相继启动谈判，

《韩美自由贸易协定》对韩国的经济影响

应对自由贸易协定造成进口增加对企业与工人形成的冲击,加速弱势企业结构调整成为韩国政府面临的首要任务。2007年,韩国制定贸易调整援助制度,集中对受自由贸易协定冲击的企业、工人提供援助与支持,进而提升企业、工人承受市场开放冲击的能力。《韩美自由贸易协定》缔结以来,韩国三次调整贸易援助制度,进一步扩大了贸易调整援助制度覆盖范围与援助力度。按2012年的规定,《韩美自由贸易协定》的贸易调整援助对象包括因自由贸易协定导致连续6个月销售额同比降低10%以上的制造业与服务业企业、工人,能够申请援助的"门槛"进一步降低。在失业救济与防范措施方面,一方面,韩国加强对受害企业的融资、咨询服务力度,帮助企业早日恢复正常经营,避免出现破产导致的大规模失业情况;另一方面,针对潜在或已经失业的工人提供转业及再就业援助服务,如定期公布产业动向、人力需求情况、职业培训动态、创业咨询等必要信息以及提供各种咨询服务,并为劳动力转职、再就业过程中的培训费用提供部分资金资助。同时,韩国企划财政部还鼓励贸易部门经验丰富的退休员工(从事贸易实务10年以上的大企业退休人员、从业15年以上的出口产业部门公务员退休人员、贸易相关律师、会计师等)经培训后到各大中小企业及自由贸易协定中心①返聘为自由贸易协定咨询顾问,帮助中小企业扩大自由贸易协定利用率。退休人员再培训费用由政府资助90%,剩余10%由本人承担。②

三、对农民、渔民失业的援助与防范

对农渔业人的援助与救济在韩国应对自由贸易协定的就业援助体系

---

① 韩国在不同城市设立17个自由贸易协定中心,由企划财政部管辖,为企业有效利用自由贸易协定提供多样化服务。
② 무역관련 퇴직인력을 FTA 활용 컨설턴트로 양성 [EB/OL]. 기획재정부, 2012年7月19日. http://www.mosf.go.kr/com/synap/synapView.do?atchFileId=ATCH_OLD_00004014194&fileSn=433576.

第六章 《韩美自由贸易协定》对韩国劳动力就业的影响

中占据重要地位,对其援助力度也最为突出,主要包括直接损失补偿与停业援助,重点保障农渔民收入稳定。

在损失补偿方面,韩国对受到《韩美自由贸易协定》市场开放冲击(进口增加、价格下降、销售额减少)而出现利益受损的农渔民提供一定比例损失补偿。考虑到《韩美自由贸易协定》在农产品市场的开放度较高,2012年韩国将原先事前指定补偿领域修改为事后指定,即结合每年不同情况相应调整援助覆盖范围,确保所有受害农渔民能够及时得到救济。具体而言,当《韩美自由贸易协定》造成进口增加导致相关产品市场价格较前五年平均市场价格下降超过10%时,韩国政府对损失额的90%予以补偿①,每项产品补偿金额上限分别为企业5000万韩元,个人3500万韩元。韩国规定这一补偿机制自2011年开始延续10年,援助期限较《韩智自由贸易协定》规定的七年延长了三年,为农渔民适应《韩美自由贸易协定》带来的市场环境变化,构建了缓冲机制。

停业援助方面,在《韩美自由贸易协定》生效的前五年,政府对难以继续维持生产(种植、饲养、养殖)的农渔民提供停业援助,援助金额为废田面积×(单位面积所得-工资所得②)×3,一次性支付,以促进资源的有效配置。

与此同时,为扩大农渔业就业岗位,吸纳更多劳动力,韩国将泡菜、人参、彩椒等特色农产品指定为出口培育重点部门,帮助出口企业制定与之相配套的出口营销策略,并鼓励优秀出口企业与相应种植业农民缔结长期合同,保障农渔民稳定的销售渠道。此外,韩国政府鼓励企业雇用因自由贸易协定而失业的农渔民,对相关企业提供为期一年的奖励金,每月30万—60万韩元。通过上述一系列措施,韩国旨在获取农渔民对《韩美自由贸易协定》的支持,为韩国进一步推动自贸区战略营造民众基础。

---

① 赔偿金=生产面积×(单位面积基准价格-当期价格)×90%。
② 工资所得=劳动时间×小时工资(该领域平均工资)。

四、小结

  一国劳动力就业的影响因素来自多个方面，教育、工资水平、经济增长、通货膨胀、技术革新、新产品的出现均会对劳动力市场形成影响。双边自由贸易协定作为外生变量，对成员国就业的影响主要通过贸易、投资渠道传导。2012年以来，韩国失业率有所增长，但《韩美自由贸易协定》的影响有限，同一时期韩国经济增速下滑、国内政局动荡、大企业破产倒闭对韩国劳动力就业的冲击，能够更好地解释这一时期的失业率攀升。根据本书预测，《韩美自由贸易协定》缔结以来，促进韩国劳动力就业约2.17万人。但市场开放对韩国水果、蔬菜等种植业形成了冲击，农、牧、渔业劳动力就业减少约0.48万人。韩国应对《韩美自由贸易协定》的失业救济措施较好地缓解了弱势部门劳动力失业带来的社会矛盾，值得中国借鉴。

第七章

《韩美自由贸易协定》
对韩国区域经济合作的影响

《韩美自由贸易协定》作为韩国参与亚太地区经济合作的重要举措，强化了韩国在相关区域经济整合进程的影响力与主动性，并对各国区域经济合作政策以及《区域全面经济伙伴关系协定》（RCEP）等区域大型经济合作框架建设产生了一定影响。单就韩国本身经济体量而言，试图在涵盖世界半数经济总量的区域合作框架中扩大自身影响力的难度可想而知，但借助《韩美自由贸易协定》，韩国得以借势而为，避免在亚太区域经济整合进程中被边缘化，成为"四小龙"在新时代最为亮眼的角色。

第一节 《韩美自由贸易协定》签署后
韩国自贸区网络的扩充与发展

《韩美自由贸易协定》艰难缔结为韩国布局"以己为中心"的自贸区网络带来了诸多利好。借助与美国的自贸区谈判，韩国成功缔结与欧盟的自由贸易协定，后又借助谈判经验、优势，在与中国的市场开放中获取更多利益，成为全球少数与美国、欧盟、中国三大经济体同时缔结自由贸易协定的国家。得益于此，韩国参与区域经济合作较以往更加自信,在《中日韩自由贸易协定》《区域全面经济伙伴关系协定》谈判中话语权日渐提高,在参与《跨太平洋伙伴关系协定》问题上获得更多主动,最大限度节制特朗普执政后区域经济合作政策变化对韩国全球自贸区战略带来的冲击。

一、"多头并举"着力推动与大国的双边自由贸易协定

自启动《韩美自由贸易协定》谈判以来,韩国一改对全球自由贸易协定发展的谨慎、被动态度,积极参与并主动塑造本国自贸区网络,开始集中拓展与大国的自由贸易协定。

2007年5月,在《韩美自由贸易协定》谈判接近尾声之际,韩国启动与全球最大经济体——欧盟的自由贸易协定,并于2010年5月成功缔结协议,尽管《韩美自由贸易协定》生效晚于《韩欧盟自由贸易协定》,但从多个方面影响了《韩欧盟自由贸易协定》的缔结。首先,《韩美自由贸易协定》谈判为韩国积累了丰富的谈判经验,使得韩国以更加自信的姿态参与发达国家自由贸易协定建设。其次,在《韩美自由贸易协定》谈判中,韩国承诺全面开放包括农产品在内的货物贸易以及服务贸易市场,为韩国推动对欧盟的市场开放奠定了基础,也一定程度上减轻农渔民反对的舆论压力。最后,提高了韩国市场对欧盟的吸引力。在选择与韩国启动贸易谈判之前,欧盟在东亚区域选取韩国、东盟、印度等经济体作为缔结自由贸易协定的可行对象。在这一背景下,与美国推动自由贸易协定安排的韩国对欧盟吸引力大幅提高,不论是从输出高水平贸易、投资标准的角度,还是作为企业进入美国市场的"跳板",韩国均较其他两个经济体更为引人注目。

一方面,《韩欧盟自由贸易协定》生效后,欧盟对韩国94%的进口产品立即取消关税,韩国立即对欧盟81.7%的产品取消关税,协定自由化

第七章　《韩美自由贸易协定》对韩国区域经济合作的影响

水平高达99.6%（按产品品目为准），为双边贸易发展注入了新动力。[①]得益于《韩欧盟自由贸易协定》，韩国国内服务业产值大幅增加8955亿韩元，共创造15255个就业岗位。[②] 不可忽视的是，《韩欧盟自由贸易协定》生效成为促使美国重新审视韩国战略价值的重要契机，扭转了《韩美自由贸易协定》长期被搁置的局面。2007年6月《韩美自由贸易协定》正式签署之后，受美国大选、国会换届等影响，协定迟迟未能进入国会审批阶段。此时，2011年7月《韩欧盟自由贸易协定》早一步较《韩美自由贸易协定》生效无疑为美国企业带来危机感，促使奥巴马政府提高对《韩美自由贸易协定》的重视。最终韩国通过与欧盟、美国的相互博弈，在"多头并举"中成为最大受益者，成功与全球两大最发达经济体完成了自由贸易协定安排。

另一方面，2012年《韩美自由贸易协定》生效后，韩国迅速将自由贸易合作伙伴关系的建设方向回归东亚，2012年5月启动与中国的自由贸易协定谈判，并于2014年签署协议，赶在议会选举前完成协议批准程序，使该协议得以避免重蹈《韩美自由贸易协定》迁延日久、屡生波折的覆辙。《中韩自由贸易协定》中，双边贸易自由化水平达到91%[③]，按照韩国企划财政部的研究，《中韩自由贸易协定》生效五年内对韩国国内生产总值的拉动作用达到0.95%—1.25%，并有望创造19万—25万个就业岗位。[④] 借助《中韩自由贸易协定》，韩国不仅在短期内打开了其最大贸易伙伴国市场，同时在其敏感产品领域最大限度维护了自身利益。在

[①] 裴灿全，韩石浩，金英奎，等.《韩欧盟自由贸易协定》经济效应评价［R］.对外经济政策研究院，2016.10：2.

[②] 同期农产品、制造业、矿业则分别流失3232、2011、29个就业岗位，《韩欧盟自由贸易协定》净创造就业岗位9983个。详见［韩］裴灿全，韩石浩，金英奎等.《韩欧盟自由贸易协定》经济效应评价［R］.对外经济政策研究院，2016.10：12.

[③] 韩方对92.2%的产品（品目为准）取消关税，中方对90.7%的产品取消关税。

[④] ［韩］《中韩自由贸易协定》谈判与经济效应预测［R］.企划财政部，2012年5月2日. http://www.mosf.go.kr/nw/nes/detailNesDtaView.do?menuNo=4010100&searchNttId1=OLD_4013310&searchBbsId1=MOSFBBS_000000000028.

与中国的谈判中，韩国将大米、蒜、洋葱、牛肉、猪肉、苹果等548项农产品排除在关税减让范围之外，较《韩美自由贸易协定》排除在外的农产品约16项，《韩欧盟自由贸易协定》41项，《韩澳自由贸易协定》158项高出许多。《中韩自由贸易协定》之所以能够迅速缔结离不开两国领导人的共同努力，但韩国日渐成熟的自由区网络也增强了其对中国的吸引力。

总体而言，美国在全球政治经济体系中的霸权地位使得《韩美自由贸易协定》能够发挥韩国扭转其"边缘"地位的杠杆作用，在短短五年完成与欧盟、美国、中国三大经济体的自由贸易协定，逐渐向区域经济一体化进程中核心集团靠拢。

二、积极影响东亚区域经济一体化进程

2008年金融危机对东亚经济的波及令区域内各国意识到一味依赖欧美发达市场存在的风险，构建东亚区域经济一体化的呼声日渐高涨。加之，美国积极塑造将中国等部分东亚经济体排除在外的亚太区域一体化路径，加速构建更具包容性的东亚经济一体化框架，规避、限制美国主导的《跨太平洋伙伴关系协定》所形成的"排挤"效应成为东亚各国共同夙愿，韩国亦不例外。

在《韩美自由贸易协定》步入运行阶段后，韩国着力与中国、日本以及东亚各国搭建经贸合作框架。2012年，《中日韩自由贸易协定》《区域全面经济伙伴关系协定》相继启动谈判，韩国积极参与并借助其与大国完成市场开放的优势，不断提升对东亚区域贸易、投资规则的影响力。一方面，韩国参与《中日韩自由贸易协定》谈判，并将其作为实现韩日市场开放的"垫脚石"，一度将《中日韩自由贸易协定》优先性排于《区域全面经济伙伴关系协定》之前，但由于各方主导权之争，《中日韩自由贸易协定》历经12轮谈判至今尚未"结果"。另一方面，韩国借助

第七章 《韩美自由贸易协定》对韩国区域经济合作的影响

《区域全面经济伙伴关系协定》积极参与东亚贸易规则建设。一直以来，韩国希望在东亚区域一体化化进程中发挥中心作用。考虑到韩国已与除日本以外其余 14 个 RCEP 成员国结成自由贸易伙伴关系，韩国参加 RCEP 谈判主要动机是利用自身富于自由贸易经验优势，尽可能地影响东亚区域贸易规则制定，使之符合本国长期发展，扩大韩国影响力。总体来看，由于《区域全面经济伙伴关系协定》成员国定位明确，韩国参加谈判的态度不可谓不积极。即使在国内因"闺密门"丑闻陷入国政停滞阶段，韩国也在积极推动谈判。尤其是在特朗普当选后，奥巴马任期内力推的亚太地区经济战略《跨太平洋伙伴关系协定》被搁浅，韩国产业部方面表示，在贸易保护主义抬头、国际贸易环境不确定性增大的情况下，《区域全面经济伙伴关系协定》的重要性日益凸显[①]。此外，韩国是《区域全面经济伙伴关系协定》谈判成员国中少数的制造业发达国家，其产业结构方面的出口优势也会对其参加谈判产生一定吸引力。

三、谨慎应对《跨太平洋伙伴关系协定》

对中等经济体而言，必须灵活、谨慎地应对外部经济环境变化，才能避免在区域经济合作中处于被动。如果说先前的《中日韩自由贸易协定》、"10+3"合作框架更多的是相关国家基于区域经济发展趋向而构筑的前瞻性合作框架，那么 2010 年前后由中美倡导的《区域全面经济伙伴关系协定》《跨太平洋伙伴关系协定》则显示出大国正在利用经济合作框架建立之际扩大自身对相关区域影响力。竞争性的两大区域经济合作框架的出现令韩国等经济体不得不在新形势下重新调整区域经济合作方向，决定是否参与相关合作框架，并对二者优先性作出判断。

《跨太平洋伙伴关系协定》始于智利、新西兰、新加坡、文莱在 2005

[①] 韩国参加 RCEP 谈判拟积极寻求折中案 [EB/OL]. 环球时报—环球网（北京），2016 年 12 月 5 日. http://news.163.com/16/1205/11/C7H3UFSN000187V9.html.

《韩美自由贸易协定》对韩国的经济影响

年 7 月签订的《跨太平洋战略经济伙伴关系协定》(TPSEP),原未受到过多关注,随着 2008 年美国的加入而快速发展。美国参与下的《跨太平洋伙伴关系协定》不断扩容,吸纳新成员国加入,还对协定规则与标准进行"翻新",构建了美国所要实现的亚太区域一体化贸易、投资规则新蓝图,打造了亚太区域一体化"美国路线"。2009 年以来,美国积极游说日本、韩国、中国台湾地区、泰国、菲律宾等盟友参加相关谈判,安倍二次执政后,在遏制中国经济崛起的思维指导下,美日对亚太经济整合的路线趋于合流。2013 年 7 月,在《跨太平洋伙伴关系协定》第十八轮谈判会议上,日本正式加入,成为该协议第十二个成员国。而协议标榜的"面向未来、高标准、广领域"的多边贸易框架也对担忧在区域新规则制定进程中被边缘化的韩国产生吸引。

2013 年 11 月 30 日,韩国经济副总理兼企划财政部长官玄旿锡在对外经济部长会议上表示韩国非常关注《跨太平洋伙伴关系协定》,随着加入谈判的国家不断增多,这一合作框架的预期效果日益提升。他认为,"加入《跨太平洋伙伴关系协定》将会给韩国经济和贸易带来巨大影响"。[①]可以说,韩国对参加《跨太平洋伙伴关系协定》的态度不可谓消极。国内外虽然不断涌现出参加谈判的声音,但考虑到正在与中国进行自由贸易协定谈判,且自身已与除日本、墨西哥以外其他《跨太平洋伙伴关系协定》成员国完成自由贸易协定安排,在参与《跨太平洋伙伴关系协定》的问题上,韩国政府相对慎重,坚守本国自贸区战略路线,至《中韩自由贸易协定》缔结,而"错失"参与《跨太平洋伙伴关系协定》谈判的时机。

自 2016 年 2 月《跨太平洋伙伴关系协定》成员在新西兰奥克兰正式签署协议,到 2017 年 1 月特朗普宣布退出,并宣布着重推动与《跨太平洋伙伴关系协定》成员国间双边自由贸易协定,《跨太平洋伙伴关系协

---

① 韩国考虑加入 TPP 谈判 同时将加快中韩 FTA 谈判步伐 [EB/OL]. 人民网, 2013 年 11 月 30 日. http://world.people.com.cn/n/2013/1130/c157278-23702969.html.

第七章 《韩美自由贸易协定》对韩国区域经济合作的影响

定》的"昙花一现",对成员国造成的不仅是巨额谈判成本流失,更对成员国区域经济合作政策带来巨大冲击。尽管日本与澳大利亚表示对继续推动该协议生效的意愿,但美国缺席的《跨太平洋伙伴关系协定》不论是战略意义上,抑或是在经济收益上已大打折扣。[①]

实际上,《韩美自由贸易协定》在标准与规则上与《跨太平洋伙伴关系协定》"如出一辙",韩国加入《跨太平洋伙伴关系协定》的难度远低于日本,韩国最终未参与相关协定的重要原因在于《韩美自由贸易协定》赋予了韩国冷静观察美国主导的多边经济合作框架发展走向的"特权"。在美国的要求之下,相关国家与地区不得不调整区域经济整合路线,提高该协定在其区域经济整合蓝图中的地位。对于韩国这一已缔结自由贸易协定的伙伴国,美国显然并没有施加同样的压力,从而保障了韩国区域整合路线的平稳运行,避免了特朗普执政所带来的冲击。

第二节 《韩美自由贸易协定》对主要经济体区域经济合作政策的外溢效应

自20世纪50年代以来,美国与亚太各国经济联系不断增强,美国的援助、投资成为日本、韩国等经济起步、机制变革的动力之源,来自太平洋彼岸的市场需求更为东亚经济增长提供了持续动能。与此同时,各国在美国市场中的竞争日趋激烈。就韩国而言,一方面在汽车、化工、电子等中高端产品领域与日本、中国台湾地区一较长短;另一方面,在机电、人工智能产品方面与快速崛起的中国互争高下。2012年《韩美自由贸易协定》的生效无疑会对相关经济体对美国出口构成影响,并在宏观层面上促使相关各国对区域经济整合政策做出不同程度调整。

[①] 从亚太到"印太","安倍外交"酝酿新变局. 人民网, 2017年1月18日. http://japan.people.com.cn/n1/2017/0118/c35421-29031347.html.

《韩美自由贸易协定》对韩国的经济影响

一、对日本区域经济合作政策的影响

长期以来，日本扮演着美国在亚洲最重要的盟友与经济合作伙伴角色。冷战结束之初，两国关系曾因贸易纠纷陷入"漂流期"，为应对中国崛起，克林顿——桥本时代美日对两国关系进行再定位，两国关系在2000年以来大体保持稳定。但两国经济竞争关系以及日本对农产品市场的高度保护，导致两国经贸合作仅限于摩擦管控与全球、区域层面的多边对话合作，推进市场开放的制度化合作鲜有建树。无论是自民党执政时期推动的中日韩三边合作，还是民主党执政时期倡导的"东亚经济共同体"，日本区域经济整合政策整体建立在不损害美日同盟基础上以构筑与东亚各国经济合作框架为主要路线。

因此，美国在2010年以前对日本区域经济整合政策始终是以消极的监控者身份出现，鸠山由纪夫首相倡导的"东亚经济共同体"黯然落幕就与奥巴马政府的抵触有着密切的联系。2012年《韩美自由贸易协定》生效标志着韩国在经济合作深度、广度上超越日本，成为美国在东亚首个制度化经济合作伙伴，对日本形成较大压力。

一方面，提高了日本与美国构建自由贸易协定的紧迫感。纵观20年来，中日围绕东亚经济整合主导权的竞争始终存在，日本也通过推动与东盟的自由贸易协定，促使10+3合作向10+6方向转变，部分实现了限制中国经济崛起的目标。然而，日本对农产品市场的高度保护日渐制约其与发达国家推动自由贸易协定的进程，在韩国大力推动《韩欧盟自由贸易协定》《韩美自由贸易协定》不断扩大自身影响力，中国加速推动与韩国的自由贸易协定、积极倡导区域全面经济伙伴关系的背景下，日本不免担忧自身在东亚，乃至亚太区域经济一体化进程中被边缘化。此种忧虑与紧迫感使得日本2013年正式提出参加《跨太平洋伙伴关系协定》谈判，接受美国"全面开放标准"。

第七章 《韩美自由贸易协定》对韩国区域经济合作的影响

另一方面,启示日本与美国构筑制度化经济合作的迂回路径。在与美国自由贸易谈判过程中,无论是日本还是韩国都存在自身经济规模有限,谈判议价能力不足的障碍。然而,韩国跳出亚太区域层面,通过缔结欧盟自由贸易协定所产生的排挤效应促使奥巴马政府重新审视《韩美自由贸易协定》的战略价值,加速与自身谈判进程。特朗普执政后,美日已经明确以双边自由贸易协定取代《跨太平洋伙伴协定》作为两国经济合作制度性框架,而美国对日本开放市场的要求更趋苛刻。显然,利用韩国经验,通过与第三方签署经济合作协议,促使美国对日妥协是安倍政府可资利用的方法。从日、欧加速经济合作伙伴协定(EPA)谈判来看,韩国经验已对日本政府起到了一定的启示作用。

概括而言,《韩美自由贸易协定》生效虽在市场份额方面对日本产生了挤压作用,但也加速了日本与美国在区域经济整合路线上的合流,并为日本与美国达成制度化贸易合作协定提供了借鉴。

二、对中国区域经济合作政策的影响

《韩美自由贸易协定》作为美国推动"亚太再平衡战略"的重要一环,为中国参与亚太区域经济合作带来了不确定性。与此同时,作为新时期高标准自由贸易协定,《韩美自由贸易协定》也为中国推动自贸区战略带来了一些积极影响。

在政策冲击方面:一方面,韩美经济合作促使中国积极审视韩国在区域经济合作战略中的地位。《韩美自由贸易协定》进一步强化双方经济合作,使得韩国成为美国主导亚太区域经贸规则的重要伙伴,而韩国对东亚区域一体化进程的积极与否关乎《中日韩自由贸易协定》与《区域全面经济伙伴关系协定》缔结问题。东亚区域各国经济联系紧密却始终未能构建区域经济合作框架,其根本原因除去中、日、韩三国间历史包袱、领土争端、政治因素外,很重要的一点即为主导权之争导致的"小

《韩美自由贸易协定》对韩国的经济影响

马拉大车"格局。《韩美自由贸易协定》生效意味着韩国与美国经济合作达到前所未有的深度,若不深化与韩国的合作关系,可能导致东亚区域经济合作框架的支持力量进一步削弱。这促使中国加速与韩国缔结自由贸易协定,提高韩国在《区域全面经济伙伴关系协定》合作框架建设进程中的作用。

另一方面,《韩美自由贸易协定》与《跨太平洋伙伴关系协定》两相呼应,促使中国调整各区域经济合作框架的优先顺序。不可否认,《韩美自由贸易协定》为美国重拾其在东亚区域的影响力,参与并主导亚太区域经济事务搭建了"桥梁"。并且,《韩美自由贸易协定》与《跨太平洋伙伴关系协定》的有效呼应,令中国自贸区战略面临前所未有的挑战。应对亚太区域排他性的区域合作框架崛起,中国不得不由注重《中日韩自由贸易协定》与"10+3"合作机制,转而加速与中韩、中澳自由贸易协定谈判,并积极参与推动《区域全面经济伙伴关系协定》,以避免美国主导的区域制度化合作网络兴起所带来的冲击。

在积极影响方面:第一,《韩美自由贸易协定》对韩国的塑造为中国提供了近距离观察高水平经济合作协定的机遇。从长远来看,中美作为世界上最大经济体,2016年,双边贸易规模达到5785亿美元,美国已成为中国最大的贸易顺差来源。① 中国必须对美国所倡导的贸易规则及其发展方向形成清晰认识。随着《跨太平洋伙伴关系协定》折戟沉沙,《韩美自由贸易协定》塑造之下的两国经济合作模式成为中国观察美国倡导自由贸易规则最为便利的样板,为未来包括中美贸易协定在内的深度合作奠定基础。

第二,《韩美自由贸易协定》的生效为中国推进企业"走出去"战略提供了进军美国市场的新途径。随着中国企业"走出去"态势愈加明显,韩国已因其完善的法律制度,规模适中的国内市场,遍布全国的自

---

① 2016年美国货物贸易及中美双边贸易概况 [EB/OL]. 中华人民共和国商务部,2017. https://countryreport.mofcom.gov.cn/record/view110209.asp?news_id=52686.

第七章 《韩美自由贸易协定》对韩国区域经济合作的影响

由经济区成为吸引中国企业投资的重要目的地。2014年,中国对韩国投资已超过11亿美元,成为韩方第四大投资来源国。中国企业可以通过在韩国投资设厂,突破对韩投资拘泥于旅游、文化的产业局限,利用《韩美自由贸易协定》条款,扩大对美市场出口,规避特朗普政府可能对华发动贸易战所带来的风险。

综上所述,《韩美自由贸易协定》对中国、日本的区域经济整合政策构成了较为显著的影响。原本只是对相关经济体的贸易挤压效应,却因特朗普退出《跨太平洋伙伴关系协定》,打造以双边为主的美国亚太经济整合框架而富于宏观的样板作用。显然,这种影响并不全然是韩国区域经济整合战略谋划的产物,却对韩国此后的相关战略起到了不可忽视的影响。

第三节 《韩美自由贸易协定》对韩国在全球经贸格局中地位的影响

对于中小经济体而言,与大型经济体签署自由贸易协定不仅有利于获取经济利益,也有助于提升自身在全球贸易体系中的影响力,提高与其他国家谈判的议价能力。通过签署《韩美自由贸易协定》,韩国进一步巩固、发展了与美国的同盟关系,而优先抢占美国市场,实施高标准贸易规则也提升了韩国在亚太区域经济一体化进程中的话语权。对于韩国而言,《韩美自由贸易协定》是其自由贸易区战略中的重要节点,为进一步构建以己为"轮轴"的自由贸易协定网络奠定了基础。

《韩美自由贸易协定》对韩国的经济影响

一、《韩美自由贸易协定》与韩美同盟体系的升级

（一）韩国在美国全球经济霸权体系中地位的提升

韩美经济合作关系肇始于战后纷乱之际，发展于朝鲜战争时期，定型于汉江奇迹的时代。美国成为20世纪下半叶对韩国最具塑造能力的国家，无论是自身的财阀经济，还是产业发展布局，美国都对韩国的经济发展起到重要的指导作用。

冷战时代，朝鲜半岛成为社会主义与资本主义阵营对峙的前线，两种经济模式保持着高度紧张的对峙与竞争关系。韩国不仅成为美国在东北亚大陆唯一的盟国，更成为其影响社会主义国家，彰显市场经济体制活力的样板。一方面，美国提供大量经济援助，成为其经济腾飞的启动资金；另一方面，美国初期通过军事订单，其后通过开放国内市场，为韩国经济发展提供稀缺的庞大消费市场。此外，韩国还得以迅速地与美国的盟友日本、西欧各国建立起广泛的经济联系。总体而言，在政治关系定位经济联系的冷战时代，韩国在美国全球经济霸权体系中扮演的是一个"公共产品"受惠者角色。

冷战终结的90年代，韩国正式步入新型工业化国家行列，并于1996年加入经济合作与发展组织，身份的变化势必影响美国对其定位审视。在这一阶段，美国停止对韩国的援助，针对韩国的贸易反制措施日渐增多。必须注意到，直到《韩美自由贸易协定》生效之前，韩国对美出口高端产品面临日本、欧洲夹击，低端产品又与中国、东盟展开激烈竞争，还要规避《北美自由贸易协定》带来的冲击，处境可谓艰险，在美国霸权体系中的受惠者地位已难以为继。

签署自由贸易协定需要保证对等开放市场，承担对美国产品开放市场意味着韩美经济互动的形式更趋平等，韩国将会成为美国产品出口及

第七章 《韩美自由贸易协定》对韩国区域经济合作的影响

外汇累积的重要来源。换而言之，两国自由贸易协定的签署标志着韩国在制度层面正式跻身美国全球经济霸权"公共产品"提供者行列，在该体系中的地位获得极大的提高。

（二）韩国与美国同盟关系的拓展

长期以来，韩美同盟作为两国制度化合作保障框架，主要合作领域局限于军事、政治方面。在《韩美自由贸易协定》签署前，韩美同盟的合作领域并未在真正意义上覆盖经济领域，经济摩擦只能借助世贸组织规章加以解决，合作的深度与非联盟国家之间差异并不明显。

签署自由贸易协定意味着缔约国之间的高水平市场开放与经济合作获得制度化保障，而且这种保障与非缔约国存在着根本性差异。制度化高水平市场开放使得自由贸易协定有别于最惠国待遇等贸易优惠政策，这种举措与现代同盟关系要求缔约国拥有明确的权利、义务界限有着异曲同工之妙，代表着相关国家成为经济领域的盟友关系。这种关系的达成对韩国产生重要的影响。

一方面，韩美同盟合作领域扩展到经济方面令韩国的生产标准得以拉近与美国的距离。正如前文所述，《韩美自由贸易协定》不同于一般性关税减免优惠，还涉及劳动工作标准、环境保护等政策协调，相关条款生效可以说是美国自朝鲜战争以来对韩国经济最重要的塑造。对于经济发展与发达经济体存在一定差距的后发国家，缔结合作协定重要功能在于反推国内制度变革。随着协定各项条款陆续生效，韩国与美国在贸易开放方面的标准日渐看齐，为美国树立了影响东北亚各国经济发展模式的新样板，为韩美同盟在经济发展为主题的后冷战时代赋予了全新的意义。

另一方面，韩美同盟合作领域扩展到经济方面令韩国在与美国地区盟友竞争中脱颖而出。长期以来，美国虽然始终将美日联盟视为亚洲安全稳定的支轴，却谨慎看待日本倡导的东亚经济整合方案，又碍于其经济规模不愿与之订立自由贸易协定。《韩美自由贸易协定》的出现很大程度上提高了韩国与美国制度融合深度，从而甩开日本、中国台湾地区，迫使相关国家、地区调整经济整合路线，提高与美国缔结制度性合作的优先次序。可以说由于该协议的签署，韩美同盟在今后一段时期内将会成为美国同盟体系经济合作方面的引领者角色。

（三）韩国区域经济整合进程获得美国支持力度的加强

20世纪90年代以来，东亚各国加速经济融合，订立多边经济合作框架的动议屡有提出。然而，除却东盟与中国、日本、韩国分别订立的自由贸易协定以外，亚洲货币基金组织、东亚经济共同体等倡议多石沉大海。两相对比不难发现，动议发起国家外交是否服从于美国霸权是决定其命运的关键。从美国视角审视，迟滞东亚内部经济整合是其亚太经济政策的重要内容。因此，对于包括韩国在内的美国盟友来说，来自美国方面的认可是其区域经济整合政策的"准生证"。就《韩美自由贸易协定》而言，一定程度上缓解了美国对韩国与亚洲各国缔结高水平经济合作协议的戒心。从2002年开始，中国就已经超越美国成为韩国最大的贸易伙伴、最大的贸易顺差来源。中韩两国经济的融合导致美国国内不断质疑韩国可能重新投入中国的怀抱。对于韩国而言，与美国缔结高水平自由贸易协定且将该项目置于与中国、东亚各国融合次序之先，在短时间内提高美国对本国的信任程度，得以避免其干扰导致国内政治共识的分裂，进而影响韩国参与区域经济整合的整体进程。

二、韩国在亚太区域经济合作中占据主动地位

韩美启动自由贸易协定谈判之前，美国、日本、东盟、中国在亚太区域一体化进程中扮演了较为重要的角色，韩国作为区域重要成员，主要以参与者身份出现在相关进程中。随着《韩美自由贸易协定》《韩欧盟

第七章 《韩美自由贸易协定》对韩国区域经济合作的影响

自由贸易协定》《韩中自由贸易协定》的缔结，韩国自由贸易协定网络在广度与深度上得到快速发展，韩国在地区经济整合进程中的地位也水涨船高，成为各方竞相拉拢的对象，在亚太区域经济一体化进程中日渐占据主动地位。

一方面，《韩美自由贸易协定》激活了亚太区域自由贸易协定发展。《韩美自由贸易协定》生效后，"贸易转移"风险使得日本越来越担忧自身在美市场中的份额被韩国挤占。为避免"边缘化"，日本积极参与美国所主导的《跨太平洋伙伴关系协定》，加速与美国的市场开放进程。而随着日本的加入，《跨太平洋伙伴关系协定》作为亚太区域经济一体化的可行路径而迅速崛起，东亚区域经济整合进程受到严重冲击，进而引发"鲶鱼效应"，倒逼《中韩自由贸易协定》《区域全面经济伙伴关系协定》以及《中日韩自由贸易协定》的迅速推动。在这一过程中，韩国通过先后与跨太平洋两岸最大的经济体建立起贸易合作的制度性框架，使其在区域经济整合进程中处于从容位置，也使得其成为中美构建区域经济合作框架的重要拉拢对象。

另一方面，韩国得以率先成为东北亚地区接受"高标准贸易协定"的典范。《韩美自由贸易协定》不论是在商品市场开放水平，还是在服务贸易、外资准入与争端解决机制上均实现了在《北美自由贸易协定》基础上的进一步升级，同时在知识产权保护与劳工、环境保护方面引入美国标准，使得该协定成为新时期高标准自由贸易协定的样板，为其影响东亚乃至亚太区域贸易、投资规则奠定了基础。在《韩美自由贸易协定》缔结以后，韩国开始倡导高标准协议，并表露出在东亚区域经济规则制定进程中发挥更大作用的意愿。这在韩国国内主流研究机构的报告当中有所体现，韩国对外经济政策研究院报告指出，"韩国应积极影响《区域全面经济伙伴关系协定》谈判，推动其建设成为高标准自由贸易协定，而非ASEAN+1的简单叠加……韩国应以《区域全面经济伙伴关系协定》谈判为基础最终在《亚太自由贸易协定》以及亚太新通商秩序的构筑当中发挥积极作用"。①因此，今后韩国可能在围绕竞争中立（国有企业条款）、强化知识产权保护、原产地规则等《区域全面经济伙伴关系协定》的敏感议题上发出更大的声音。

总体而言，美国在世界经济中的霸权地位，以及其作为全球经贸规则领导者的角色令《韩美自由贸易协定》成为韩国实现在东亚区域经济合作、亚太区域一体化进程中发挥主导作用的"垫脚石"，极大地促进了韩国自贸区网络建设。

三、韩国区域经济合作趋势及未来重点方向

《韩欧盟自由贸易协定》《韩美自由贸易协定》《韩中自由贸易协定》的相继生效标志着韩国全球自由贸易战略阶段性成果已经达成，为进一步构建以己为"轮轴"的自由贸易协定网络奠定了基础。在全球区域经济合作呈现新一番景象的背景下，从全球经济走向、韩国国内需求以及文在寅总统个人倾向上来看，未来韩国参与区域经济合作的重点主要包括如下几个方面。

首先，韩国对亚洲大陆的经济关注将会显著提升。从韩国现已构筑的自由贸易协定网络来看，韩国已完成与欧亚大陆两端的中国、欧盟建构深层次合作关系，而夹在中间区域的欧亚大陆腹地尚属空白。从朴槿惠政府在乌克兰危机后谨慎参与对俄制裁，并提出面向俄罗斯及中亚的"欧亚倡议"，韩国面向欧亚大陆腹地构筑深层次合作的意图已有显露。尽管"闺密门"丑闻发酵后，这一构想戛然而止，但文在寅执政后，共同民主党政府对相关方向合作依然保持着一定兴趣，并借此重启韩朝合

---

① 罗美玲，金济国.《区域全面经济伙伴关系协定》现状与启示［R］.韩国对外经济政策研究院（KIEP），2017（2）：9-17.

第七章 《韩美自由贸易协定》对韩国区域经济合作的影响

作,这种构想已经体现在 2017 年 7 月 6 日文在寅总统柏林讲话当中。①文在寅在讲话中勾勒出"朝鲜半岛新经济地图",指出待朝核问题取得进展后,启动从韩国釜山、木浦出发经由朝鲜平壤、中国北京,最终通向俄罗斯与欧洲的跨境铁路构想。从内容上审视,文在寅提出的"柏林构想"与朴槿惠政府所提出的"欧亚倡议"具有异曲同工之意。作为开拓欧亚大陆市场的重要举措,文在寅政府在 2017 年 7 月公布的"新政府经济政策方向"中将欧亚经济联盟(俄罗斯、白俄罗斯、哈萨克斯坦、亚美尼亚、吉尔吉斯斯坦)作为今后缔结自由贸易协定的重点谈判对象。由此来看,广阔的欧亚大陆市场将是韩国今后区域经济合作重要方向,进而填补其自由贸易协定网络在此处的"空白"。

其次,完成《区域全面经济伙伴关系协定》缔结将会成为韩国区域经济合作突破重点。与李明博、朴槿惠为代表的韩国保守政治力量相比,承袭卢武铉衣钵的文在寅政府秉持共同民主党倾向于加强与域内国家经济联系的原则。在特朗普政府终止参与《跨太平洋伙伴关系协定》之后,《区域全面经济伙伴关系协定》成为韩国在未来一定时间内唯一可供参与的区域一体化框架,韩国作为这一个框架内少数完成工业化且具有丰富自由贸易谈判协议经验的国家,势必会加强在其中的角色,以便在区域贸易规则的制定过程中体现出自身的需求。

最后,推动自由贸易协定升级将是韩国完善自由贸易协定网络的主要任务。《韩美自由贸易协定》缔结加速了全球自由贸易协定向"高水平"发展趋势,之后各国缔结的不论是《中韩自由贸易协定》《中澳自由贸易协定》,抑或是当前探讨当中的美日自由贸易协定均呈现出"高标准"特点。在这种大趋势下,20 世纪 90 年代及 21 世纪初所推动、缔结的自由贸易协定在议题的广泛性、服务贸易与投资市场的开放程度上面

---

① 青瓦台. 文在寅总统在德国柏林讲话, 2017 年 7 月 6 日. http://www1.president.go.kr/articles/57.

临重新调整,以更好地适应当前全球贸易、投资发展需求。未来,《中韩自由贸易协定》在服务贸易、投资领域的后续谈判,《韩国东盟自由贸易协定》《韩国印度自由贸易协定》升级将会成为韩国的主要任务。

四、小结

《韩美自由贸易协定》谈判从根本上扭转了韩国在区域经济整合进程中的被动局面,为后续缔结《韩欧盟自由贸易协定》《中韩自由贸易协定》积累了谈判经验、增加了谈判筹码。协定生效也使得韩国最终成为少数与美国、欧盟、中国同时缔结自由贸易协定的国家,为其发展为轮轴国奠定了基础,大幅提升了其在全球经贸格局中的地位。借助这一有利优势,韩国面对《中日韩自由贸易协定》《区域全面经济伙伴关系协定》《跨太平洋伙伴关系协定》的崛起更为从容,很大程度上限制了大国政局变动对区域多边经济整合进程带来的冲击,也使得其在东亚贸易、投资规则建设方面更具发言权,在区域经济整合中的地位也得到提升。然而,《韩美自由贸易协定》却对中国、日本的区域经济合作政策带来了更多挑战,不仅加大了中、日与美国市场相互开放的压力,也通过将美国"留在"亚太,影响了东亚以《中日韩自由贸易协定》、"10+3"合作框架为基础的区域一体化构想。随着特朗普政府正式提出修改《韩美自由贸易协定》,两国谈判前景无疑将再次对东亚区域经济合作产生影响。

第八章

《韩美自由贸易协定》的评估、前景与启示

特朗普赢得大选后,美国亚太区域合作战略较之奥巴马时期发生较大转变。新政府不仅宣布退出《跨太平洋伙伴关系协定》,还表现出较强的贸易保护主义倾向,对主要逆差来源国发动一系列贸易攻势。在"美国优先"与"公平贸易"的旗帜下,特朗普政府将修订自由贸易协定作为缓解美国制造业岗位流失与大规模贸易逆差的主要手段,其矛头直指韩国等经济体,导致《韩美自由贸易协定》面临重新修订。在特朗普政府重塑与亚太区域主要经济体贸易关系的重要时期,美国对《韩美自由贸易协定》的重新调整具有较强的"示范"意义。同时,作为东亚新兴工业化国家与美国缔结自由贸易协定的开端,《韩美自由贸易协定》的波折运行无疑为东亚各国与美国的市场开放提供了有益启示。

第一节 《韩美自由贸易协定》的整体评估

《韩美自由贸易协定》涉及内容广泛,对韩国各领域影响并不均衡,评估其整体效应需综合考量各领域收益。评价相关政策、举措成功与否关键在于,措施生效前预期目标与措施生效后阶段性结果之间的差距。由此审视,对《韩美自由贸易协定》的评估应回归到韩国缔结协定前的最初目的与设想:打开美国市场的经济需求;抢占区域经济整合主导权

的战略需求;强化同盟关系的政治驱动;应对《跨太平洋伙伴关系协定》兴起的防范举措需要。除去难以量化的政治因素考量,其余各项理应作为评估《韩美自由贸易协定》的基点。

首先,在打开美国市场促进经济发展方面,《韩美自由贸易协定》取得成效。韩国与美国缔结自由贸易协定的根本动力源于广泛的经济收益,就如李明博政府将《韩美自由贸易协定》视为"国家经济战略",对经济增长乏力,产业转型升级缓慢,经济改革缺乏动力的韩国而言,《韩美自由贸易协定》无疑是促进改革与竞争增长的"催化剂"。2012年至2016年,韩美贸易额已近1100亿美元大关,年均增长17.8亿美元,虽未达到韩国所预期的年均增长24.4亿美元目标,但在全球贸易形势严峻的背景下,取得这一成就实属不易。[1]《韩美自由贸易协定》生效后,韩国对美出口呈现较好发展,出口额由2011年的562亿美元扩大至2016年的664亿美元,年均增长3.4%。同期,美国进口总额年均下滑0.1%,且自中国、日本的进口增幅也仅2.9%、0.4%左右[2],可见《韩美自由贸易协定》为韩国开拓美国市场起到了重要作用。在韩国关注的美国汽车市场方面,《韩美自由贸易协定》也产生了积极影响。2012年以来,韩国对美出口汽车年均增长10.8亿美元,甚至超出预期目标(预期目标:7.2亿美元),尽管这一成就并不是由关税递减所直接导致,但与《韩美自由贸易协定》形成的良好市场环境具有紧密联系。同时,从韩国对美服务业直接投资与技术指向型投资增长来看,韩国企业已获得较中国、日本早一步抢占市场先机的机遇。更为重要的是,《韩美自由贸易协定》作为韩国缔结的少数高标准自由贸易协定,全面激活了市场的竞争机制,不仅加速了竞争优势产品向价值链两端的延伸,也倒逼了竞争弱势部门的转型升级进程,为韩国经济改革与产业升级注入了动力。

其次,在抢占区域经济整合主导权的战略需求方面,《韩美自由贸易

---

[1] 资料来源:联合国商品贸易数据库. 作者计算.
[2] 资料来源:联合国商品贸易数据库. 作者计算.

第八章　《韩美自由贸易协定》的评估、前景与启示

协定》成为承前启后的重要节点。《韩美自由贸易协定》是韩国转变自由贸易协定战略，寻求与大国、发达经济体市场开放，促进高水平经贸合作的开端。完成《韩美自由贸易协定》谈判后，韩国积极推进与欧盟缔结协定，使其一跃成为各方"争夺"的市场，又利用其与大国的谈判经验迅速打开中国市场，成为少数已与美国、欧盟、中国、东盟等大型经济体缔结自由贸易协定的国家。目前，韩国日渐成为继智利、墨西哥、新加坡等中小经济体之后的新轮轴国，在全球贸易体系中的影响力与日俱增。此外，作为与世界第一、第二、第三经济体都建立起制度化经济合作关系的国家，韩国得以控制全球层面不确定因素干扰，集中精力推进自身为中心的自由贸易协定网络布局，在东亚区域乃至亚太区域经济合作框架建构进程中寻找实现利益最大化的空间。今后不论是《中日韩自由贸易协定》谈判抑或是《区域全面经济伙伴关系协定》谈判，韩国对东亚贸易、投资规则的影响将不可忽视。

再次，在强化同盟关系的政治驱动方面，《韩美自由贸易协定》自酝酿至签署再至最终生效，期间美国对中韩经济相互依赖导致韩国与美国的同盟关系出现疏离的担忧日渐增长。美韩同盟自20世纪50年代建立，韩国依靠美国的援助以及市场开放，渡过了经济困局，实现了经济腾飞。然而，在中国已经成为韩国最大贸易伙伴，且贸易量已经超过美日与韩国贸易之和的背景下，如何维系与韩国的贸易合作关系，维持美韩联盟的经济基础成为美国的重大政治课题。对韩国而言，解除美国的疑惑是其维持"经济依靠中国，安全依赖美国"的战略布局的基本前提。这种需求在李明博及朴槿惠政府前期显示的尤为突出，《韩美自由贸易协定》不仅保障了两国贸易合作将两国同盟关系延伸至经济领域，突出韩国发展与美国贸易合作的决心，降低了美国对韩国经济自主及倒向中国的疑虑。

最后，在应对《跨太平洋伙伴关系协定》兴起的防范举措方面，《韩美自由贸易协定》也取得了理想的成果。自美国退出《跨太平洋伙伴关

《韩美自由贸易协定》对韩国的经济影响

系协定》后,日本主导美国以外的其他初始成员国共同缔结《全面与进步跨太平洋伙伴关系协定》(CPTPP),其经济效应与战略意义大打折扣。对比日本、新加坡在《跨太平洋伙伴关系协定》搁浅后的被动,韩国签署《韩美自由贸易协定》,不仅获得优先打开美国市场的红利,也为自身赢得审慎观察协定的优势,能够优先推动与中国的自由贸易协定,最终获得收益。

当然,《韩美自由贸易协定》也对韩国形成了不可忽视的负面影响,令其付出较大代价。首先,《韩美自由贸易协定》对韩国竞争弱势产业带来冲击。最为显著的冲击体现在农产品部门,削减关税令美国产品以更低廉的价格进入韩国市场,挤压韩国农产品市场,引发产业产值下滑与工人失业等问题。韩国通过一系列政策措施,致力于弥补利益受损部门并加速这些部门的转型升级,但企业的转型升级需要时间与资金投入,在此过程中,弱势部门的利益受损不可避免。其次,制度、法规对接发达国家标准对新兴产业发展的冲击。在区域经济一体化中,小国对大国的让步不仅体现在传统的关税与非关税壁垒减让领域,更主要体现为其国内政治经济体制、法规、政策向大国的靠拢,国内制度调整成本不容小觑。《韩美自由贸易协定》中,韩国在劳工、环境标准,知识产权,创新药品定价,竞争中立,投资争端解决等方面与美国国内标准进行对接,这些调整对于发展当中的新兴产业而言将不可避免地带来冲击,至少在短期内负面影响将是显著的。最后,《韩美自由贸易协定》在促进韩国对美出口获取经济利益的同时,也加深了韩国对美国市场的依赖度,其对美国的贸易报复能力与谈判交易能力将有所下滑。

综合来看,相较于《韩美自由贸易协定》为其经贸发展带来的收益,其利益损失在可控范围之内。随着两国经济的复苏,《韩美自由贸易协定》对韩国出口、产业发展、就业的"红利"将持续释放,对韩国经济发展起到更大的助推作用。需要明确的是,在国际经济体系中韩国虽然是全球第十二大经济体,但中等强国属性决定了其在国际经济规则话语

第八章 《韩美自由贸易协定》的评估、前景与启示

权中只能扮演"追随者"角色,难以成为规则的制定者。因此,能够迅速适应新的国际经贸规则,成为新规则的"搭便车者"是韩国保障其企业、产品国际竞争力最有效的措施。当然,韩国的这一贸易构想有赖于既有全球经济霸权主导者能够为其贸易伙伴提供市场开放等公共产品,考虑到特朗普时代美国贸易政策的全面调整,韩国落实相关贸易政策的外在不确定因素呈现出持续增加的走势。

第二节 《韩美自由贸易协定》的修订及发展前景

特朗普政府就任后,在"美国优先"执政理念下,大幅调整对外贸易政策,以美国所认可的"公平"与"对等"为标准,对已签署的贸易协定进行重新评估与调整,在此背景下《韩美自由贸易协定》受到重要影响。在特朗普政府主导下,《韩美自由贸易协定》启动修订谈判进程,这也成为继奥巴马政府对协定进行调整后,美国第二次对协定进行修订。

一、美国国内对《韩美自由贸易协定》的质疑

《韩美自由贸易协定》生效正值美国经历次贷危机以后的经济衰退时期,经济低迷使得美国工人、民众普遍质疑政府所主导的全球化。就美国国内来看,建制派所推动的对外开放,即由美国主导全球贸易规则所带来的市场开放未能为民众带来足够收益,导致他们开始质疑自身经济利益成为建制派为美国争夺全球贸易规则过程中的牺牲品。这种矛盾在美国经济低迷时期尤为明显,而在传统制造业集中的铁锈地带表现得最为突出,并构成特朗普当选的社会基础。当选后的特朗普总统势必要对这种民意做出明确回应,以便夯实其执政基础。在这种背景下,美国国

《韩美自由贸易协定》对韩国的经济影响

内对《韩美自由贸易协定》的质疑之声日渐扩大。

表 8.1 美国针对《韩美自由贸易协定》的言论

日期	发言人	背景	发言关键词
2016 年 7 月 21 日	总统候选人特朗普	共和党全国代表大会	扼杀就业机会（job killing deal）
2016 年 8 月 3 日	总统候选人特朗普	弗吉尼亚辩论	扼杀就业机会（job killing deal）
2017 年 2 月 1 日	传统基金会国际贸易研究所所长	传统基金会与贸易协会研讨会	改进或升级（partial improvement or update）
2017 年 4 月 18 日	美国副总统彭斯	驻韩美国商会（AMCHAM）演讲	重新审查（review），调整（reform）
2017 年 4 月 27 日	总统特朗普	路透社采访	重新谈判（renegotiate），终止协定（termination）

资料来源：转引自李振眠，金宝.《韩美自由贸易协定》重新谈判与韩国的应对 [R]. 首尔：韩国产业研究院，2017：4.

正如表 8.1 所示，特朗普及其团队多次抨击《韩美自由贸易协定》，强调重新修订的必要性。2016 年，特朗普在共和党全国代表大会演讲时指出《韩美自由贸易协定》"扼杀美国就业（job killing）"，将美国国内传统制造业企业流向海外导致就业岗位的流失归咎于韩国等贸易伙伴国。① 在 2017 年在接受路透社的采访中，特朗普再次声称，《韩美自由贸易协定》是一个"糟糕的交易（horrible deal）……我们应该重新谈判或终止协定（renegotiate，terminate）"。② 特朗普执政以后，从退出《跨太平洋伙伴关系协定》到正式提出重新谈判《北美自由贸易协定》，其竞选

---

① Donald Trump's Entire Republican Convention Speech. CNN, June 21, 2016. http://www.cnn.com/videos/politics/2016/07/21/rnc-convention-donald-trump-entire-acceptance-speech.cnn.

② Exclusive-Trump vows to fix or scrap South Korea trade deal, wants missile system payment. REUTERS. http://uk.reuters.com/article/uk-usa-trump-southkorea-exclusive-idUKKBN17U09K.

第八章 《韩美自由贸易协定》的评估、前景与启示

诺言逐一得到实践，新政府对修订《韩美自由贸易协定》也表现出坚决的态度。如若谈判涉及既有协定的全部领域或对此予以终止，韩国可能面临经济收益的大幅萎缩。

根据韩国产业研究院的预测，废止《韩美自由贸易协定》对双方出口的损失额将高达13.2亿美元。[①] 如若谈判集中在各方关注的部分领域进行，则有望缓解协定"修订"对韩国经济的冲击，但显然韩国在这一过程中处于弱势。2018年1月，在构建"自由、公平、对等贸易关系"的目标下，美韩正式启动了《美韩自由贸易协定》修订谈判，9月双方正式对外公布谈判商定结果，两国元首就早日签署新协定达成共识。

二、《韩美自由贸易协定》修订谈判的主要内容

不同于奥巴马政府将签署自由贸易协定作为实现美国区域战略的政策路径，特朗普政府更多地从经济视角判定自由贸易协定的价值，这一特点突出表现在其执政伊始退出《跨太平洋伙伴关系协定》当中。在"美国优先"思维影响下，特朗普政府片面地以贸易逆差的增减作为公平贸易的评估标准，将韩国、墨西哥、加拿大等自由贸易协定伙伴国对美国的贸易顺差归咎于自由贸易协定的失败。在此背景下，美国主导《美韩自由贸易协定》启动修订谈判进程，在汽车等部门提出了一系列新的要求。

如表8.2所示，从谈判商定结果来看，美国主要针对汽车、钢铁等贸易逆差领域对协定进行了重新调整。汽车与钢铁一直是双方贸易摩擦显著的领域，前者构成韩国对美贸易顺差的90%以上，后者则是美国对

---

① 李振眠，金宝.《韩美自由贸易协定》重新谈判与韩国的应对[R].首尔：韩国产业研究院，2017：4.

韩启动双反措施最集中的领域。① 在修订谈判中，韩国进一步向美国开放汽车市场，增加符合美国汽车安全标准的进口配额，并同意美方延长对韩国皮卡汽车征税期限。钢铝产品方面，韩国同意设置低于其出口规模的免税配额，换取韩国在美国对外钢铝产品追加关税中的豁免权。此外，韩国借助协定重新谈判，进一步明确了"投资者—国家争端解决机制"（ISD）条款的适用范围，以限制美国私人投资公司对韩国政府滥用诉讼权，减少外国投资者与政府之间的纠纷，这是修订协定中唯一有利于韩国的条款。

表 8.2 《韩美自由贸易协定》修订谈判主要内容

领域	内容
汽车	美国对韩国货车征收关税（25%）期限延长 20 年，至 2041 年
	增加符合美国汽车安全标准的汽车进口配额，每年向韩出口的汽车配额由每年 2.5 万辆增加至 5 万辆
	韩国制定下期燃油费、温室气体排放标准（2021 年至 2025 年）时借鉴美国标准及国际趋势，并对年销量 4500 辆以下的制造商适用宽松标准
钢铁	韩国豁免于美国基于 232 条款对钢铁征收的追加关税，但设置配额，为 2015—2017 年平均出口额的 70%
"投资者—国家争端解决机制"（ISD）条款	对于已根据其他双边或多边协议在其他地方进行审查的纠纷案件，禁止私人投资公司就同一事件再度向政府提起诉讼
制药	韩国按照《韩美自由贸易协定》主旨完善创新药物定价制度

资料来源：韩国产业通商资源部．作者整理．

---

① 2012 年以来，美国对韩开展反倾销、反补贴案件共 18 件，其中涉及钢铁案件就达 11 件，占总案件数的 61.1%。参考 USITC. Antidumping and Countervailing Duty Investigations. https://www.usitc.gov/.

第八章 《韩美自由贸易协定》的评估、前景与启示

三、《韩美自由贸易协定》修订的原因分析

作为对韩国拥有最大塑造能力的国家，美国始终主导着《韩美自由贸易协定》谈判进程，新一轮博弈也非例外。因此，探究《韩美自由贸易协定》面临重新谈判的根本原因需要分析美国的情况。

从表面上看，贸易逆差倍增是美国主张重启《韩美自由贸易协定》谈判的直接原因。特朗普在竞选时期就承诺将重新审查美国已缔结的自由贸易协定，对于引发"不公平"贸易、抢占美国工人就业岗位、恶化贸易逆差的"糟糕协议"进行重新谈判或予以"终止"，《韩美自由贸易协定》即其中之一。如图 8.1 所示，2012 年以来美国对韩贸易逆差进一步扩大，主要由货物贸易逆差增长导致。2016 年美国对韩货物贸易逆差达到 232.5 亿美元，服务贸易领域实现顺差约 106.5 亿美元，总体逆差规模达到 126 亿美元，较协定生效前的 2011 年增长 1 倍多。

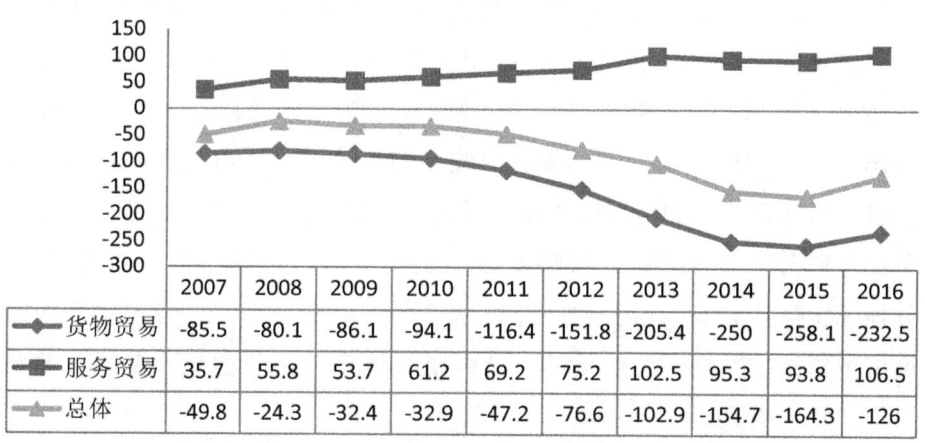

图 8.1　2007—2016 年美国对韩贸易收支变化　单位：亿美元

资料来源：韩国关税厅贸易统计．https：//unipass.customs.go.kr；38030/ets/．

《韩美自由贸易协定》对韩国的经济影响

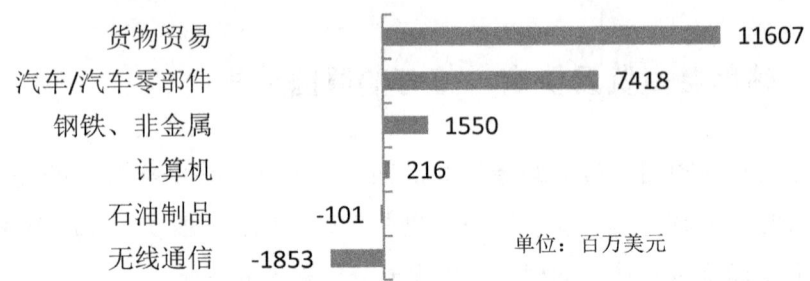

图 8.2　《韩美自由贸易协定》生效后韩国主要产品对美贸易收支变化情况

资料来源：美国商务部经济分析局（BEA）.

注：2016 年韩国主要产品顺差规模相较 2011 年的变化额。引自《韩美自由贸易协定》对不同产业的影响［R］. 韩国有利经济研究所，2017：1.

这一结果对寄希望于借助《韩美自由贸易协定》缓解贸易逆差的美国而言无疑是不满的，为美国重新启动谈判提供了"合理"借口。但是，美国对韩贸易逆差扩大是否由《韩美自由贸易协定》导致依然值得商榷。由图 8.2 可知，2012 年以来，美国对韩贸易逆差的扩大主要来源于汽车贸易，在此领域，美国对韩出口增长 11.6 亿美元，进口增加 91.4 亿美元，逆差扩大 79.9 亿美元。但正如本书第四章所述，美方进口关税于 2016 年才取消，但自韩国进口汽车却在 2012 年开始就显著增长，并且 2016 年进口规模反而下降 11%。由此可知，关税水平与汽车进口增长并没有必然联系。正如美国议会在《韩美关系报告》中指出，《韩美自由贸易协定》降低关税导致的价格变动只是影响双边贸易的若干因素之一，其他因素包括商业周期波动、经济增长率、汇率变动、总需求水平均对两国贸易构成影响，如果《韩美自由贸易协定》未能生效，美国对韩贸易逆差将会更大。①

导致 2012 年以来韩美贸易失衡的主要原因在于：一方面，韩、美经济复苏进程的差异影响了双方进口需求。金融危机以来韩国经济复苏缓

---

① Mark E. Manyin, Emma C. Avery. U.S.-South Korea Relations［R］. Congressional Research Service, 2017(5):33.

第八章 《韩美自由贸易协定》的评估、前景与启示

慢,尤其2012年以来韩国经济增速下滑至3%以下,国内经济低增长与全球日益严峻的贸易形势导致韩国自中国、日本、美国的进口均有不同程度下滑,而同期美国则实现了较为稳定的复苏,进口需求逐渐得到恢复。在这一形势下,《韩美自由贸易协定》的缔结扩大了美国自韩国的进口,而出口却因韩国国内需求不振而受到影响,导致逆差扩大。另一方面,经历金融危机冲击以来,美国汽车产业竞争力有所下滑。2016年美国汽车产业贸易竞争力指数(TSI)由2011年的-0.2进一步恶化到-0.4,美国国内汽车消费市场对进口车辆的偏好进一步加强,在此背景下《韩美自由贸易协定》为韩国汽车进入美国市场营造了良好的社会氛围。① 综合来看,2012年以来韩美贸易失衡是各因素共同作用下的结果,双方重新修订协定虽能够为美国带来一定收益,缓解贸易失衡,但并不能根本性解决双方贸易逆差问题,而美国坚持消耗高额成本启动重新谈判必有更深层次的动因。

首先,美国全球经济霸权的相对萎缩构成了特朗普政府修订《韩美自由贸易协定》的根本原因。从国际进程视角审视,美国长期以来都将开放本国市场视为换取各国对自身全球经济霸权认同的重要途径,其庞大的消费市场成为其吸引各贸易伙伴参加其霸权体系所提供的"公共产品",这种关系延续的前提在于美国国内经济必须持续繁荣。2008年全球金融危机导致美国经济受到重创,国内失业状况居高不下,其在全球经济规模所占比例已由世纪初的30%下降到24%,美国的相对实力在缩减。② 另一方面,20世纪60年代以来,韩国等东亚经济体迅速崛起,与美国的经济实力差距日益缩小,尤其在制造业领域,韩国的快速赶超使得美国持续对韩国开放市场的成本日渐提高。面临经济规模优势持续萎缩的挑战,特朗普政府从竞争视角审视美国与主要经济体间的关系,将

---

① 李振眠,金宝.《韩美自由贸易协定》重新谈判与韩国的应对[R].首尔:韩国产业研究院,2017:7.
② 资料来源:The World Bank. 作者计算.

《韩美自由贸易协定》对韩国的经济影响

国内经济实力的绝对优势视为美国重塑地缘经济格局、主导贸易规则的前提。[①] 因此,特朗普时代,美国不再通过持续开放市场获取伙伴国对其霸权的认同,其审视自由贸易协定的视角也回归到直观的经济收益方面,对美国重新修订《韩美自由贸易协定》形成了重要影响。

其次,重振制造业,限制竞争对手是美国修订《美韩自由贸易协定》的直接原因。20世纪90年代以来,美国经济金融化加速发展,金融产值占美国GDP的比重开始超过制造业产值比重(见图8.3),金融服务业等高附加值部门逐渐取代制造业成为美国经济增长的主要支柱,而劳动密集型、低附加值的传统制造业部门大量向海外转移,导致产业竞争力下降与就业岗位流失。[②] 如图8.4所示,美国制造业对劳动力就业的贡献度已下降至2015年的10%左右,大量低技术工人面临失业压力。美国经济格局的深刻变化不仅导致"精英"与"草根"间矛盾凸显,也引发产业发展失衡、收入差距扩大、中产阶级萎缩等问题,对美国经济持续发展与社会稳定造成不利影响。[③] 因此,扭转实体经济萎缩趋势、推动关键制造业回归、防止就业岗位流失成为特朗普政府经济政策的重要组成部分,而韩国、中国、日本等制造业国家成为特朗普政府限制的主要对象,修订《韩美自由贸易协定》也成为特朗普政府限制韩国在汽车、钢铁等传统制造业领域对美冲击的有效渠道。

---

① White House. National Security Strategy of the United States of America[R]. December 2017.
② 李晓. 全球化分裂:成因、未来及对策[J]. 世界经济研究, 2018 (3).
③ 按照皮尤研究中心的调查,2001—2015年,美国中产家庭人口所占的份额从54%下降50%,高收入家庭人口所占份额从18%上升到21%,低收入家庭所占份额从27%上升到29%,贫富差距正在日渐扩大。详见 Rakesh Kochhar, Richard Fry, Molly Rohal. The American Middle Class Is Losing Ground[R]. Pew Research Center, December 9, 2015: 4-8.

第八章 《韩美自由贸易协定》的评估、前景与启示

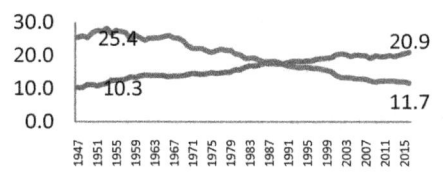

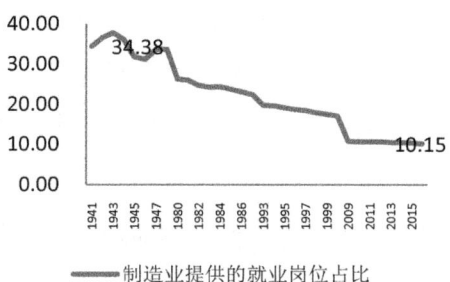

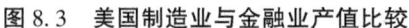

图 8.3　美国制造业与金融业产值比较　　图 8.4　美国制造业就业岗位变动趋势

资料来源：Bureau of Economic Analysis.

在特朗普及其团队成员看来，韩国等新兴经济体对美出口持续扩大不仅会影响国内汽车、钢铁等传统产业稳定，其出口规模亦会随着韩国经济规模增长造成对美国市场更大冲击。以汽车产业为例，在美国进口关税并未递减的情况下，韩国对美贸易顺差增加了 74 亿美元。[①] 因此，尽管《韩美自由贸易协定》并不是导致美国汽车产业对韩贸易逆差倍增的直接原因，特朗普政府依旧借助《韩美自由贸易协定》重新谈判加强了对汽车、钢铁等传统制造业的保护，进而在韩国对美国产生更大市场冲击前对贸易关系进行"调整"，并为提升本国制造业竞争力争取政策空间。

最后，突破对韩政策的示范效应是特朗普政府修订《韩美自由贸易协定》的主要原因。尽管国内多有将特朗普当选视为逆全球化风潮上升的结果，将特朗普视为"保护主义者"，但特朗普并不反对贸易自由化，更不否认美国在全球化中的领导者角色，退出《跨太平洋伙伴关系协定》也并不代表特朗普政府放弃塑造新时期全球贸易规则。结合美国主导的多边区域经济整合框架《跨太平洋伙伴关系协定》折戟沉沙，以及特朗普政府积极推动缔结《美日自由贸易协定》，不难发现，利用双边协议形式规避多边贸易谈判中各国对美国的数量优势，发挥本国市场的规模优

---

① 美国对韩国汽车的进口关税于 2016 年取消．

《韩美自由贸易协定》对韩国的经济影响

势成为美国新政府区域经济整合的新路径。在这种背景下,特朗普政府的贸易政策亟待突破口,而对《韩美自由贸易协定》的突破对于打造具有特朗普时代特色的美国贸易标准显然具有示范性。

四、《韩美自由贸易协定》的发展前景

《韩美自由贸易协定》修订谈判中,有限的贸易报复能力及对美国的安全诉求极大地限制了韩国抵抗特朗普政府贸易攻势的能力。作为依赖美国市场的"小国",韩国竭力避免韩美贸易摩擦持续恶化,更不希望《韩美自由贸易协定》终结导致经贸发展出现不确定性,致使其在谈判中做出让步与妥协。对于迎合美国要求的韩国而言,《韩美自由贸易协定》修订将不可避免导致经济损失,其获利空间也会有所萎缩。一方面,美国单方面延长韩国皮卡汽车关税期限,韩国企业生产、投资布局面临重新调整,并丧失小型卡车抢占美国市场的先机。另一方面,韩国以设置配额(约为2017年出口额的73%)换取钢铝产品关税豁免权,相关产品对美出口大幅减少,不锈钢冷轧钢板等9项产品出口额在5月就已到达免税配额上限,企业亟待开拓新市场。①

目前,《韩美自由贸易协定》尽管达成原则性共识,但协定尚未通过双方政府的审议,在特朗普持续引发贸易摩擦的背景下,韩国在《韩美自由贸易协定》中的让步能否保障其免于特朗普政府一系列新的贸易攻势(如以国家安全为由,借助"232调查""301调查"在特定产业征收惩罚性关税)仍具有一定的不确定性。结合美国旨在推动的"自由、公平、对等"贸易政策来看,特朗普认为贸易协定是"暂时的",应"根据现实、情况变化放弃或变更"。这一认知构成了其任期内贸易政策"反

---

① 김동현. 쿼터 대상 철강제품 대미 수출 빠르게 감소…5월 -46% [EB/OL]. 연합뉴스, 2018年6月27日. http://www.yonhapnews.co.kr/bulletin/2018/06/27/0200000000AKR20180627060600003.HTML.

第八章 《韩美自由贸易协定》的评估、前景与启示

复""无法预测"的基础。实际上,美韩就新协定达成共识后,在特朗普对中国、欧盟、加拿大、墨西哥等主要贸易伙伴发动贸易攻势,导致出口面临较大压力,引发国内利益集团不满的情况下,韩国难免是美国"敲打"的主要对象。

首先,汽车领域。汽车产业集聚的铁锈地带是特朗普的主要选区,继钢铁、铝"232调查"后,特朗普已要求商务部对进口汽车及汽车零部件发起"232调查",并考虑对进口汽车加征高达25%的关税。① 由此可见,汽车产业极有可能成为美国主导《北美自由贸易协定》修订进程,并对日本、中国等贸易伙伴施压的重要谈判"资本"。而韩国作为美国第五大汽车进口来源国,对美长期保持顺差,《韩美自由贸易协定》生效后汽车贸易失衡更是有所恶化。因此,一旦美国就汽车贸易加强贸易执法与贸易救济,不排除特朗普政府再次向韩国施压。根据韩国贸易协会预测,当美国依据232条款对汽车及零部件附加25%的高额关税时,韩国对美出口汽车数量将大幅减少22.7%。②

其次,农产品领域。2018年3月以来中美贸易摩擦愈演愈烈,受此影响,美国农产品出口陷入困境。7月美国农产品出口价格指数环比下跌5.3%,创2011年10月以来最大跌幅,尤其大豆价格在短期内从大幅下降14.1%,对农业州形成了巨大冲击。③ 在特朗普着力开拓欧盟等替代市场,缓解贸易摩擦负面影响的情况下,作为美国"新开辟的"农产品出口市场,韩国可能会面临较大压力。

最后,汇率问题。《韩美自由贸易协定》修订谈判中,美方曾尝试将"汇率条款"纳入协定当中,包括禁止竞争性操纵货币贬值,约定货币政

---

① Trump Threatens to Tax European Auto Imports[EB/OL]. Reuters, March 4, 2018. https://www.reuters.com/article/us-usa-trade-autos/trump-threatens-to-tax-european-auto-imports-idUSKCN1GF0QJ.
② 文炳基. 美国提高汽车关税对主要经济体的影响[R]. 韩国贸易协会(KITA),2018:2.
③ 美国7月农产品出口价格创近7年来最大跌幅[EB/OL]. 新华网,2018年8月15日. http://www.xinhuanet.com/world/2018-08/15/c_1123272975.htm.

策的透明性等。① 尽管"汇率条款"尚未正式纳入到协定当中,仅以附函形式向韩国提出提高其外汇干预透明度的要求,不可排除特朗普政府未来不会重新要求韩国将条款纳入到协定当中。

《韩美自由贸易协定》自签署以来已两次调整,不论是奥巴马政府还是特朗普政府,对《韩美自由贸易协定》的调整均集中在汽车等制造业领域。奥巴马政府时期,美国通过重新谈判推迟了乘用车市场对韩开放,特朗普政府时期则推迟了卡车市场开放进程,韩国为保障协定的生效与延续两次妥协,大幅压缩了其在协定当中的获利空间。《韩美自由贸易协定》中,美国在交易谈判能力、贸易报复能力上占据绝对优势,能够始终控制协定的发展走向,通过修订协定的形式,营造更为有利于自身的制度环境,令"小国"持续向其提供"单方支付"。随着韩国经济持续发展与技术革新,其在制造业领域与美国的互补性程度大幅降低。同时,美国等发达国家重振制造业,加速再工业化进程将令二者矛盾日益突出。未来,有效控制韩美之间贸易摩擦,避免协定反复修订将成为韩国保障自身在《韩美自由贸易协定》中利益的重要课题。

第三节　《韩美自由贸易协定》对中国的启示

《韩美自由贸易协定》谈判时值美国贸易战略的调整阶段,2009 年奥巴马就任美国总统后,民主党倡导的"高标准"新贸易政策正式付诸实践,对劳工、环境、知识产权、非贸易壁垒方面提出更高的要求。而随着奥巴马政府推动"亚太再平衡战略",《韩美自由贸易协定》又被美国赋予巩固与东亚贸易联系的战略使命。由此审视,尽管当前《韩美自

---

① 美韩调整自贸协定基本谈妥,韩国让步 [EB/OL]. 日经中文网, 2018 年 3 月 28 日. http://cn.nikkei.com/politicsaeconomy/politicsasociety/29821-2018-03-28-13-11-22.html.

第八章 《韩美自由贸易协定》的评估、前景与启示

由贸易协定》面临重新修订的局面,但该协定实际上蕴含了美国塑造新时期全球贸易规则的主要诉求。同时,《韩美自由贸易协定》不仅是美国与东北亚区域国家签署的首个自由贸易协定,同时也是新兴工业化国家与发达国家之间市场开放的典型案例,协定生效呈现出的特点和规律对贸易结构相似的中国具有较大的借鉴意义。考虑到当前中国自贸区战略加速推进,有效吸取《韩美自由贸易协定》所带来的经验对中国建设高标准自由贸易协定十分必要。

一、高标准自由贸易协定中的非贸易议题

《韩美自由贸易协定》涵盖了许多高标准的非贸易议题,如在劳工标准、环境标准、知识产权、竞争政策、投资规则方面制定的规则较多边贸易协定谈判更为严格。近年来,非贸易议题在欧美等发达经济体推动的自由贸易协定中占据日渐重要的地位,并且伴随着伙伴国对外签署协定的方式形成外溢效应,影响其他国家之间自由贸易协定条款的覆盖范围和深度,进而对尚未具备高水平开放能力的发展中国家带来挑战。[①]

第一,劳工标准。随着世界贸易组织多哈回合谈判中,发达国家主张将国际劳工标准纳入国际贸易体系的努力失败,美欧等主要经济体转而通过推动双边、区域自由贸易协定谈判,推动劳工标准与国际贸易挂钩,《韩美自由贸易协定》曾一度因缺乏劳工、环境条款而进行追加谈判。在美国看来,发展中国家的劳动力成本优势源于执行过于宽松的劳工标准,表现为工人不享有结社自由、集体谈判力量薄弱、工资水平低、生活和劳动环境未能得到有效保障。由此形成的出口产品竞争优势属于不公平竞争,构成劳动力倾销,也即社会倾销。尽管对于劳工标准是否应不顾发达国家与发展中国家差异,作为统一标准纳入国际贸易体系仍

---

① 孙玉红. 南北型自由贸易协定非贸易问题演化趋势和中国的对策 [M]. 北京:中国社会科学出版社,2015:78.

《韩美自由贸易协定》对韩国的经济影响

具较大争议,但不可否认的是"核心劳工标准"① 日渐受到各国的关注,特别是在以高标准为指向的自由贸易协定中这种趋势更为显著。如《跨太平洋伙伴关系协定》《韩美自由贸易协定》《韩欧盟自由贸易协定》《日欧盟经济伙伴关系协定》(EPA)皆有相关内容体现。目前,中国尚缺乏在双边或区域自由贸易协定中纳入劳工标准的经验,不论是适应高标准自由贸易协定发展趋势,还是从加强中国劳工权益保护的视角审视,未来中国企业将会在劳工标准上面临越来越大的压力。因此,中国应加速制定、完善劳工标准问题谈判预案,考虑借鉴将国际贸易与劳工标准"软挂钩"的欧盟模式,坚持政府间友好协商争端解决机制,避免采用以贸易制裁、金钱制裁的方式执行劳工标准。② 应尝试构建适合发展中国家经济水平的劳工标准,并借助《区域全面经济伙伴关系协定》等区域合作机制进行推广。

第二,知识产权保护。发达国家强大的创新产业发展动力促使美国等经济体在推动双边、区域自由贸易协定中制定了较世界贸易组织下贸易有关《知识产权协定》更高的标准,使得其保障、扩大知识产品带来的技术差距和转让费。在《韩美自由贸易协定》中,美国允许将非可视性标志,如声音、气味等作为注册商标加以保护,并将商标保护期限延长至10年,建议建立商标电子申请、审查、注册和维持系统,允许公众访问该系统信息库。在版权方面,《韩美自由贸易协定》延伸了复制权范围至临时复制权,涵盖了电子形式的短暂存储,进一步延长保护期限。美国在《知识产权协定》提供50年保护期基础上,进一步延长20年。专利保护方面,美国强化对药品与化学实验数据保护,输出美国国内的药品专利链接制度,规定药品注册当局不得给未获得专利授权的仿制药

---

① 结社自由和有效承认集体谈判权;消除一切形式的强迫或强制劳动;有效废除童工以及消除就业与职业歧视。

② 孙玉红. 南北型自由贸易协定非贸易问题演化趋势和中国的对策 [M]. 北京:中国社会科学出版社, 2015: 116.

第八章 《韩美自由贸易协定》的评估、前景与启示

品注册专利,并对实验数据和药品分别提供 5 年与 10 年的专有独享期。受制于严格的知识产权保护,《韩美自由贸易协定》运行以来,韩国对美专利权使用费支出大幅增长。①

相较于美国的知识产权保护,中国在知识产权方面的法规及公民意识亟待强化。受到《韩美自由贸易协定》影响,韩国国内知识产权保护体系正不断完善,而随着《美日自由贸易协定》呼声日渐高涨,东亚主要经济体很可能均采用美国的知识产权标准,在东亚区域贸易协定中形成外溢效应。考虑到中国仍处于发展阶段,过高的知识产权保护不利于当前经济发展现状,应以《知识产权协定》为基准,完善我国知识产权体系,接轨国际标准,并加强与发展中国家合作,缓解区域贸易协定谈判中高标准知识产权规则对中国形成的压力。

第三,竞争政策。《韩美自由贸易协定》第十六章单独设立了竞争章节,包含了竞争法的实施(保障竞争执法程序的正当性和透明性)及反竞争行为、授权垄断、国有企业、价格歧视、透明度、跨境消费者保护、争端解决等内容,并予以详细规定。从协议内容来看,美国所推动的竞争政策注重透明度、垄断和国有企业问题,如美国在与韩国、新加坡的自由贸易协定中均对透明度进行了详细规定,要求当局及时公布进出口方面的法律法规、司法裁决、行政裁决等,便于贸易商熟知内容。此外,政府在国企与私企竞争中的"竞争中立"也是美国注重的领域之一。

第四,投资规则。准入前国民待遇、负面清单管理模式、"投资者—国家争端解决机制"(ISD)条款已经成为美国投资议题谈判的主要趋势。在《韩美自由贸易协定》中,韩国在野党、国内多数民众坚决反对将"投资者—国家争端解决机制"(ISD)条款纳入到协定中,但最终未能将该条款从协定中去除。到目前为止,"投资者—国家争端解决机制"(ISD)条款并未对韩国带来显著损失,尽管韩国政府依然面临着被外国

---

① 2011—2015 年韩国对美专利权使用费支出分别为 45.3 亿、55.2 亿、72.7 亿、60.9 亿、60.2 亿美元。详见本书第四章第一节表 4.9:韩国对美服务贸易进出口结构。

投资者起诉的风险,但同时韩国企业也获得了一定程度海外市场的利益保障。对于新时期投资规则的发展,中国正借助"上海自贸试验区先行先试"的方式予以积极应对,在当前逐渐实现由资本净流入国向净流出国的角色转变的背景下,如何在有效保障中国企业在东道国利益的同时,避免冲击国内相关法律、政策空间是当前中国面临的难题。

二、自由贸易协定成本与收益的平衡

自由贸易协定通过特定期限内快速消除关税、非关税壁垒,加速成员国之间贸易、投资便利化,为成员国带来经济收益。但是,自由贸易协定的经济收益在各成员国之间、不同行业之间的收益往往并不均衡,市场开放在带来利益的同时,也会产生一定成本。

就《韩美自由贸易协定》而言,2012年以来双边贸易得到进一步发展,两国在市场开放中均获得了新出口机遇。但若以出口增加作为一国经济收益的唯一衡量标准时,韩国在《韩美自由贸易协定》中的获益显然更为显著。2016年韩国对美货物出口较《韩美自由贸易协定》生效前2011年增长102.6亿美元,同期美国对韩出口却减少13.5亿美元,并且2012—2016年,韩国在美国市场中的平均市场份额扩大0.47%,而美方却下降0.1个百分点。[①] 在服务贸易方面,美国对韩出口额增加48.9亿美元,韩国对美服务贸易出口仅增加11.6亿美元[②],一定程度上弥补了货物贸易领域逆差,但整体出口收益的不均衡令美国民众不满,使得《韩美自由贸易协定》面临巨大的不确定性。显然,美国没有实现吸引韩国参与自身区域经济整合框架所带来的经济成本与战略收益的平衡,导

---

① 数据详见本书第四章第一节表4.1:韩国对主要贸易伙伴进出口情况,以及表4.2:2007—2016年主要经济体在韩、美进口市场中的贸易比重.
② 数据详见本书第四章第一节表4.6:《韩美自由贸易协定》生效前后韩国对美服务贸易进出口变动态势.

第八章　《韩美自由贸易协定》的评估、前景与启示

致其不断追加谈判，造成自身国际信誉削弱。

实际上，在大国与小国的自由贸易协定中，由于市场规模差距，小国即使在谈判中做出更多让步，也很难对大国经济发展形成有力的推动，反而大国市场能够为小国带来更多的收益，对小国经济增长的促进作用也更为显著。新区域主义理论认为大国参与区域经济合作的动机是多元的，除获取传统的贸易利益之外，还包括非传统贸易利益，表现为获取影响国际经济规则的能力。① 特别是对美国、中国、欧盟等超大经济体而言，其实践地缘经济布局所带来的战略收益是非传统收益集中所在，相应的市场开放所带来的不理想结果，如国内民众的不满情绪、经济收益的"欠缺"必然是大国所要承担的成本。显然，奥巴马以及特朗普执政之初对《韩美自由贸易协定》的反复立场显示，美国国内并没有做好平衡战略收益、经济成本的制度准备。而在这一方面，中国具有较为显著的机制优势，国家可以在宏观层面基于长期考量各个贸易协定所具有的战略价值，并通过国内利益再分配控制对外开放所带来的成本。因此，在自由贸易协定经济收益评估问题上大国应综合评估传统收益与非传统收益，无论是过于侧重战略收益或忽视国内开放成本，还是反之都会导致国内对相关贸易协议安排的质疑。

此外，贸易自由化对不同行业的影响也不尽相同，有些部门获益，有些部门则会受损。对韩国而言，《韩美自由贸易协定》降低关税使得优势部门更强，弱势部门更弱。在这一方面，韩国制定贸易调整援助制度对受损部门及工人施以援助，并通过提供咨询、金融支持、培训服务等方式为弱势部门提升产业竞争力做出努力，值得中国借鉴。

三、新兴经济体与发达国家的自由贸易协定构建

新兴经济体经济实力"将强而未强"，尤其在技术密集型高附加值产

---

① 李向阳. 新区域主义与大国战略 [J]. 国际经济评论, 2003 (7): 6.

《韩美自由贸易协定》对韩国的经济影响

业方面,与发达国家具有较大差距,市场开放对国内产业的潜在冲击使得新兴经济体对与发达国家缔结自由贸易协定非常谨慎。就《韩美自由贸易协定》而言,韩国通过开放农产品、服务贸易市场换取了企业开拓美国市场的机遇,协定生效五年当中,韩国农产品、精密仪器、制药业等弱势部门受到一定程度进口冲击,尤其水果、蔬菜等农产品进口增加对国内农产品价格造成了较大影响。但同时,贸易、投资便利化也为韩国汽车及零部件、钢铁制品、钢铁、IT产品等竞争优势部门扩大出口营造了更加有利的环境,为企业进军美国市场扩大全球影响力提供了机遇。两相比较,贸易自由化对韩国造成的冲击是有限的。

相较于发展中国家缔结的南南型自由贸易协定,发达国家主导的自由贸易协定在关注关税壁垒以外,更加强调投资、服务贸易市场开放,非关税壁垒等问题,为投资效应、竞争效应、规模经济效应等自由贸易协定动态效应的形成营造了空间,而这些效应的逐渐释放有利于企业技术升级与产品更新,助力于产业升级步伐。如投资便利化为新兴经济体企业嵌入发达国家跨国公司全球生产布局提供机遇,同时也为承接发达国家产业转移提供便利。再如,伙伴国企业间相互合作过程中形成的技术外溢,对于企业技术升级具有重要作用。

正如韩国将《韩美自由贸易协定》作为促进国内产业升级的"鲶鱼",中国也应积极看待发达国家主导的高标准自由贸易协定。当然,与韩国不同,中国的多数产品、企业仍处于价值链低端,面向发达国家的市场开放可能对国内制造业带来一定冲击。同时,竞争中立,劳工、环境标准,知识产权保护规则等条款有可能减损中国国内产业保护和公共政策的行使空间,不利于中国当前所处的发展阶段。因此,中国可尝试与中等规模且优势产业数量有限的发达经济体,如加拿大、英国以及海湾地区国家签署制度化合作协议,将市场开放与国内经济改革、经济结构调整相结合,通过适当的"竞争"扩大优势部门全球影响力,倒逼弱势部门加速转型升级,并在这一过程中积累与发达国家缔结自由贸易协

第八章 《韩美自由贸易协定》的评估、前景与启示

定的经验,为参与区域高标准经济合作框架奠定基础。

四、中国推进自由贸易协定建设的对策建议

从英国脱欧到特朗普当选美国总统,近年来一系列"黑天鹅事件"表明,全球化引发的社会矛盾日渐凸显,全球化进程面临重要节点。与此同时,美欧等发达国家不断对传统自由贸易协定进行改进,建设更加开放、高标准的自由贸易协定,重构全球经贸规则,着力在协定中塑造后起国家的市场化改革方向。在此大环境中,中国推进自贸区战略面临多重挑战,既要应对高标准自由贸易协定的兴起,同时又需要对贸易自由化的成本予以充分重视,兼顾公平。

(一)构建符合中国国情的贸易调整援助制度

签署自由贸易协定后,成员国相互消除关税、非关税壁垒,竞争优势部门易于在市场开放中受益,但弱势部门尤其进口竞争部门的部分企业、工人则会因进口冲击而面临破产或失业。自由贸易协定经济收益在不同部门之间分配失衡可能引发社会矛盾与冲突,从而影响该国推动贸易自由化政策的可持续性,并且市场开放引致的工人收入下降亦不利于一国经济增长。因此,在缔结自由贸易协定促进贸易自由化的同时,政府出台制度措施控制贸易自由化带来的调整成本,帮助弱势部门、企业、工人尽快恢复竞争力,平衡各参与方的"个体"利益非常必要。在这一方面,发达国家构建了贸易调整援助制度,对弱势群体实施贸易救助,如1957年欧盟成立欧洲社会基金(ESF),1962年美国构建的贸易调整援助(TAA)制度。

与反倾销、反补贴和保障措施等贸易救济措施主要通过限制进口的方式降低对国内产业的冲击有所不同,贸易调整援助制度立足自身调整,通过对受损企业、工人提供融资便利、收入补贴、教育培训等援助,短

期内缓解进口冲击的同时，在中长期帮助企业转型升级，对于降低贸易自由化的调整成本具有重要作用。目前，中国尚未形成较为完善的政策体系与自由贸易协定相配套，上海自贸区贸易调整援助试点仍在探索阶段。随着《韩美自由贸易协定》《跨太平洋伙伴关系协定》相继出现，越来越多的自由贸易协定倡导高水平开放，加上服务贸易、投资市场负面清单式管理模式的兴起，市场开放对成员国的冲击将更为复杂。构建国内贸易援助体系，帮助进口竞争部门弱势企业恢复竞争力尤为必要，且非常紧迫。

草签《韩美自由贸易协定》后，韩国于2008年建立农渔民直接损失补偿机制与贸易调整援助制度，对受损企业、工人、农民予以现金补偿、技术援助、金融支持、教育培训等援助，帮助受损部门恢复正常经营，为本国市场开放保驾护航。此后，韩国也对相关制度进行了持续的完善。纵观韩国对贸易调整援助制度的完善进程，具有三大特点。第一，援助范围和对象不断扩大，从最初的制造业工人、农渔民扩展至服务业从业人员。第二，援助门槛不断降低，从面向销售额下滑幅度高于25%的企业、农民，扩大至销售额下滑10%以上的企业、农民。第三，援助审核程序不断简化、审批时间逐渐缩短，对失业人员的援助手段由初期注重"补偿"逐渐强调就业培训和技术援助，旨在帮助企业快速恢复经营，强化竞争力。

借鉴韩国的经验，中国自贸区贸易援助制度建设应注重两个方面。首先，贸易调整援助制度的目的在于提高受损产业、企业的竞争力，而非保护落后。① 因此，贸易调整援助制度不能沦为简单的无条件补偿措施，应重在改善受助者的竞争条件，提高企业的竞争力及增强失业工人再就业能力，而非简单的经济补偿。否则，可能会使部分受助者产生对政府的依赖心理，丧失自我改善的主动性和积极性，最终削弱或抵消贸

---

① 沈四宝，刘俊敏. 经济全球化下的中国贸易调整援助制度［EB/OL］. http://www.tswaimao.com/view.asp?id=7048&classid=22.

第八章 《韩美自由贸易协定》的评估、前景与启示

易调整援助的成效。其次,贸易调整援助执行方面,应注重援助效率,尽量简化援助程序,在申请人援助资格审查、援助方式的确定、援助时间的长短等方面做到合理且高效,并适时调整。

(二)提升中小企业对自由贸易协定的利用率

自由贸易协定谈判耗费高额人力、物力成本,企业能否有效利用原产地规则,并借助自由贸易协定带来的投资便利,开拓成员国市场直接关系到自由贸易协定的经济收益。但是,由于复杂的原产地规则、申请原产地证书的成本、缺乏专业人才等原因,企业利用自由贸易协定往往并不充分,尤其中小企业在利用自由贸易协定时面临很多困难,申请原产地证书的意愿不强,导致自由贸易协定易于停留在象征性层面,能够创造的实际收益大打折扣。

从中国社会科学院杨宏恩(2009),沈明辉、王玉主(2011)[①]的研究来看,中国自由贸易协定利用率普遍较低,主要原因在于企业对自由贸易协定缺乏认识,申领原产地证书成本过高。反观韩国,2016年韩国企业对《韩美自由贸易协定》的利用率达到75.6%,出口利用率高达81%,自缔结协定以来逐年增长,在橡胶、钢铁、化学制品领域《韩美自由贸易协定》利用率已达到85.1%、77.6%、73.5%,在竞争劣势的农产品方面利用率也达到52.4%,为拉动韩国对美出口发挥了作用。[②]在促进企业利用《韩美自由贸易协定》方面,韩国在不同地区海关部门设立自由贸易协定援助中心,重点为进出口企业提供自由贸易协定咨询服务,同时,韩国贸易协会(KITA)、贸易保险公社、进出口银行、中小企业振兴公团合力对出口企业提供相应的政策、保障与金融支持。如韩国进

---

① 杨宏恩. 我国企业利用FTA政策的调查与分析 [J]. 财贸经济, 2009 (7): 94-99; 沈铭辉, 王玉主. 企业利用FTA的影响因素研究 [J]. 国际商务(对外经济贸易大学学报), 2011 (1): 102-118.

② 自由贸易协定利用率是指实际利用自由贸易协定关税减免优惠的进出口贸易额占自由贸易协定名义受惠产品贸易额的比重。资料来源:韩国关税厅.

出口银行着重对中小企业进出口融资援助，中小企业振兴公团着重对不具备出口经验或处于创业初期的出口企业以信贷为主的融资支持。此外，韩国还在自由贸易伙伴国设立援助中心，为本国企业进入伙伴国市场提供帮助。如《中韩自由贸易协定》缔结以来，韩国已在北京、上海、青岛、成都、广州、天津、大连等与韩国贸易联系紧密的省份设立了自由贸易协定援助中心，在关税咨询、发放原产地证书、通关等方面为企业提供帮助。中国可借鉴韩国在促进自由贸易协定利用率方面的政策措施，强化地方政府、贸促会在促进自由贸易协定利用率的作用，扩大对企业的宣传与转业人才培训支出。同时，中国也应防范自由贸易协定原产地规则"碎片化"引致的"意大利面条碗"风险，在推动新自由贸易协定谈判中综合考虑已生效协定的原产地规则，致力于实现原产地规则的统一。

（三）探讨中美缔结自由贸易协定的可行性

《韩美自由贸易协定》生效标志着美国构建高水平贸易合作的全球布局已抵达太平洋西岸，并对中国所处的国际贸易环境造成复杂影响。跨区域超大型经济体建立自由贸易协定由于对接难度较大，主导权之争激烈，各国对此向来谨慎，《跨大西洋贸易与投资伙伴协定》（TTIP）（即《美欧双边自由贸易协定》）停滞不前正是前车之鉴。但纵观国际贸易规则演变历程，经济全球化的大潮流并未逆转，而自由贸易协定的扩散作为其最重要的表现形式也不会就此终止。随着中美双边投资协定（BIT）谈判加速，中国对外开放水平及经济发展水平的快速提升，中美缔结双边自由贸易协定的可能性正在提高。

从必要性层面审视，亚太自由贸易区（FTAAP）的构建需中美共同努力。不论是奥巴马政府主导的《跨太平洋伙伴关系协定》，还是中国所倡导的《区域全面伙伴关系协定》均将对方排除在外，但缺少任何一方的区域合作框架对亚太区域经济一体化而言均非最优，能够产生的经济效应也会受限，中美共同参与的亚太自由贸易区可谓是亚太区域经济一

第八章　《韩美自由贸易协定》的评估、前景与启示

体化最理想的路径。此外,尽管特朗普执政后宣布退出《跨太平洋伙伴关系协定》,但这并不代表美国放弃亚太区域经济合作主导权,更不能排除在未来适当的时期美国会重返协定,届时中国可能再次面临"边缘化"风险。因此,中国有必要在国内层面优先探讨与美国建立双边自由贸易合作框架的可行性,并做好前期准备。

《韩美自由贸易协定》中,市场开放从不同层面对韩国优势部门出口创造了机遇,由此审视,对产业结构互补性更强的中国而言,打开美国市场对企业扩大出口、加速技术升级无疑是有利的。同时,作为全球最大的发达经济体与发展中经济体之间的自由贸易协定,发达国家与发展中国家所倡导的贸易规则将得到进一步融合,进而有力推动全球贸易自由化,形成对反全球化思潮的有效反击,为亚太区域经济增长提供巨大动力。但是就短期来看,中美所处发展阶段的差异及所倡导的规则的不同导致双方缔结自由贸易协定的过程注定艰难。从《韩美自由贸易协定》《跨太平洋伙伴关系协定》来看,新贸易议题和规则已从消除关税壁垒为主的边境措施延伸到了国内法规,如反腐败、竞争政策、环境法规、知识产权、投资、劳工标准、消费者保护、数据安全、农业、国内立法与国际法的对接、中小企业等。① 对于发展中国家而言,短期内接受这些新贸易议题具有难度,高标准的竞争政策、劳工、环境保护,知识产权规则等将有损发展中国家的比较优势。但存在的积极因素是,从中国经济改革层面来看,美国所推动的限制政府对市场的过度干预,防止腐败,保护知识产权,增加政府采购透明度等问题也是中国所亟待解决的问题,也即新贸易体系的重构与中国新一轮改革从本质上是相通的,其区别仅在于度的把握。因此,中国应将国内经济改革与全球贸易体系重构趋势相结合,加速结构调整,并在新贸易议题领域探索适合发展中国家的标准,为当前中美双边投资协定谈判及未来自由贸易协定谈判奠定基础。

---

① 沈铭辉. 亚太自贸区:贸易新议题的新探索 [J]. 国际经济合作,2017 (7):13.

第九章

结　语

《韩美自由贸易协定》是在东亚区域经济一体化高速发展的背景下,各方基于本国自贸区战略与经济发展需求,追逐利益最大化而形成的产物。受制于金融危机以来世界经济与贸易的低增长,韩美相互开放市场带来的实际经济效应与双方预期设想存在一定差距。尽管如此,《韩美自由贸易协定》生效五年期间对韩国贸易发展、产业竞争力、国际经济地位等方面发挥了积极作用。

第一,《韩美自由贸易协定》促进了双边贸易发展,尤其对韩国出口起到积极作用。首先,贸易引力模型显示,《韩美自由贸易协定》生效对两国贸易增长发挥了积极作用。受到全球贸易增速下滑,以及韩、美经济低增长的影响,《韩美自由贸易协定》对两国贸易的促进作用并未达到双方预期目标,但在韩、美对外贸易均出现下降的特殊时期,《韩美自由贸易协定》对两国贸易发展具有重要意义。其次,韩国在货物贸易出口方面获得较大收益,借助《韩美自由贸易协定》成功打开了美国市场。从进出口贸易额来看,韩国对美出口年均增长3.4%,但进口小幅下降,农产品、医药品等敏感产品市场开放对韩国的冲击有限。最后,《韩美自由贸易协定》对中国、日本等非成员国产生了贸易替代效应。韩国从日本进口的汽车、杂项化学品、塑料及制品被美国产品所替代,韩国自中国进口机电、海产品有所下降。

第二,《韩美自由贸易协定》加速了双边贸易结构升级。产业内贸易指数（GL指数）显示，韩美缔结自由贸易协定以来，两国产业内贸易水平得到加强，区域内专业化分工有所深化。韩美贸易正逐渐从基于要素禀赋差异的产业间贸易转向基于规模经济与产品异质性的产业内贸易，并且这一趋势在不断加强。

第三，《韩美自由贸易协定》令韩国出口优势部门产业竞争力得到强化，但导致弱势部门产业竞争力进一步弱化。《韩美自由贸易协定》的投资效应、规模经济效应、竞争效应等动态效应在逐渐得到释放，但在短期内对韩国提升产业竞争力的作用有限，这些因素有望成为今后韩国产业升级的重要推动力量。此外，出口相似度指数表明，《韩美自由贸易协定》生效以来，韩国在机电、汽车产品领域竞争力在逐渐加强，一定程度上挤压了中国、日本产品在美国市场中的份额。

第四，《韩美自由贸易协定》对韩国的就业效应并不显著。《韩美自由贸易协定》生效以来，促进韩国劳动力就业1.7—5.7万人，但市场开放对韩国水果、蔬菜等种植业形成了冲击。2012年以来，韩国失业率有所增长，但主要原因并不在于《韩美自由贸易协定》的缔结，同一时期韩国经济增速下滑、国内政局动荡、大企业破产倒闭对韩国劳动力就业的冲击能够更好地解释这一时期的失业率攀升。韩国应对《韩美自由贸易协定》的失业救济措施较好地缓解了弱势部门劳动力失业带来的社会矛盾，值得中国借鉴。

第五，韩国在全球贸易格局中的地位得到提升。《韩美自由贸易协定》改变了韩国在区域经济一体化进程中的被动局面，成为韩国自由贸易协定战略转型的重要节点。作为与世界第一、第二、第三经济体均建立起制度化经济合作关系的国家，韩国得以控制全球层面不确定因素干扰，集中注意力参与东亚区域经济合作框架的建立，并在中美各自倡导的合作框架之间寻找利益最大化的空间。

第六，《韩美自由贸易协定》面临重新谈判的表面原因是美国对韩贸易逆差倍增，但根本原因在于美国全球经济霸权相对萎缩；重振制造业的需求；对韩国政策突破的"示范效应"。《韩美自由贸易协定》修订将不可避免地导致韩国相关产业利益受损，其获利空间也将有所萎缩。《韩美自由贸易协定》很难保障韩国在未来美国可能采取的新贸易攻势中成为例外，汽车、农产品、汇率问题可能成为特朗普政府持续施压韩国的主要领域。

第七，韩国属于中等强国，在国际经济规则体系中多扮演"追随者"角色，难以成为规则的制定者。如何迅速适应新的国际经贸规则，成为新规则的"搭便车者"是韩国保障其企业、产品国际竞争力最有效的措施。但是，谈判交易能力、贸易报复能力上的显著劣势导致其只能被动接受美国等大国的利益诉求，大国则可以采用修订协定的形势，令"小国"持续向其提供"单方支付"，进而营造更为有利于自身的制度环境。随着韩国经济发展与技术持续革新，韩国工业的持续转型升级与美国再工业化之间的矛盾将日益凸显，控制韩美之间贸易摩擦，有效应对美国再工业化，持续推动本国经济转型升级是韩国政府面临的重要课题。

参考文献

A. 中文文献

一、中文书籍

[1] 小岛清. 对外贸易论 [M]. 周宝康, 译. 天津: 南开大学出版社, 1987.

[2] 伍贻康. 区域性国际经济一体化的比较 [M]. 北京: 经济科学出版社, 1994.

[3] 陈家勤. 当代国际贸易新理论 [M]. 北京: 经济科学出版社, 2000.

[4] 陈岩. 国际一体化经济学 [M]. 北京: 商务印书馆, 2001.

[5] 唐海燕. 国际贸易学 [M]. 上海: 立信会计出版社, 2001.

[6] 彼得·罗布森. 国际一体化经济学 [M]. 戴炳然, 译. 上海: 上海译文出版社, 2001.

[7] 刘力, 宋少华. 发展中国家经济一体化新论 [M]. 北京: 中国财政经济出版社, 2002.

[8] 金碚, 等. 竞争力经济学 [M]. 广州: 广东经济出版社, 2003.

[9] 俞会新. 贸易自由化对就业和收入分配的影响 [M]. 北京: 中

国财政经济出版社，2003.

[10] 贾格迪什·巴格沃蒂. 今日自由贸易 [M]. 海闻, 译. 北京：中国人民大学出版社，2004.

[11] 樊莹. 国际区域一体化的经济效应：国际经济领域的前言问题研究 [M]. 北京：中国经济出版社，2005.

[12] 董向荣. 韩国起飞的外部动力：美国对韩国发展的影响 [M]. 北京：社会科学文献出版社，2005.

[13] 罗伯特·吉尔平. 国际关系政治经济学 [M]. 杨宇光, 等译. 上海：上海人民出版社，2006.

[14] 查尔斯·范·马芮威耶克. 中级国际贸易学：国际贸易与世界经济 [M]. 夏俊, 等译. 上海：上海财经大学出版社，2006.

[15] 张建新. 权利与经济增长：美国贸易政策的国际政治经济学 [M]. 上海：上海人民出版社，2006.

[16] 陈勇. 新区域主义与东亚经济一体化 [M]. 北京：社会科学文献出版社，2006.

[17] 刘光溪. 互补性竞争论：多边贸易体制与区域集团 [M]. 北京：经济日报出版社，2017.

[18] 张彬, 王胜, 余振. 国际经济一体化福利效应——基于发展中国家视角的比较研究 [M]. 北京：社会科学文献出版社，2009.

[19] 保罗·克鲁格曼. 战略性贸易政策与新国际经济学 [M]. 海闻, 译. 北京：中信出版社，2010.

[20] 张彬. 国际区域经济一体化比较研究 [M]. 北京：人民出版社，2010.

[21] 陈立强. 美国贸易调整援助制度研究 [M]. 北京：人民出版社，2010.

[22] 张蕴岭. 东亚、亚太区域合作模式与利益博弈 [M]. 北京：经济管理出版社，2010.

［23］芮明杰．产业国际竞争力评价理论与方法［M］．上海：复旦大学出版社，2010.

［24］沈万根．当代韩国对外贸易发展史［M］．延吉：延边大学出版社，2011.

［25］李昌南．韩国现代经济史［M］．延吉：延边大学出版社，2012.

［26］张蕴岭．世界经济中的相互依赖关系［M］．北京：中国社会科学出版社，2012.

［27］王正毅．国际政治经济学通论［M］．北京：北京大学出版社，2012.

［28］多米尼克·萨尔瓦多．国际经济学［M］．宋宝宪，译．北京：清华大学出版社，2013.

［29］唐国强．跨太平洋伙伴关系协定与亚太区域经济一体化研究［M］．北京：世界知识出版社，2013.

［30］刘中伟，沈家文，宋颖慧．跨太平洋伙伴关系协议：中国与亚太区域合作的新机遇［M］．北京：经济管理出版社，2014.

［31］李向阳．亚太区域经济合作发展方向与中国的选择［M］．北京：社会科学文献出版社，2015.

［32］理查德·鲍德温，河内正弘．世界贸易体系的未来：亚洲视角［M］．曹文，译．上海：上海人民出版社，2015.

［33］李明权．基于农业视角的中韩FTA及中韩日FTA研究［M］．济南：山东人民出版社，2015.

［34］孙玉红．南北型自由贸易协定非贸易问题演化趋势和中国的对策［M］．北京：中国社会科学出版社，2015.

二、期刊文献

［1］谷克鉴．国际经济学对引力模型的开发与应用［J］．世界经济，2001（2）：14-25.

[2] 陈晓声. 产业竞争力的测度与评估 [J]. 上海统计, 2002 (9): 13-15.

[3] 俞会新, 薛敬孝. 中国贸易自由化对工业就业的影响 [J]. 世界经济, 2002 (10): 10-13.

[4] 裴长洪, 王镭. 试论国际竞争力的理论概念与分析方法 [J]. 中国工业经济, 2002 (4): 41-45.

[5] 李向阳. 新区域主义与大国战略 [J]. 国际经济评论, 2003 (7): 5-9.

[6] 陈立敏, 谭立文. 产业国际竞争力的评价方法研究——兼论波特体系的内在矛盾 [J]. 经济管理, 2003 (24): 4-11.

[7] 章爱民. 全球产值链下产业经济整理的成因与评价 [J]. 大连海事大学学报（社会科学版), 2004 (2): 31-35.

[8] 张彬, 张澍. 美国在 NAFTA 中的贸易创造与贸易转移：1994—2003 [J]. 世界经济, 2005 (8): 11-20.

[9] 李向阳. 东北亚区域经济合作的非传统收益. 国际经济评论 [J]. 2005 (9): 26-30.

[10] 佟家栋, 刘钧霆. 中国与日韩制造业贸易调整成本的经验研究——基于边际产业内贸易分析 [J]. 南开经济研究, 2006 (3): 3-12.

[11] 朱颖. 美韩经贸关系及双边 FTA 的前景分析 [J]. 世界经济研究, 2006 (4): 47-51.

[12] 金碚, 李钢, 陈志. 加入 WTO 以来中国制造业国际竞争力的实证分析 [J]. 中国工业经济, 2006 (10): 5-14.

[13] 高长春, 樊卓怡, 郑文文. 产业内贸易对产业竞争力的作用分析 [J]. 商业研究, 2006 (23): 1-3.

[14] 王福重, 白雪. 产业内贸易与调整成本之间关系的理论综述及评价经济研究导刊 [J]. 经济研究导刊, 2006 (6): 156-158.

[15] 罗良文. 对外直接投资的就业效应：理论及中国实证研究 [J].

中南财经政法大学学报，2007（5）：87-91.

[16] 金碚，李钢，陈志. 中国制造业国际竞争力现状分析及提升对策 [J]. 财贸经济，2007（3）：3-10.

[17] 闫逢柱、张文兵. 中美农产品对韩国出口的竞争研究：兼论美韩自由贸易协定对中国农产品的影响 [J]. 世界经济与政治论坛，2007（5）：23-30.

[18] 孙玉红. 比较南北型 FTA 与南南型 FTA 的利益分配 [J]. 世界经济理论，2007（5）：3-8.

[19] 李军，杨学儒. 全球价值链形态与国际竞争力 [J]. 经济研究导刊，2008（4）：31-33.

[20] 宋玉华，李锋. 亚太区域内自由贸易协定的"轴心—辐条"格局解析 [J]. 世界经济与政治，2008（2）：69-79.

[21] 章爱民. 全球价值链下产业竞争力的成因与评价 [J]. 大连海事大学学报，2008（2）：31-35.

[22] 刘钧霆. 产业内贸易研究的新发展：文献综述 [J]. 经济研究导刊，2008（3）：155-157.

[23] 孙玉红. 跨区域双边自由贸易协定的政治经济动机分析 [J]. 世界经济与政治，2008（8）：72-78.

[24] 樊勇明. 区域性国际公共产品：解析区域合作的另一个理论视点 [J]. 世界经济与政治，2008（1）：9-12.

[25] 李向阳. 区域经济合作中的小国战略 [J]. 当代亚太，2008（3）：36-49.

[26] 陈志，董敏杰，金碚. 产业经济整理研究进展评述 [J]. 经济管理，2009（9）：30-37.

[27] 盛斌，牛蕊. 国际贸易、贸易自由化与劳动力就业：对中国工业部门的经验研究 [J]. 当代财经，2009（12）：88-94.

[28] 梅俊杰. 论美国贸易政策中的双重标准 [J]. 世界经济与政治

论坛, 2009 (5) 28-34.

[29] 崔荣伟."新贸易政策"对《美韩自由贸易协定》的影响 [J]. 美国研究, 2010 (4): 83-95.

[30] 屠新泉, 邱薇. 美韩 FTA 对中国出口的贸易替代效应研究 [J]. 世界经济研究, 2011 (9): 57-63.

[31] 秋东晓. 自由贸易协定理论与实证研究综述 [J]. 经济研究, 2011 (9): 147-157.

[32] 蓝天. FTA 战略下韩国的贸易调整援助制度及启示 [J]. 国际经贸探索, 2012 (1): 109-118.

[33] 孙玉红.《美韩自由贸易协定》的新变化及其背后的动态博弈 [J]. 当代亚太, 2012 (1): 61-81.

[34] 郝景芳, 马弘. 引力模型的新进展及对中国对外贸易的检验 [J]. 数量经济技术经济研究, 2012 (10): 52-67.

[35] 王萧轲. 美韩经济关系与中韩经济关系的比较分析——兼论美韩 FTA 的战略影响 [J]. 国际论坛, 2013 (4): 68-73.

[36] 宋国友. 全球自由贸易协定竞争与中国的战略选择 [J]. 现代国际关系, 2013 (5): 30-35.

[37] 刘志成, 刘斌. 贸易自由化、全要素生产率与就业——基于 2003—2007 年中国工业企业数据的研究 [J]. 南开经济研究, 2014 (1): 101-117.

[38] 东艳, 张琳. 美国区域贸易投资协定框架下的竞争中立原则分析 [J]. 当代亚太, 2014 (6): 117-131.

[39] 盛斌. 迎接国际贸易与投资新规则的机遇与挑战 [J]. 国际贸易, 2014 (2): 4-9.

[40] 岳云霞, 吴陈锐. 中智自贸协定贸易效应评价: 基于引力模型的事后分析 [J]. 拉丁美洲研究, 2014 (6): 55-59.

[41] 潘锐, 娄亚萍. 中美自由贸易协定的动因与可行性 [J]. 美国

研究，2014（6）：69-79.

[42] 盛斌，陈帅. 全球价值链如何改变了贸易政策：对产业升级的影响和启示 [J]. 国际经济评论，2015（1）：85-97.

[43] 刘仕国，吴海英，马涛，等. 利用全球价值链促进产业升级 [J]. 国际经济评论，2015（1）：64-84.

[44] 蒋冠，霍强. 中国—东盟自由贸易区贸易创造效应及贸易潜力：基于引力模型面板数据的实证分析 [J]. 当代经济管理，2015（2）：60-67.

[45] 项卫星、张赛赛. 中美双边投资协定谈判中的冲突与趋同 [J]. 东北亚论坛，2017（3）：84-96.

[46] 沈铭辉. 亚太自贸区：贸易新议题的新探索 [J]. 国际经济合作，2017（7）：10-15.

三、学位论文

[1] 史智宇. 中国东盟自由贸易区贸易效应的实证研究 [D]. 上海：复旦大学，2004.

[2] 蔡宏波. 双边自由贸易协定的理论重构与实证研究 [D]. 厦门：厦门大学，2009.

[3] 王艳红. 中国—东盟自由贸易区的经济效应研究——兼论CAFTA的推进与策略选择 [D]. 天津：南开大学，2010.

B. 外文文献

一、外文书籍

[1] Summers, Lawrence H. Regionalism and World Trading System. In Policy Implications of Trade and Currency Zones [M]. Kansas City: Federal Reserve Bank Press, 1991: 16.

[2] Vanek, Jaroslav. General equilibrium of international discrimination: the case of customs unions [M]. Boston: Harvard University Press, 1965: 243.

[3] Viner, J. The Customs Union Issue[M]. New York: Carnegie Endowment for International Peace press, 1950.

[4] J. E. Meade. The Theroy of Customs Union[M]. Amsterdam: North-Holland, 1955.

[5] Marius Brülhart. Marginal Intra-industry Trade: Towards a Measure of Non-Disruptive Trade Expansion[M]. P. J. Lloyd, Hyun-Hoon Lee. Frontiers of Research in Intra-industry Trade. London: Palgrave Macmillan, 2002: 109-130.

[6] B. Balassa. The Theory of Economic Intergradion[M]. London: Allen&Unwin, 1962.

二、期刊文献

[1] Corden W. M. Economics of Seal and Customs Union Theory[J]. Journal of Political Economy, 1972(80): 465-475.

[2] Mayes, D. G. The Effect of Economic Integration on Trade[J]. Journal of Common Marker Studies, 1978(17): 1-25.

[3] Mundell R. Tariff Preferences and the Terms of Trade[J]. International Economics, 1968(32): 54-64.

[4] J. M. Finger, M. E. Kreinin. A Measure of "Export Similarity" and Its Possible Uses[J]. The Economic Journal, 1979, 89(356): 905-912.

[5] Scott R. Pearson, William D. Ingram, Economies of scale, domestic divergences, and potential gains from economic integration in Ghana and the lvory coast[J]. Journal of Political Economy, 1980, 88(5): 994-1006.

[6] B. Balassa. Tariff reductions and trade in manufactures among industrial countries[J]. American Economic Review, 1966, 56(3): 466-473.

[7] Luis A. Rivera-Batiz, Danyang Xie. Integration among Unequals[J], Regional Science and Urban Economics, 1993(23): 337-354.

[8] M. Haynes. Estimating the Wage Costs of Inter- and Intra-sectoral Adjustment[J]. Weltwirtschaftliches Archiv, 2002(138): 229-253.

[9] C. P. Kindleberger. European Integration and the International Cooporation[J]. The Columbia Journal of World Business, 1966(2): 65-73.

[10] W. M. Corden. Economies of Scale and Customs Union Theory[J]. Journal of Political Economy, 1972(80): 465-475.

[11] C. Kowalczyk. Welfare and Customs Unions[J]. National Bureau of Economic Research Working Paper, 1990(498): 1-10.

[12] Anne O. Krueger. Free trade agreement versus customs union[J]. Journal of Development Economics, 1997(54): 169-187.

[13] Motta. M, Norman. G. Does Economic Integration Cause Foreign Direct Investment[J]. International Economic Review, 1996(37): 757-783.

[14] M. C. Kemp, H. Y. Wan. An Elementary Proposition Concerning the Formation of Customs Unions[J]. Journal of International Economics, 1976(6): 95-97.

[15] H. G. Johnson. An Economic Theory of Protectionism, Tariff Bargaining and the Formation of Customs Union [J]. Journal of Political Economy, 1965(73): 256-283.

[16] Ronald J. Wonnacott. Trade and Investment in a Hub and Spoke System Versus a Free Trade Area[J]. The World Economy, 1996(3): 237-252.

[17] J. Peter Neary. Foreign Direct Investment and the Single Market. CEPR Discussion Paper, 2002(3419): 291-314.

[18] Richard Baldwin. A Domino Theory of Regionalism [J]. National Bureau of Economic Research. Working Paper, 1993(4465): 18.

[19] C. Kowalczyk. Welfare and Integration [J]. International Economic Review, 2000, 41(2): 483-494.

[20] A. Panagariya, P. Krishna. On Necessarily Welfare-Enhancing Free Trade Areas[J]. Journal of International Economics, 2002 (57): 353-367.

[21] Giovanni Facchini, Peri Silva, Gerald Willmann. The Customs Union

Issue: Why Do We Observe So Few of Them, CESIFO Working Paper, 2008 (2426): 136-147.

[22] P. R. Krugman. Intraindustry Specialization and the Gains from Trade[J]. Journal of Political Economy, 1981(89): 959-973.

[23] C. A. Cooper and B. F. Massell. A New Look at Customs Union Theory[J]. The Economic Journal, 1965(75): 742-747.

[24] Scott L. Baier, Jeffrey H. Bergstrand. Economic Determinants of Free Trade Agreements[J]. Journal of International Economics, 2004, 64(1): 29-63.

[25] R. R. Krishnan. South Korean Export Oriented Regime: Context and Characteristics[J]. Social Scientist, 1985, 13(8): 90-111.

[26] Eden S. H. Yu. Unemployment and the Theory of Customs Unions[J]. The Economic Journal, 1982, 92(366): 399-404.

[27] Taiji Furusawa, Hideo Konishi. Free Trade Networks with Transfers[J]. The Japanese Economic Review, 2005, 56(2): 144-164.

三、报告

[1] C. Fred Bergsten, Monica D. Bolle. A Path Forward for NAFTA[R]. Washington: Peterson Institute for International Economics, 2017.

[2] Cullen S. Hendrix. Agriculture in the NAFTA Renegotiation[R]. Washington: Peterson Institute for International Economics, 2017.

[3] Jeanne J. Grimmett. Dispute Settlement in the U. S. -South Korea Free Trade Agreement [R]. Washington: Congressional Research Service, 2012.

[4] Jeffrey J. Schott. Implementing the KORUS FTA: Key Challenges and Policy Proposals [R]. Washington: Peterson Institute for International Economics, 2008.

[5] Jin Kyo Suh. Korea's Multilateral Trade Policies in the Changing Global Trade Landscape[R]. Seoul: Korea Institute for International Economic Policy, 2017.

参考文献

[6] Jeffrey J. Schott. KORUS FTA 2.0: Assessing the Changes [R]. Washington: Peterson Institute for International Economics, 2010.

[7] Stephen Koplan. The Economic Impact of Establishing a Free Trade Agreement (FTA) Between the United States and The Republic of Korea [R]. Washington: The U.S. International Trade Commission, 2001.

[8] William H. Cooper, Mark E. Manyin. The Proposed South Korea-U.S. Free Trade Agreement [R]. Washington: Congressional Research Service, 2007.

[9] William H. Cooper, Mark E. Manyin, Remy Jurenas, Michaela D. Platzer. The Proposed U.S.-South Korea Free Trade Agreement: Provisions and Implications [R]. Washington: Congressional Research Service, 2011.

[10] C. Fred Bergsten. Trade Balances and the NAFTA Renegotiation [R]. Washington: Peterson Institute for International Economics, 2017.

[11] Office of the United States Trade Representative Executive Office of the President. Summary of Objectives for the NAFTA Renegotiation [R]. Washington: The U.S. International Trade Commission, 2017.

[12] Marc Bacchetta. A Practical Guide to Trade Policy Analysis [R]. Geneva: WTO, 2012.

[13] Gary C. Hufbauer. The Payoff to America from Globalization: A Fresh Look with a Focus on Costs to Workers [R]. Washington: Peterson Institute for International Economics, 2017.

[14] C. Fred Bergsten. Toward a Free Trade Area of the Asia Pacific [R]. Washington: Peterson Institute for International Economics, 2007.

[15] Dorothea E. Cheek. Foreign Trade Barriers [R]. Washington: The U.S. International Trade Commission, 2017.

[16] Marc Bacchetta. A Practical Guide to Trade Policy Analysis [R]. Geneva: WTO, 2012.

[17] Mark E. Manyin. U. S. -South Korea Relations[R]. Congressional Research Service, 2017.

[18] 金秉俊. 缔结自由贸易协定：促进韩国发展的选择 [R]. 首尔：总统咨询政策企划委员会，2008.

[19] 金秀妍，崔正雅，江俊京，等. 从美国视角看《韩美自由贸易协定》运行绩效 [R]. 首尔：大韩贸易振兴公社（KOTRA），2017.

[20] 金度勋，高俊成. 韩美、韩欧盟自由贸易协定生效与制造业的应对 [R]，首尔：韩国产业研究院，2010.

[21] 郑圭哲. 全球国际直接投资低迷对韩国创造附加值的影响 [R]. 首尔：韩国开发研究院，2016.

[22]《韩美自由贸易协定》对韩国服务业的影响及应对 [R]. 首尔：韩国对外经济政策研究院，2007.

[23] 池圣泰，李秀焕，朴秀妍，等.《韩美自由贸易协定》对农产品贸易的影响 [R]. 首尔：韩国农村经济研究院，2017.

[24] 李振棉.《韩美自由贸易协定》重新谈判与韩国的应对 [R]. 首尔：韩国产业研究院，2017.

[25] 金宝宇.《韩美自由贸易协定》对制造业的影响再探 [R]. 首尔：韩国产业研究院，2017.

[26] 崔楠石.《韩美自由贸易协定》重新谈判及对韩国的经济影响研究 [R]. 首尔：韩国经济研究院，2016.

[27] 郑慧善.《韩美自由贸易协定》五年效应评估及启示 [R]. 首尔：韩国贸易协会，2017.

[28] 罗美玲，金济国.《区域全面经济伙伴关系协定》现状与启示 [R]. 首尔：韩国对外经济政策研究院，2017.

[29] 李振眠，金宝.《韩美自由贸易协定》重新谈判与韩国的应对 [R]. 首尔：韩国产业研究院，2017.